国家社会科学基金一般项目（项目名称：中美贸易摩擦背景下美国知识产权调查的触发机制、影响效应及应对策略研究，批准号：19BJL118）

知识产权调查的影响效应及应对机制研究

代中强 著

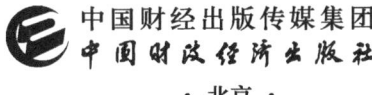

·北京·

图书在版编目（CIP）数据

知识产权调查的影响效应及应对机制研究 / 代中强著. -- 北京：中国财政经济出版社, 2025. 6. -- ISBN 978-7-5223-3940-5

Ⅰ. D923.404

中国国家版本馆CIP数据核字第2025RH9141号

责任编辑：马　真　　　　　责任校对：张　凡
封面设计：卜建辰　　　　　责任印制：张　健

知识产权调查的影响效应及应对机制研究
ZHISHI CHANQUAN DIAOCHA DE YINGXIANG XIAOYING JI YINGDUI JIZHI YANJIU

中国财政经济出版社 出版

URL：http://www.cfeph.cn

E-mail：cfeph@cfeph.cn

（版权所有　翻印必究）

社址：北京市海淀区阜成路甲28号　邮政编码：100142

营销中心电话：010-88191522

天猫网店：中国财政经济出版社旗舰店

网址：https://zgczjjcbs.tmall.com

涿州汇美亿浓印刷有限公司印刷　各地新华书店经销

成品尺寸：170mm×240mm　16开　24.25印张　360 000字

2025年6月第1版　2025年6月河北第1次印刷

定价：82.00元

ISBN 978-7-5223-3940-5

（图书出现印装问题，本社负责调换，电话：010-88190548）

本社质量投诉电话：010-88190744

打击盗版举报热线：010-88191661　QQ：2242791300

目　　录

第一章　绪论　/ 1
　　一、文献梳理及述评　/ 4
　　二、研究对象及内容框架　/ 8
　　三、研究思路与研究方法　/ 14

第二章　知识产权调查的特征性事实分析　/ 17
　　一、调查总量分析　/ 20
　　二、涉案来源地分析　/ 23
　　三、调查类型分析　/ 28
　　四、涉案产业分析　/ 30
　　五、判决结果分析　/ 32
　　六、调查结案时间分析　/ 34
　　七、结论与启示　/ 36

第三章　知识产权调查的触发机制分析　/ 37
　　一、引言　/ 39
　　二、机制分析与研究假说　/ 41
　　三、模型设定与数据分析　/ 45
　　四、实证结果分析　/ 49
　　五、结论与启示　/ 70

第四章　知识产权调查的总量贸易影响效应　/ 75
　　一、引言　/ 77
　　二、模型设定与数据来源　/ 78

三、贸易引力模型检验　/　81

四、反事实分析　/　84

五、结论与启示　/　92

第五章　知识产权调查对我国机电产品贸易的影响效应　/　95

一、引言　/　97

二、文献综述　/　98

三、影响机制分析　/　99

四、模型设定和数据来源　/　101

五、实证结果分析　/　104

六、稳健性分析和贸易转移检验　/　108

七、结论与启示　/　114

第六章　知识产权调查对出口产品质量的影响效应　/　117

一、引言　/　119

二、文献综述　/　120

三、知识产权调查对企业出口产品质量的影响机制分析　/　123

四、计量模型设定及数据处理　/　125

五、实证结果分析　/　129

六、结论与启示　/　139

第七章　知识产权调查对进口中间品质量的影响效应　/　141

一、引言　/　143

二、文献综述　/　144

三、影响机制及研究假设　/　145

四、模型设定与变量测算　/　147

五、实证分析　/　151

六、稳健性检验　/　157

七、机制分析与渠道检验　/　162

八、进一步探讨　/　166
　　九、结论与启示　/　168

第八章　知识产权调查对全球价值链嵌入的影响效应　/　171
　　一、引言　/　173
　　二、文献综述　/　174
　　三、知识产权调查对企业嵌入全球价值链的影响机制　/　177
　　四、企业全球价值链嵌入度的指标测算　/　182
　　五、计量模型、数据处理及样本选取　/　188
　　六、实证结果分析　/　192
　　七、结论与启示　/　204

第九章　知识产权调查对企业出口产品种类的影响效应　/　209
　　一、引言　/　211
　　二、文献综述　/　212
　　三、美国知识产权调查对企业出口产品范围的影响
　　　　机制分析　/　213
　　四、特征性事实分析　/　215
　　五、模型设定和数据来源　/　217
　　六、基准回归分析　/　221
　　七、稳健性分析和机制检验　/　230
　　八、结论与启示　/　238

第十章　知识产权调查对企业出口持续时间的影响效应　/　241
　　一、引言　/　243
　　二、文献综述　/　244
　　三、美国知识产权调查对企业出口持续时间影响的
　　　　机制分析　/　249
　　四、企业出口持续时间的处理、估计及特征事实　/　251
　　五、模型设定及回归分析　/　258

六、结论与启示　　/　277

第十一章　知识产权调查对企业出口韧性的影响效应　/　281
　　一、引言　/　283
　　二、文献综述　/　284
　　三、美国知识产权调查对企业出口韧性的影响机制　/　290
　　四、模型设定、数据来源及处理　/　292
　　五、实证分析　/　296
　　六、结论与启示　/　312

第十二章　知识产权调查的产业关联影响效应　/　319
　　一、引言及文献综述　/　321
　　二、特征性事实分析　/　322
　　三、产品层面出口损害的测算　/　325
　　四、涉案产业上下游损害测算　/　331
　　五、结论与启示　/　335

第十三章　知识产权调查的本质及应对机制　/　341
　　一、知识产权调查为什么是贸易壁垒？　/　343
　　二、美国知识产权调查的主要特点　/　350
　　三、知识产权调查产生的主要影响　/　355
　　四、可行的应对措施　/　357

参考文献　/　360

第一章

绪论

近年来，美国的贸易政策越来越倾向于推行所谓的"公平贸易"。由于在知识产权方面处于绝对强势，美国一贯的偏向性思维认为其他国家特别是发展中国家对于其知识产权保护是不够的。一个明显的事实是：美国国际贸易委员会（USITC）越来越多地对外发起知识产权调查①，防止其国内市场遭受进口品的"不公平贸易"，确保受知识产权保护的相关商品不受国外同类商品侵害。近年来，美国对外发起的知识产权调查有超过反倾销案件之势。USITC 的数据资料显示，2000—2023 年，美国共对外发起反倾销诉讼案件 743 起，而同期发起知识产权调查已达 1007 起。2002 年以来，中国有 19 年成为美国知识产权调查的最大目标国和受害国。如果被诉企业真的侵权，知识产权调查无可厚非。然而，在所有调查已经结案的案件中，仅有 16% 的案件确实发现侵权，其他 84% 的处理结果是和解、没有发现侵权、原告撤诉和同意令。显然这部分诉讼企业打官司是假，而通过申请启动知识产权调查将对手拉入诉讼的泥潭中，达到贸易遏制效应以及促使被诉方被动和解的"敲竹杠"效应可能才是真正目的。这种知识产权调查的异化和滥用就是实实在在的贸易壁垒，即"借知识产权保护之名，行贸易保护之实"。

实际上，由于规则的不透明，诉讼双方的信息不对称，披着"公平贸易"外衣的知识产权调查已经成为美国贸易保护主义政策的重要组成部分，受到其他贸易伙伴的诸多指责。尽管存在诸多质疑，但知识产权调查还是成为美国重要的贸易救济手段之一。目前，美国针对中国企业知识产权调查的数量越来越多，涉案规模越来越大，涉案产品范围越来越广，那么对美国知识产权调查的触发机制、知识产权调查对我国产生的影响效应、预警和应对机制的研究就成为学术界不能回避的课题。本书将定性和定量分析相结合，构建多学科知识融合的综合研究体系，从贸易政策内生的角度出发研究美国发起知识产权调查的触发机制，并从贸易抑制、贸易

---

① 知识产权调查是 USITC 根据美国《1930 年关税法》对进口贸易中的不公平行为发起调查并采取制裁措施。由于其所依据的是《1930 年关税法》第 337 节的规定，所以，一般简称"337 调查"。"337 调查"是指 USITC 根据美国《1930 年关税法》第 337 节（以下简称"337 条款"）对不公平的进口行为进行调查，并采取制裁措施的做法。

转移、出口产品质量、进口中间品质量、全球价值链嵌入、出口产品种类、出口持续时间、出口韧性以及产业关联等角度全面考察美国知识产权调查的影响途径和效应，丰富贸易壁垒视角下知识产权调查的研究内容。本书研究回答了美国知识产权调查对我国经济主体影响的途径及效应，为我国应对知识产权调查提供新视角，并从国家、行业和企业三维并举的角度提出政策建议机制，为我国应对知识产权调查提供新思路。

一、文献梳理及述评

（一）知识产权调查的"公平正义"性研究

国外关于"知识产权调查"的研究多是从法律的视角进行的。Krupka、Swain 和 Levine（1993）介绍了"337 条款"和关税及贸易总协定（General Agreement on Tariffs and Trade，简称 GATT 协议）。Rogers 和 Whitlock（2002）介绍了"337 条款"的规定是否与 GATT 协议、《与贸易有关的知识产权协议》（Agreement on Trade–Related Aspects of Intellectual Property Rights，简称 TRIPs 协议）相符合。Allison（2009）介绍了"知识产权调查"立法方面的一系列背景，回顾了近年来社会对于"知识产权调查"的批评，他在文中提到"知识产权调查"对于保护国内产业利益的必要性，即使社会对于"知识产权调查"本身存在很多争议，但是不可否认它的重要意义。Hnath（2010）指出"知识产权调查"在国际贸易中对于商业秘密特殊的保护作用，这使得任何公司在面对商业秘密被挪用的情况时，都可以考虑使用"知识产权调查"这一方式。

总体来说，Ablondi 等（1981）、Rogers（2002）、Koppikar（2004）、Hahn 等（2008）、Heckendorn（2009）、Hnath（2010）以及 Sterne（2011）等文献无一例外地都给知识产权调查贴上了"公平正义"的标签，认为知

识产权调查是国际贸易中针对发展中国家知识产权弱保护的重要救济措施。由于美国在知识产权方面处于绝对强势,一贯的偏向性思维认为其他国家特别是发展中国家对于其产品的知识产权保护是不够的。因此,知识产权调查方面的研究也基本成为法学专家的"专利"。

(二)知识产权调查的"贸易保护"性质及应对策略研究

这部分文献将知识产权调查视为贸易壁垒的一种重要形式,从宏观和微观层面进行分析。

其一,宏观方面的考察。将知识产权调查视为贸易壁垒的一种重要形式,集中研究这种贸易壁垒——知识产权壁垒的特点、表现形式、危害性以及宏观层面的应对措施。薄守省(2006)详细分析与贸易有关的知识产权协定(TRIPs协议)与"知识产权调查"的矛盾、北美自由贸易协定与"337条款"、我国企业应对"知识产权调查"的方法等内容。郑秉秀(2002)详细考察了国际贸易中知识产权壁垒的特点及表现形式。曹世华(2006)对知识产权壁垒形式进行分析,并探讨了宏观层面的应对措施。余乐芬(2011)通过整理知识产权调查时间序列数据,从内部和外部两个大的方面阐释了中国遭遇"知识产权调查"这一贸易壁垒的具体原因,发现贸易保护主义下发达国家构建新型贸易壁垒以及我国企业在对外贸易中研发不足且缺乏知识产权等都是我国遭受"知识产权调查"的原因。黄晓凤(2011)分析了美国对华[①]"知识产权调查"的具体特点,即调查数量总体表现为上升的趋势、诉由以专利侵权为主、涉案的产品结构逐步优化升级等。朱鹏飞(2013)从"337条款"合法性的视角出发,从对内、对外两个方面提出了我国应对"知识产权调查"的具体对策,即对内可以构建针对美国"知识产权调查"的应对体系,对外可以结合具体案例通过WTO起诉美国"知识产权调查"的不合理做法。张换兆、许建生和彭春燕(2014)预测出美国对中国的"知识产权调查"会呈现上升趋势,建议

---

① 本书"对华"指"对中国内地",不含我国台湾地区。

应积极应对复杂形势,建立长效的调查应对机制,认为应充分利用中美战略对话平台,要求美方改变"337条款"包含的不合理内容,认为应对调查的重点还是要提高我国的自主创新能力。徐元(2014)分析了当前"知识产权调查"等贸易壁垒涉案的产业及地区分布,同时从积极参与知识产权产业治理、优化国内专利政策、充分发挥行业协会作用以及重视服务贸易中的专利战略等方面提出应对"知识产权调查"策略。王敏、卞艺杰、田泽和邓建高(2016)从实施企业知识产权战略、建立贸易壁垒大数据平台以及建立现代化的贸易壁垒服务体系等角度,分析了不同主体防范"知识产权调查"的对策。代中强(2016)利用美国国际贸易委员会的知识产权调查数据库,从案件总量、涉案来源地、调查类型、涉案产业、判决结果等方面对知识产权调查进行一个比较完整的统计分析。

其二,微观个案方面的探讨。以个案形式,从法学和经济学角度分析企业如何应对知识产权调查。苏喆和秦顺华(2011)详细分析江苏圣奥化学科技有限公司胜诉知识产权调查一案,总结出胜诉经验供相关企业参考。何贻信(2007)针对燕加隆公司胜诉一案进行经验总结。张平(2010)在《产业利益的博弈:美国知识产权调查》一书中介绍了"知识产权调查"的"前世今生",从产业博弈的视角对不同产业进行了具体分析。向征和顾晓燕(2012)则将视野缩小到具体的行业,根据过去我国机电行业遭遇"知识产权调查"的情况,指出了我国机电行业频遭"知识产权调查"的原因,包括:中美间的机电产品贸易量大,产品的质量没有达到标准,机电产品知识产权密集,再加上中国机电企业本身在创新方面竞争力不足,企业缺乏支撑企业发展的核心技术等。薛同锐(2013)对比分析了中国企业败诉典型案例和胜诉典型案例,最后从政府和企业两个角度为我国应对中美知识产权争端提出具体建议。

(三)典型非关税壁垒的影响途径及测度研究

由于非关税壁垒数据的可获得性,学者们主要集中研究反倾销对出口贸易、研发创新、全球价值链嵌入、产品质量和产业关联的影响。在反倾销影响贸易方面，Prusa（2001）研究发现，反倾销调查对进口有非常大的抑制效应（鲍晓华，2007；Bao 和 Qiu，2012）。Prusa（1996）还发现反倾销存在贸易偏转效应；沈国兵（2008）利用美国对中国木制卧室家具案件也证实反倾销贸易偏转效应的存在。在反倾销对创新影响方面，Konings 和 Vandenbussche（2008）研究了对外反倾销和企业生产率之间的关系。Kang 等（2012）发现主动反倾销对国内行业存在正面影响（Pierce，2011；李春顶等，2013；刘爱东等，2016）。在反倾销影响全球价值链嵌入方面，王孝松等（2017）研究发现，国外反倾销会使我国相关行业总出口、最终产品出口和中间产品出口的国内增加值率降低，使相关行业参与全球价值链（Global Value Chains，GVC）地位指数下降，而行业的上游度指数增加。在反倾销影响出口质量方面，Vandenbussche 和 Wauthy（2001）通过构建两阶段的动态博弈模型，发现反倾销虽然使出口商提高了产品质量，但也导致政策实施国进口竞争厂商的产品质量下降（谢建国和章素珍，2017）。在反倾销的产业关联影响方面，Krupp 和 Skeath（2002）证实美国征收反倾销税对上下游产业产生了影响。朱钟棣和鲍晓华（2004）、谢建国和杨婷婷（2014）针对中国的研究也发现了反倾销对上下游产业产生了显著的涟漪效应。

（四）国内外研究述评

上述文献为本书的深入研究奠定了坚实的理论基础，但仍有进一步拓展的空间：（1）受到学科知识体系的限制，现有研究往往将知识产权调查置于单一学科的简单系统下进行分析，忽视了这一课题研究的跨学科复杂性。（2）对于美国知识产权调查影响的理论和定量研究严重不足。现有对于知识产权调查影响的研究处于"碎片化"状态，缺乏系统性。究竟美国发起知识产权调查的触发机制是什么？美国发起知识产权调查的真实动机是什么？一旦遭遇知识产权调查将会通过什么途径产生哪些方面的影响？影响有多大？遭遇知识产权调查后，如何应对？如何建立有效规避知识产权调查的预警机制以及遭遇知识产权调查的应对机制？（3）由于不了解美国知识产权调查的触发机制，缺乏对知识产权调查影响及测度的综合分析，因此，所提对策建议自然就缺乏针对性和实用性，"纸上谈兵"现象严重。

二、研究对象及内容框架

（一）研究对象

愈演愈烈的知识产权调查已经成为中国企业走出去的最大"痛点"。由于缺乏对知识产权调查的了解和有效的应对措施，我国企业将在相当长一段时间内深受美国知识产权调查的困扰。针对这一基本现实，本书以如何有效应对美国知识产权调查为出发点，分析美国启动知识产权调查的触发机制，系统探讨与测算知识产权调查引发的贸易抑制、贸易转移、全球价值链嵌入、产品质量改进、出口产品种类调整、出口持续时间、出口韧性及产业关联等效应，并在此基础上提出应对知识产权调查的政府顶层机制、信息协调的行业保障机制和源头控制的企业预警机制。

（二）内容框架

本书以中美贸易摩擦为背景，全面考察美国知识产权调查对我国的影响及应对策略。如图1-1所示，主要包含以下内容。

1. 知识产权调查的特征性事实分析。本章对知识产权调查进行全面的统计考察。我们利用USITC"不公平进口调查信息系统库"，从案件总量、涉案来源地、调查类型、涉案产业、判决结果以及调查结案时间六个方面对知识产权调查进行比较分析。通过这些特征性事实分析，本章不仅揭示了美国知识产权调查的内在规律和外在表现，还为后续章节深入探讨其对

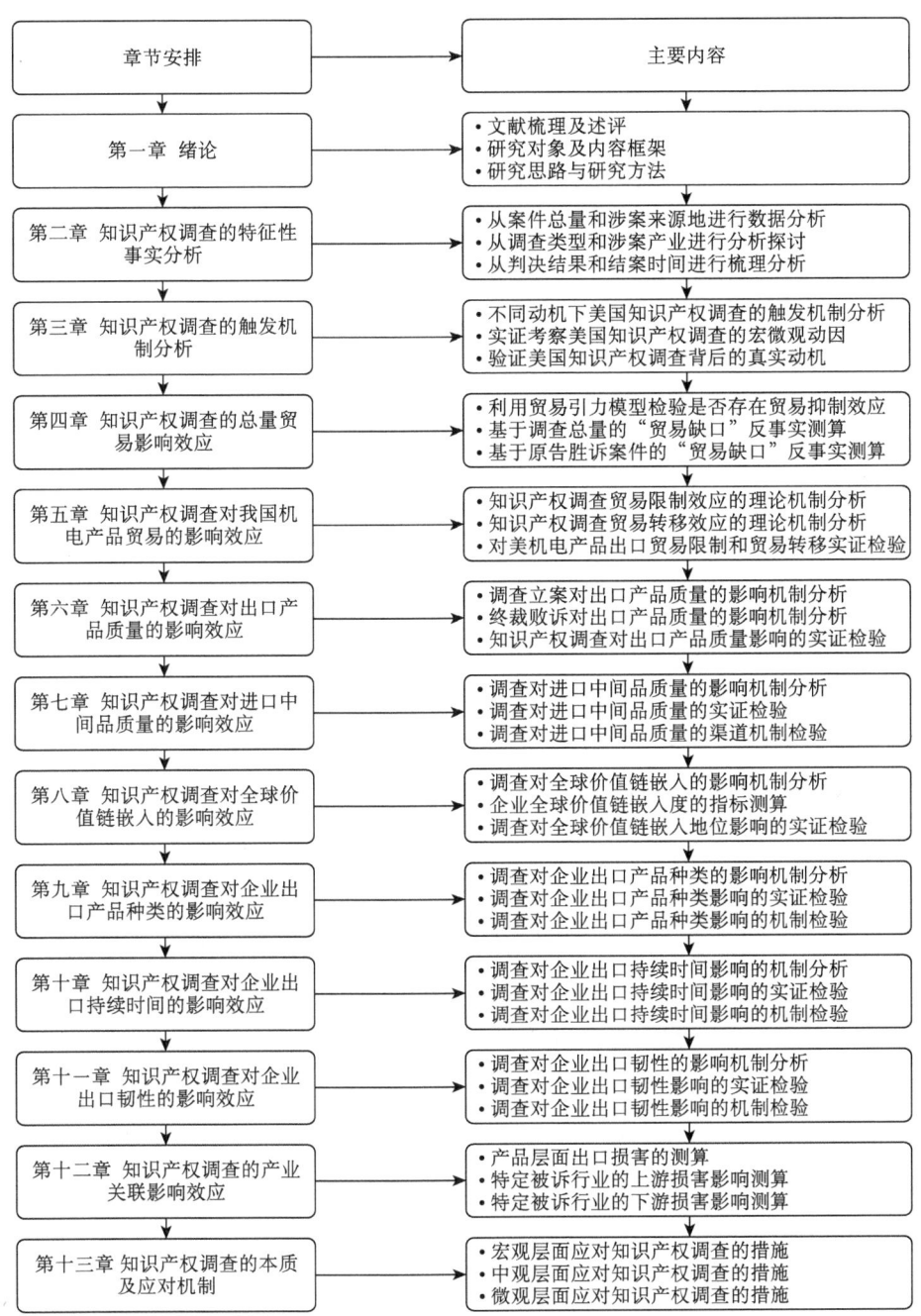

图 1-1 本书内容框架

贸易抑制、贸易转移、出口产品质量、进口中间品质量、全球价值链嵌入、出口产品种类、出口持续时间、出口韧性以及产业关联等影响效应提供了数据支持和现实基础。

2. 知识产权调查的触发机制分析。本章从贸易政策内生的角度出发，针对"公平贸易"和"保护贸易"动机提出研究假说。研究引入美国贸易赤字、美国失业率、贸易伙伴在美国专利申请数和授权量、出口相互依赖程度、贸易伙伴的知识产权保护水平、美国"特殊301报告"的"重点名单"、美国是否有自由贸易协定等因素，通过面板托宾回归模型实证考察美国知识产权调查的触发机制，明晰美国发起知识产权调查背后的真实动因。这部分研究为我国如何应对知识产权调查提供了有价值的政策参考依据。

3. 知识产权调查的总量贸易影响效应。本章实证考察知识产权调查对我国总量贸易的影响。在经典的贸易引力模型中引入美国知识产权调查因素，定量研究知识产权调查影响贸易伙伴对美出口贸易的程度。本部分使用2000—2015年美国同48个贸易伙伴的数据进行实证研究发现，美国发起知识产权调查对贸易伙伴的出口产生显著的抑制效应。通过反事实模拟分析，美国发起知识产权调查使其主要贸易伙伴对美出口额平均下降0.45—4.33个百分点。进一步利用原告胜诉案件数量的实证研究发现，原告胜诉将对贸易伙伴对美出口产生更强的贸易抑制效应，平均下降0.57—5.25个百分点。反事实模拟研究证实我国遭遇的贸易抑制效应最大。

4. 美国知识产权调查的行业贸易限制效应和贸易转移效应。本章以涉案占比63%以上的机电行业为代表，基于2009—2019年中国对美机电行业6339条产品层面出口贸易数据，采用案件和产品固定效应模型，实证分析美国知识产权调查对中国机电产品出口美国的影响。实证研究发现，我国机电企业被发起知识产权调查立案后第一个月就会降低出口贸易，有显著的贸易限制效应，且立案前月度进口率对立案后的进口量有显著的负向影响。与此同时，美国对非诉国家和地区的机电产品进口贸易总额上依然是显著减少，没有发现知识产权调查的贸易转移效应证据。这说明并不仅是中国单方面承担着美国知识产权调查的严重后果,全球相关行业的所有产品都在被接受着调查和排除,没有经济体可以做到"渔翁得利",联合起来共度危机才是良策。

5. 知识产权调查对出口产品质量的影响效应。本章基于USITC "不公平进口调查信息系统库"、中国工业企业数据库和中国海关数据库,整理得到微观数据。通过运用双重差分法,实证研究知识产权立案与终裁对中国企业出口产品质量的影响。研究发现:(1) 知识产权立案调查对中国被诉企业出口产品质量有显著提升作用,这主要是因为被诉企业面对外部压力,为保持在美国市场份额,"倒逼"开展技术创新以及进行内部产品结构调整,从而提升出口产品质量;(2) 在知识产权调查终裁败诉后,企业面临应诉成本高昂,对美销售减少引发的融资压力以及转向非美市场的贸易转移,这些因素会阻碍被诉企业出口产品质量的提升;(3) 异质性分析发现,知识产权调查对企业出口产品质量的影响因企业对美国市场的依赖程度而异;相较于对美国市场高依赖度企业而言,知识产权立案调查对美国市场低依赖度企业的产品质量促进作用较为有限,而终裁败诉对其出口产品质量的负面影响较小。

6. 知识产权调查对进口中间品质量的影响效应。本章运用中国工业企业数据库、中国海关数据库与USITC "不公平进口调查信息系统库"匹配数据,使用多期双重差分法实证研究美国知识产权调查对我国被诉企业进口中间品质量的作用机制及影响效应。研究发现:(1) 不论是立案调查还是终裁阶段,美国知识产权调查对我国被诉企业进口中间品质量具有显著的负向影响;(2) 美国知识产权调查通过增加我国被诉企业的融资约束、降低企业生产规模从而导致我国被诉企业进口中间品质量下降;(3) 对美国市场依赖程度较高的企业受美国知识产权调查冲击后进口中间品质量下降更显著,立案调查使加工贸易企业进口中间品质量降低更多,而终裁对一般贸易企业进口中间品质量负向影响更显著;(4) 遭遇调查的强自主创新能力企业的出口质量不仅未显著下降,反而出口到美国市场的产品质量有显著提升。

7. 知识产权调查对全球价值链嵌入的影响效应。本章在分析知识产权调查对中国企业嵌入全球价值链的影响机制基础上，利用双重差分模型实证研究知识产权调查对企业全球价值链嵌入的影响。研究表明：不论是立案调查，还是终裁败诉，由于苛刻的临时救济措施和调查期间付出高额费用，都会显著降低被诉企业嵌入全球价值链的程度。其中，知识产权调查对加工贸易企业嵌入全球价值链的影响大于一般贸易企业，而对外资企业嵌入全球价值链的影响大于本地企业。

8. 知识产权调查对企业出口产品种类的影响效应。本章基于 USITC "不公平进口调查信息系统库"、中国工业企业数据库和中国海关数据库整理而得的微观数据，运用双重差分法研究美国知识产权调查对中国被诉企业出口产品转换的影响。实证研究发现，不管是知识产权调查立案还是终裁，我国被诉企业都会增加其出口产品种类，并且该结论在一系列稳健性检验下仍然成立。同时，研究发现我国被诉企业主要是通过"既增加又减少产品种类"的方式进行内部产品结构调整来应对美国知识产权调查。

9. 知识产权调查对企业出口持续时间的影响效应。本章运用合并数据，探讨了美国知识产权调查对中国企业在美国及非美国市场出口持续时间的影响。研究发现，美国知识产权调查立案显著减少了中国被诉企业在两类市场的出口持续时间，而调查终裁则显著增加了这些企业在非美国市场的出口持续时间，但在美国市场的影响不显著。研究采用生存分析法中的 Kaplan–Meier 生存曲线和离散时间 Cloglog 模型，分析了美国知识产权调查对中国被诉企业出口持续时间的影响及其作用机制。结果显示，立案阶段主要通过增加企业管理成本和人力成本，减少企业出口持续时间；终裁阶段则通过增加非美出口额和缓解企业融资约束，增加企业出口持续时间。异质性分析表明，不同依赖程度、不同所有制和不同地区的企业受到的影响存在差异。

10. 知识产权调查对企业出口韧性的影响效应。本章利用多期双重差分模型，实证研究美国知识产权调查对中国被诉企业出口韧性的影响。研究发现，美国知识产权调查对我国被诉企业出口韧性产生了显著抑制作用。异质性分析发现，美国知识产权调查对中国企业尤其是民营企业和小型企业的出口韧性影响较大，而对国有企业和大型企业的影响相对较小；年轻企业由于较高的适应性和较低的知识产权风险，其影响也不显著。研发水平和融资约束的调节作用检验发现，企业的研发水平越高，其出口韧性受知识产权调查的负向影响越小，而融资约束的提高则会加剧知识产权调查对企业出口韧性的负面影响。

11. 知识产权调查的产业关联影响效应。本章利用投入产出方法量化美国知识产权调查对涉案产品的上下游产业的影响。从产业关联视角出发，分析知识产权调查对我国涉案产品的贸易限制效应及由此产生的上下游产业关联损害。该部分首先运用反事实估计得到涉案产品层面的出口损害，然后根据《全部经济活动国际标准行业分类》（International Standard Industrial Classification of All Economic Activities，ISIC）分类原则，结合投入产出表测算知识产权调查对我国涉案产业上下游产业的损害程度。实证结果表明，对上游产业损害排在前三位的分别是计算机、电子和光学设备；纺织服装和皮革制品；橡胶和塑料制品，对下游产业损害排在前三位的分别是计算机、电子和光学设备；纺织、服装和皮革制品；电力设备制造。

12. 知识产权调查的本质及应对机制。知识产权调查将通过贸易抑制效应、贸易偏转效应、研究开发效应、全球价值链效应以及产业关联效应深刻影响诉讼双方及利益相关者。由于诉讼双方地位不对等以及信息不对称等问题，知识产权调查将成为影响中国企业走出去的最为棘手的问题。而中国通过强化自身知识产权保护和在美国申请更多专利并不能起到降低知识产权调查的效果。基于上述各章的实证研究结论，本章从政府顶层机制、行业保障机制和企业预警机制三维视角提出应对措施。包括：积极与其他国家一起构建统一战线，大力推行出口市场多元化，旗帜鲜明地反对美国在知识产权评价方面的单边主义；利用反垄断手段削弱美国在知识产权方面的优势，提高企业见招拆招和贸易报复能力；认真研究竞争对手在美国的专利布局，熟悉美方知识产权调查程序和规则，组织联合应诉，构建人才培养机制。

三、研究思路与研究方法

（一）研究思路

本书主要沿着"现实背景—触发机制—影响效应—应对策略"的基本思路展开研究。首先，研究立足于我国企业频遭美国知识产权调查的现实背景，紧紧围绕美国知识产权调查对我国贸易、全球价值链、产品质量、产品出口持续时间、出口韧性、产业关联等影响效应这一中心命题展开研究。其次，利用跨国面板数据实证检验美国启动知识产权调查的触发机制，识别美国发起知识产权调查的关键影响因素，甄别美国知识产权调查的真实动机。再次，从贸易效应、全球价值链嵌入效应、产品质量效应、进口中间品质量效应、出口产品种类效应、出口持续时间效应、出口韧性效应以及产业关联效应综合考察美国知识产权调查的影响效应。最后，根据研究结果，借鉴其他国家和地区的应对经验，设计应对知识产权调查的政府顶层机制、信息协调的行业保障机制和源头控制的企业预警机制，提出针对性、系统性和可行性的对策建议。

（二）研究方法

本书涉及制度经济学、世界经济学、国际贸易学、知识产权法学、产业经济学、计量经济学、国际政治等多学科的研究方法。具体而言：

第一，运用国际贸易和国际政治的理论提出美国启动知识产权调查的触发机制假说，利用面板托宾回归和面板零膨胀泊松回归的方法，从贸易政策内生的视角出发分析美国发起知识产权调查的宏微观动因，验证美国知识产权调查背后的真实动机。

第二，运用反事实模拟方法，在贸易引力模型检验基础上从国家层面测算知识产权调查的贸易抑制效应；同时以机电行业为例，运用固定效应模型分析知识产权调查在行业层面的贸易抑制和贸易转移效应。

第三，运用双重差分方法（DID），选择合适的实验组和对照组，从微观企业层面分析知识产权调查对出口产品质量、进口中间品质量、全球价值链嵌入程度、出口产品种类以及出口韧性等维度探讨知识产权调查的微观影响。

第四，运用投入产出分析方法构建知识产权调查产业关联影响模型，利用反事实模拟方法，从行业层面测度知识产权调查对相关上下游产业的损害程度。

第五，运用生存分析法测算中国企业的出口持续时间与出口状态，采用 Kaplan–Meier 生存曲线分析比较被诉企业与未被诉企业的生存概率与风险概率差异，采用 Cloglog 模型研究知识产权调查立案与终裁两个时间节点对企业出口持续时间的影响。

第二章

知识产权调查的特征性事实分析

第二章 知识产权调查的特征性事实分析

近年来,美国的贸易政策越来越倾向于推行所谓的"公平贸易"。美国政府认为,之所以存在大量贸易逆差,不是由美国产品的贸易竞争力显著下降导致的,而是因为美国产品在国际贸易中遭受了一些不公平待遇,特别是在知识产权领域。由于在知识产权方面处于绝对优势,美国一贯的偏向性思维认为其他国家特别是发展中国家对于其知识产权保护是不够的。基于此,美国政府不遗余力地在宏微观层面推动各国强化知识产权保护。在宏观层面,主要通过"301 调查"①和"特别 301 报告"②,并在双边和多边贸易谈判中设置知识产权保护议题。在微观层面,利用 USITC 对外发起知识产权调查,防止其国内市场遭受进口品的"不公平贸易",确保相关产业的知识产权不受国外商品侵害。美国发起的知识产权调查是 USITC 根据美国《1930 年关税法》对进口贸易中的不公平行为发起调查并采取制裁措施。由于其所依据的是《1930 年关税法》第 337 节的规定,所以,一般称为"337 调查"。该条款最初在美国 1930 年关税法第 337 节中出现,经多次修订,现规定为:进口行为如果存在不正当竞争③,且对美国国内相关产业造成实质性损害,USITC 可根据美国国内企业的申请进行调查。

现有文献对知识产权调查的统计非常零散,定性分析多,定量分析少,明显缺乏对知识产权调查的全面考察。而这种全面考察对于我们了解知识产权调查的特点、产生的原因、建立预警机制和完善应对措施都非常重要。基于以上理由,本章将利用 USITC 的"不公平进口调查信息系统库",从案件总量、涉案来源、调查类型、涉案产业、判决结果以及结案时间等方面对知识产权调查进行一个比较完整的统计分析。

---

① 例如,美国于 2017 年 8 月 18 日正式对中国发起单边主义色彩浓厚的"301 调查",调查中国政府在技术转让、知识产权、创新等领域的实践、政策和做法是否不合理或具歧视性,以及是否对美国商业造成负担或限制。
② 美国贸易代表办公室公布的关于世界各经济体知识产权保护的年度报告。
③ 主要指侵犯美国国内有效的专利权、商标权、著作权等知识产权调查与反倾销都具有限制进口作用。

一、调查总量分析

从涉案的数量看，纵观美国知识产权调查的历史，经历了两个高峰时期。第一个高峰期为20世纪70年代末期至80年代中期。表2-1显示，1978—1987年，共发起知识产权调查241件，占总调查数量的17.4%，年平均24件。第二个高峰期为2001年以来至今，此时也恰逢我国加入世界贸易组织。2001—2023年，共发起知识产权调查942件，占总调查数量的68%，年平均41件，远远高于总体年平均数27件①。出现这两个高峰期并不令人奇怪，第一个时期是高油价背景下美国滞胀时期，第二个时期是美国新经济泡沫破灭后的经济不景气时期。从这些细节可以看出，知识产权调查并没有跟随国际知识产权保护的潮流出现线性递增或递减，而是与美国经济景气度保持高度相关，这不得不令人怀疑美国知识产权调查的公平与正义性。

根据表2-1，从涉案对象所处的地理位置来看，知识产权调查的对象集中在亚洲，其次是欧洲和北美洲，而南美洲、大洋洲和非洲则涉案较少。1972—2023年，除1974年和1984年欧洲涉案数量超过亚洲外，其他年份亚洲涉案数量都位居榜首。在这期间，针对亚洲的起诉数量达到1397起，占比63.99%；针对欧洲的达到518起，占比23.73%；针对北美洲的达到213起，占比9.76%；针对南美洲的达到25起，占比1.15%；针对大洋洲的达到23起，占比1.05%；针对非洲的达到7起，占比0.32%。亚洲、欧洲和北美洲是美国三个最重要的贸易伙伴，然而在知识产权调查中，美国却唯独将重点放在亚洲，这种调查方式的不公平性不言而喻。

根据表2-1，从各大洲涉案国家和地区数目来看，亚洲、欧洲位居前

---

① 2008年7月7日，美国国际贸易委员会（ITC）公布了"337调查"程序的新规则，虽然是细节性的修改，但申诉人可能需要一个适应的过程，因此可能导致了2009年申诉数量的明显减少。

列；而北美洲、南美洲、大洋洲和非洲涉案数量少，且集中在少数几个经济体。1972—2023 年，涉案经济体数量为 774 个，这些经济体涉案总量达 2183 次，平均每起案件 2.82 个经济体涉案。这一期间，针对亚洲的案件达到 1397 起，涉案经济体总数达到 332 次，平均每起案件涉案对象数量达到 4.21 个；针对欧洲的案件达到 518 起，涉案经济体总数达到 289 次，平均每起案件涉案对象数量达到 1.79 个；针对北美洲的案件达到 213 起，涉案经济体总数达到 88 次，平均每起案件涉案对象数量达到 2.42 个。数据表明，对欧洲调查采用"撒胡椒面"式的威慑打击模式，而对亚洲则针对重点对象（日本、中国内地和中国台湾地区）实施精准打击模式。

表 2-1　　　　　　　　知识产权调查总况

年份	案件总数	涉案国家（地区）数量	亚洲	欧洲	北美洲	南美洲	大洋洲	非洲
1972	3	3	2 (2)	1 (1)	0	0	0	0
1973	4	3	3 (2)	1 (1)	0	0	0	0
1974	9	7	4 (1)	5 (5)	0	0	0	1 (1)
1975	5	3	2 (1)	2 (2)	0	0	0	0
1976	7	10	6 (4)	5 (5)	1 (1)	0	0	0
1977	11	8	16 (5)	2 (2)	1 (1)	0	0	0
1978	22	11	18 (4)	7 (3)	2 (2)	0	2 (2)	0
1979	15	10	10 (5)	7 (4)	2 (1)	0	0	0
1980	19	10	10 (3)	10 (6)	1 (1)	0	0	0
1981	18	10	19 (5)	3 (3)	3 (1)	0	0	1 (1)
1982	23	11	18 (5)	6 (3)	4 (2)	1 (1)	0	0
1983	44	17	30 (6)	18 (8)	4 (1)	0	2 (1)	1 (1)
1984	33	12	18 (4)	21 (7)	2 (1)	0	0	0
1985	25	12	17 (4)	11 (7)	2 (1)	0	0	0
1986	24	14	27 (7)	10 (5)	1 (1)	1 (1)	0	0
1987	18	18	18 (7)	10 (8)	5 (2)	1 (1)	0	0
1988	11	6	10 (3)	3 (3)	0	0	0	0
1989	19	16	13 (4)	13 (10)	1 (1)	1 (1)	0	0
1990	13	11	8 (3)	6 (6)	1 (1)	1 (1)	0	0

续表

年份	案件总数	涉案国家（地区）数量	亚洲	欧洲	北美洲	南美洲	大洋洲	非洲
1991	11	8	6 (3)	6 (2)	2 (1)	2 (2)	0	0
1992	13	8	8 (4)	3 (2)	3 (1)	1 (1)	0	0
1993	17	14	15 (5)	9 (7)	5 (2)	0	0	0
1994	6	6	5 (4)	2 (2)	0	0	0	0
1995	11	8	10 (5)	3 (2)	1 (1)	0	0	0
1996	13	11	13 (7)	2 (2)	2 (2)	0	0	0
1997	13	12	12 (7)	3 (3)	2 (2)	0	0	0
1998	11	12	14 (6)	6 (5)	2 (1)	0	0	0
1999	9	8	4 (3)	4 (4)	1 (1)	0	0	0
2000	17	9	17 (6)	2 (2)	1 (1)	0	0	0
2001	24	18	26 (10)	10 (6)	4 (2)	0	0	0
2002	17	14	17 (5)	7 (7)	3 (2)	0	0	0
2003	18	19	27 (12)	6 (4)	6 (3)	0	0	0
2004	26	19	34 (10)	8 (6)	3 (2)	1 (1)	0	0
2005	29	22	28 (8)	10 (7)	11 (5)	0	1 (1)	1 (1)
2006	33	20	34 (9)	13 (6)	4 (3)	1 (1)	1 (1)	0
2007	35	18	47 (10)	9 (5)	3 (3)	0	0	0
2008	41	28	68 (11)	16 (11)	8 (5)	0	1 (1)	0
2009	31	15	36 (7)	8 (6)	5 (2)	0	0	0
2010	56	16	67 (9)	11 (4)	12 (3)	0	0	0
2011	69	23	73 (9)	27 (11)	9 (3)	0	0	0
2012	40	27	57 (8)	21 (11)	13 (5)	2 (2)	1 (1)	0
2013	43	20	42 (7)	15 (9)	6 (3)	0	2 (1)	0
2014	39	24	48 (10)	18 (9)	7 (3)	1 (1)	2 (1)	0
2015	36	22	24 (8)	16 (10)	6 (2)	0	1 (1)	1 (1)
2016	54	23	49 (13)	20 (7)	6 (1)	0	2 (2)	0 (0)
2017	58	21	59 (10)	12 (8)	4 (2)	1 (1)	0	0
2018	50	26	56 (12)	19 (10)	7 (2)	1 (1)	1 (1)	0
2019	47	24	47 (10)	18 (8)	9 (2)	2 (1)	2 (1)	1 (1)
2020	48	20	55 (9)	17 (7)	6 (2)	2 (1)	1 (1)	0

续表

年份	案件总数	涉案国家（地区）数量	亚洲	欧洲	北美洲	南美洲	大洋洲	非洲
2021	52	22	52（9）	21（8）	10（2）	2（1）	2（1）	1（1）
2022	59	27	60（12）	21（10）	14（3）	2（1）	2（1）	0
2023	37	18	38（8）	14（7）	8（2）	2（1）	0	0

注：（1）第3列~第8列括号中数字为当年各大州涉案国家和地区数量。

（2）根据USITC"不公平进口调查信息库"整理而得。网址：http://ids.usitc.gov。

二、涉案来源地分析

1972—2023年，USITC共对外发起1386起知识产权调查，总共涉及68个经济体，这些美国的贸易伙伴平均遭受调查20起。

从涉案的经济体看，中国台湾地区、日本和中国内地是知识产权调查的最大受害方。表2-2的数据资料显示，1972—2023年，被调查较多的经济体有：日本、中国台湾地区、中国香港特别行政区、中国内地、德国等。其中，中国内地有19年位居第一，中国台湾地区有18年位居第一，日本有13年排在第一，中国香港特别行政区和德国分别有1年位居第一。日本位居调查榜首的时间主要是在20世纪70年代至80年代中期，中国台湾地区则是20世纪80年代末期至20世纪末，而中国内地位居榜首的时间则是加入世界贸易组织以后。2002—2023年，短短的22年间，中国内地位居调查榜首达19次之多。即使我们将考察范围放松到前三来看，中国内地、中国台湾地区以及日本仍然是主要的被调查方。如果被诉企业真的侵权，知识产权调查无可厚非。但根据表2-2的信息，我们难免产生这样的疑问：为什么是在2001年以来针对中国内地的知识产权调查案件急速攀升？难道2001年以前我国知识产权保护非常严格，而此后知识产权保护明显放松？显然这不是问题的答案，这恰恰表明美国知识产权调查具有明显的针对性和歧视性。实际上，自20世纪80年代以来，我国知识产权保护不管是从立法还是从执法层面都显现出越来越严的趋势。

从涉案经济体的地理集中度看，知识产权调查的集中度总体呈现下降趋势。此处借用产业经济学中测度市场集中度的方法来计算知识产权调查的地理集中度。其计算公式为：

$$HH = s_1^2 + s_2^2 + \cdots + s_n^2 = \sum_{i=1}^{n} s_i^2 \quad (2-1)$$

其中，s_i 表示针对某国或地区遭遇知识产权调查数量占当年知识产权调查总量的比例。HH 指数取值范围在 0—1 之间，指数越接近 1，表明知识产权调查集中度越高；反之，当 HH 指数接近 0 时，表明市场集中度低，说明涉案对象有增加的趋势。根据本章数据的特点，我们将计算排名前三的集中度指数。表 2-2 测算结果显示，HH 指数从 1972 年的 0.333 下降至 2023 年的 0.135，虽然其中也有一定的起伏，但总体趋势向下。这说明美国知识产权调查增加的大背景下，涉案的国家和地区也不断在增加，知识产权调查的打击面也不断在扩展。

表 2-2　　　　　　　　　涉案来源地汇总

年份	第一涉案对象	第二涉案对象	第三涉案对象	涉案经济体数量	案件总量	HH3
1972	日本	中国台湾地区	英国	3	3	0.3333
1973	日本	中国香港特别行政区	意大利	3	4	0.375
1974	日本	英国	荷兰	7	10	0.18
1975	日本	德国	丹麦	3	4	0.375
1976	中国台湾地区	日本	中国香港特别行政区	10	12	0.0625
1977	日本	中国台湾地区	韩国	8	19	0.1856
1978	中国台湾地区	日本	中国香港特别行政区	11	29	0.0987
1979	中国台湾地区	日本	英国	10	19	0.0803
1980	日本	中国台湾地区	德国	10	21	0.102
1981	日本	中国台湾地区	加拿大	10	26	0.1805
1982	中国台湾地区	日本	德国	11	29	0.1046
1983	中国台湾地区	日本	德国	17	55	0.0731
1984	中国台湾地区	日本	德国	12	41	0.0845
1985	中国台湾地区	日本	中国香港特别行政区	12	30	0.1

续表

年份	第一涉案对象	第二涉案对象	第三涉案对象	涉案经济体数量	案件总量	HH3
1986	日本	中国台湾地区	中国香港特别行政区	14	39	0.0796
1987	中国香港特别行政区	韩国	中国台湾地区	18	34	0.0355
1988	中国台湾地区	日本	韩国	6	13	0.3905
1989	中国台湾地区	日本	意大利	16	28	0.0753
1990	中国台湾地区	韩国	菲律宾	11	16	0.1016
1991	德国	日本	中国香港特别行政区	8	16	0.1133
1992	中国台湾地区	加拿大	日本	8	15	0.1289
1993	中国台湾地区	加拿大	日本	14	29	0.088
1994	中国台湾地区	日本	中国香港特别行政区	6	7	0.1224
1995	日本	中国香港特别行政区	中国台湾地区	8	14	0.1122
1996	日本	韩国	中国台湾地区	11	17	0.0761
1997	中国台湾地区	日本	中国内地	12	17	0.0588
1998	中国台湾地区	中国内地	中国香港特别行政区	12	22	0.093
1999	日本	中国台湾地区	中国内地	8	9	0.074
2000	中国台湾地区	日本	中国内地	9	20	0.175
2001	中国台湾地区	日本	德国	18	40	0.0838
2002	中国内地	中国香港特别行政区	中国台湾地区	14	27	0.0905
2003	中国内地	加拿大	中国台湾地区	19	39	0.0585
2004	中国内地	中国台湾地区	日本	19	46	0.078
2005	中国内地	中国台湾地区	韩国	22	51	0.0531
2006	中国内地	德国	日本	20	53	0.0819
2007	中国内地	韩国	日本	18	59	0.1175
2008	中国内地	中国台湾地区	日本	28	93	0.0607
2009	日本	中国台湾地区	中国内地	15	49	0.095
2010	中国内地	中国台湾地区	日本	16	90	0.0885
2011	日本	中国内地	中国台湾地区	23	109	0.0742
2012	中国台湾地区	中国内地	日本	27	94	0.0557
2013	中国内地	中国台湾地区	韩国	20	65	0.0667
2014	中国内地	中国台湾地区	中国香港特别行政区	24	76	0.0587
2015	中国内地	加拿大	英国	22	48	0.0573

续表

年份	第一涉案对象	第二涉案对象	第三涉案对象	涉案经济体数量	案件总量	HH3
2016	中国内地	韩国	加拿大	23	77	0.0937
2017	中国内地	日本	中国台湾地区	21	76	0.143
2018	中国内地	日本	中国香港特别行政区	26	84	0.1291
2019	中国内地	中国香港特别行政区	德国	24	79	0.0886
2020	中国内地	中国香港特别行政区	韩国	20	81	0.1613
2021	中国内地	韩国	中国台湾地区	22	88	0.107
2022	中国内地	韩国	日本	27	99	0.0712
2023	中国内地	日本	德国	18	62	0.135

注：第6列数据为当年各经济体涉案数量累加而得，其他数据计算基于"不公平进口调查信息系统库"。

从原告来源地来看，虽然美国本土企业占据绝对主流地位，但由于知识产权调查对起诉对象的资格规定较松，其他国家和地区的企业也可以在美国本土起诉，以保障自己作为知识产权权利人的利益。在知识产权调查中，无论美国企业（自然人）还是非美国企业（自然人），只要其认为进口产品侵犯了其在美国登记或注册的专利权、商标权、版权或集成电路布图设计权，并能够证明美国国内已经存在或正在形成相应的国内产业，都可以依法向USITC提起知识产权调查申请。表2-3的统计显示，除美国外，日本、中国台湾地区、韩国和德国是使用知识产权调查最多的经济体。说明这些经济体的企业较其他经济体企业而言，可能更熟悉美国知识产权调查的规则。同时，这样做可以起到一定的威慑作用，其他起诉方可能会担心这些经济体企业的报复能力而降低起诉的概率。

表2-3　　　　　　　　原告来源地分布（除美国外）

来源地	日本	中国台湾地区	韩国	德国	英国	加拿大	中国内地	中国香港特别行政区
起诉数量	47	23	22	11	8	7	3	1

资料来源：根据USITC"不公平进口调查信息系统库"整理而得。

自 2001 年中国加入 WTO 以来，中国的出口贸易呈现出快速增长的状态，尤其是对美贸易额增长较快，USITC 出于防止其国内市场遭到外国同类商品冲击的目的，频繁地对中国企业发起知识产权调查。根据 USITC"不公平进口调查信息系统库"整理的数据可知，自美国首次发起知识产权调查即 1972 年起，截至 2023 年，USITC 总共对外发起调查数量为 1386 起，中国内地涉案 343 起，涉案占比为 24.75%。由此可见，美国发起的知识产权调查对中国内地企业的影响是不容小觑的。表 2-4 的数据显示，近年来，中国内地企业涉案数量一直居高不下，占当年全部案件的比例均在 25% 以上。在 2019 年，我国涉案数量甚至达到了 22 起，占当年案件数量的 46.81%。

表 2-4　　　　　2009—2023 年中国内地企业涉案数量及比例

年份	全球总数	中国内地企业的涉案调查数量（起）	中国内地企业涉案调查所占比例（%）
2009	31	8	25.81
2010	56	19	33.93
2011	69	16	23.19
2012	40	13	32.5
2013	43	14	32.56
2014	39	13	33.33
2015	36	10	27.78
2016	54	22	40.74
2017	58	24	41.38
2018	50	19	38
2019	47	22	46.81
2020	48	19	39.58
2021	52	13	25
2022	59	22	37.29
2023	37	17	45.95

资料来源：根据 USITC "不公平进口调查信息系统库" 整理而得。

三、调查类型分析

在知识产权调查实践中，其调查类型主要有：专利侵权、注册商标侵权、侵犯商业秘密、商业外观侵权①、虚假原产地、版权侵权、不公平竞争、商标灰色市场②等。根据表2-5，1972—2023年，知识产权调查中涉及最多的是专利侵权，占比87.81%；其次为注册商标侵权，占比9.81%。同时，通过表2-6的数据发现，2004年以来，知识产权调查中涉及专利侵权案件的比重均超过90%，这说明近年来针对专利侵权的诉讼得到进一步强化。

表2-5　　　　　　　　　　涉案调查类型汇总

类型	全球数量	占比（%）	类型	全球数量	占比（%）
专利侵权	1217	87.81	虚假原产地	37	2.67
注册商标侵权	136	9.81	版权侵权	32	2.31
侵犯商业秘密	60	4.33	不公平竞争	23	1.66
商业外观侵权	49	3.54	商标灰色市场	1	0.07

注：（1）部分案件涉及两种调查类型，因此各类型比重相加超过100%。（2）根据USITC"不公平进口调查信息系统库"整理而得。

在表2-6中，本章将中国内地和世界的数据进行了对比。由于针对中国内地的知识产权调查案件主要爆发在2002年以后，我们选择的样本区间为2002—2023年。表2-6结果显示，针对中国内地的知识产权调查案件中，涉及专利侵权的占据绝对优势地位，除2003年、2008年外，其他年份涉及专利侵权的比重都高达80%以上。但与世界样本相比较，在考察样

---

① 商业外观侵权是指经营者在进口产品中，仿效国内产品的特殊性或"非功能性"特征，足以诱骗消费者相信该进口产品是国内生产商产品的行为。
② 商标灰色市场又称平行进口。灰色市场的商品就是有品牌的真品，只不过其销售的渠道未经该商标拥有者授权与同意，是一种"非正式"的销售渠道。

本的大部分年份，针对中国内地的调查案件中，专利侵权诉讼的比重还是低于世界平均值。这意味着，中国内地企业涉案的类型更为广泛，这可能会增加中国内地企业应诉的时间和费用成本，进一步提升中国内地企业的不应诉比例。

表 2-6　　　　　世界和中国内地专利侵权涉案比较

年份	专利侵权涉案总数	世界当年涉案总数	世界占比（%）	中国内地专利侵权案件	中国内地当年涉案数	中国内地占比（%）
2002	13	17	76.47	4	5	80
2003	14	18	77.78	5	8	62.5
2004	25	26	96.15	9	10	90
2005	29	29	100	8	8	100
2006	30	33	90.91	11	13	84.62
2007	35	35	100	20	20	100
2008	37	41	90.24	11	14	78.57
2009	29	31	93.55	8	8	100
2010	56	56	100	19	19	100
2011	67	69	97.1	16	16	100
2012	37	40	92.5	12	13	92.31
2013	39	43	90.7	13	14	92.86
2014	37	39	94.87	12	13	92.31
2015	35	36	97.22	9	10	90
2016	49	54	90.74	19	22	86.36
2017	55	58	94.83	22	24	91.67
2018	48	50	96	19	19	100
2019	46	47	97.87	20	22	90.91
2020	48	48	100	19	19	100
2021	50	52	96.15	13	13	100
2022	58	59	98.31	21	22	95.45
2023	37	37	100	17	17	100

资料来源：根据 USITC "不公平进口调查信息系统库" 整理而得。

四、涉案产业分析

世界海关组织《商品名称及编码协调制度》（以下简称 HS）分类编码体系将商品分为 22 大类产品①。表 2-7 为按照 HS 编码体系进行分类统计的涉案产业统计结果。

从涉案的产业覆盖度来看，除第 3 类动植物油和脂和第 21 类艺术品及古玩外，其他大类都有涉及，只是程度不同而已，产业覆盖度高达 90.9%。这样来看，知识产权调查的打击面就非常广，不管是知识产权敏感型产业还是知识产权非敏感型产业，都有可能成为涉案标的。

从涉案产业集中度来看，第 16 类——机电产品无疑是重灾区。1972—2023 年，知识产权调查针对机电产品就达到 883 起，占比 63.7%；其次是第 20 类——杂项制品，涉案次数达到 135 起，占比 9.74%。另外，第 6 类——化工产品、第 18 类——光学、钟表和医疗设备、第 7 类——塑料和橡胶制品相对涉案较多。同时，利用 2009—2023 年的数据发现，这一时期知识产权调查更进一步集中在机电产品和杂项制品上。表 2-6 的统计结果显示，2009—2023 年，机电产品涉案 522 起，占比达到 72.56%；杂项制品涉案 73 起，占比 10.11%，都超过 1972—2023 年的世界平均值。与此形成强烈对比的是，这一期间美国反倾销的重点行业则是贱金属及制品②。

从针对中国内地的案件看，和世界样本一样，机电产品和杂项制品是主要的涉案产品；而美国对华反倾销则主要集中在贱金属和化工行业，两

---

① 根据世界海关组织《商品名称及编码协调制度》分类编码体系，商品分类如下：第 1 类为活动物、动物产品；第 2 类为植物制品；第 3 类为动植物油和脂；第 4 类为食品、饮料、烟草；第 5 类为矿产品；第 6 类为化工产品；第 7 类为塑料和橡胶制品；第 8 类为皮革、箱包制品；第 9 类为木材及木制品；第 10 类为木浆及纸制品；第 11 类为纺织原料及纺织制品；第 12 类为鞋、帽、靴、伞等轻工制品；第 13 类为水泥、陶瓷及玻璃制品；第 14 类为贵金属及其制品；第 15 类为贱金属及其制品；第 16 类为机电产品；第 17 类为运输设备；第 18 类为光学、钟表和医疗设备；第 19 类为武器弹药；第 20 类为杂项制品；第 21 类为艺术品及古玩；第 22 类为其他未分类产品。

② 根据 Global Antidumping Database 中美国起诉数据整理而得。

者合计比重达到 60% 以上①。表 2-7 数据显示，2009—2023 年，针对中国内地的知识产权调查案件中，机电产品涉案 154 起，占比 63.37%，低于同期世界样本的机电产品涉案 72.6% 的比重；杂项制品涉案 26 起，占比 10.7%，略高于同期世界样本的杂项制品涉案 10.15% 的比重。总体上看，针对中国内地调查的行业与世界没有出现实质性的差异，但具有贸易竞争力优势的塑料、橡胶制品和皮革、箱包制品的涉案比重却明显高于世界平均水平。

表 2-7　　　　　　　　涉案产业类型汇总

调查产业	世界（1972—2023 年）	比重（%）	世界（2009—2023 年）	比重（%）	中国内地（2009—2023 年）	比重（%）
第 16 类	883	63.7	522	72.60	154	63.37
第 20 类	135	9.74	73	10.15	26	10.70
第 6 类	92	6.64	29	4.03	11	4.53
第 18 类	91	6.57	68	9.46	20	8.23
第 7 类	63	4.55	36	5.01	20	8.23
第 15 类	43	3.10	21	2.92	14	5.76
第 17 类	23	1.66	10	1.39	6	2.47
第 12 类	19	1.37	3	0.42	3	1.23
第 13 类	13	0.94	5	0.70	0	0
第 4 类	13	0.94	5	0.70	0	0
第 8 类	13	0.94	10	1.44	9	3.70
第 9 类	9	0.65	3	0.42	0	0
第 11 类	9	0.65	5	0.70	3	1.23
第 5 类	4	0.29	0	0	0	0
第 14 类	4	0.29	0	0	0	0
第 10 类	4	0.29	8	1.11	0	0
第 22 类	4	0.29	8	1.11	9	3.70
第 2 类	3	0.22	0	0	0	0

---

① 根据世界海关组织《商品名称及编码协调制度》分类编码体系，商品分类如下：第 1 类为活动物、动物产品；第 2 类为植物制品；第 3 类为动植物油和脂；第 4 类为食品、饮料、烟草；第 5 类为矿产品；第 6 类为化工产品；第 7 类为塑料和橡胶制品；第 8 类为皮革、箱包制品；第 9 类为木材及木制品；第 10 类为木浆及纸制品；第 11 类为纺织原料及纺织制品；第 12 类为鞋、帽、靴、伞等轻工制品；第 13 类为水泥、陶瓷及玻璃制品；第 14 类为贵金属及其制品；第 15 类为贱金属及其制品；第 16 类为机电产品；第 17 类为运输设备；第 18 类为光学、钟表和医疗设备；第 19 类为武器弹药；第 20 类为杂项制品；第 21 类为艺术品及古玩；第 22 类为其他未分类产品。

续表

调查产业	世界（1972—2023 年）	比重（%）	世界（2009—2023 年）	比重（%）	中国内地（2009—2023 年）	比重（%）
第 19 类	3	0.22	3	0.42	0	0
第 1 类	3	0.22	3	0.42	0	0

注：（1）有些案件涉及的产业种类达到两类甚至更多。例如，编号为 337-TA-874 的案件，涉及的产业种类达 5 项之多，分别为第 4 类、第 6 类、第 10 类、第 16 类和第 20 类。因此，表中的涉案产业加总将超过"337 案件"的总调查数量。（2）根据 USITC "不公平进口调查信息系统库"整理而得。

五、判决结果分析

一旦启动知识产权调查，被诉企业首先面临的选择是应诉还是不应诉？究竟选择哪一种方式，取决于其成本和收益的对比。一旦应诉，将面临着支付高昂的律师费和承受可能败诉带来的风险。张平（2010）指出，知识产权调查的应诉费用一般在 200 万—1000 万美元，有的甚至达到 2000 万美元。当然不应诉的情况可能更为糟糕，USITC 将根据原告提供的材料作出对被告最为不利的判决。

从未应诉比重看，表 2-8 的数据显示，就世界样本而言，未应诉的比重为 4.32%。横向对比来看，中国内地的未应诉比重达到 12.46%，远远高于世界平均水平；同期日本的未应诉比重仅为 1.48%，中国台湾地区的未应诉比重为 2.19%，这两个经济体的未应诉比重低于世界平均水平，同时也远远低于中国内地的未应诉比重。这说明，我国有相当多的被诉企业由于害怕高昂的应诉费用而放弃应诉，这可能会更进一步助长对华知识产权调查的频度。

知识产权调查后可能出现的结果是原告撤诉、和解、同意令、发现侵权和未发现侵权等。显然，未发现侵权和原告撤诉意味着被告胜诉。而败诉的主要结果是发现侵权、同意令及和解。发现侵权肯定意味着被告败诉，但和解及同意令实质也是原告败诉。之所以达成和解，主要是被告"被迫"签订了苛刻的不平等条约，如专利许可、贴牌生产、指定采购、退出市场等，这实际上是满足了原告起诉的目的，等同于被告败诉。同意令与和解非常类似，只是 USITC 还保留了管辖权而已。张平（2010）指出，和解和同意令对被告来说，是名和实败。

从胜败诉比重看，表 2-8 的数据显示，被告的世界平均胜诉率（未发现侵权比重与撤诉比重相加）为 28.42%。横向对比看，中国内地、中国台湾地区和日本企业作为被告方，其平均胜诉率分别为 25.22%、24.6% 和 32.22%。数据表明中国内地和中国台湾地区的平均胜诉率低于全球平均水平，而日本的平均胜诉率远远高于平均水平。这可能与日本在 20 世纪 70 年代就卷入知识产权调查有一定关系，高居不下的调查频度使得日本的企业在应诉知识产权调查时经验更为充分。

表 2-8　　　　　　　　世界及主要国家和地区应诉情况汇总

应诉情况	世界	世界比重（%）	中国内地	中国内地比重（%）	中国台湾地区	中国台湾地区比重（%）	日本	日本比重（%）
撤诉	175	13.74	57	16.15	45	12.3	36	13.33
和解	511	40.11	99	28.05	132	36.07	129	47.78
未发现侵权	187	14.68	32	9.07	45	12.3	51	18.89
未应诉	55	4.32	44	12.46	8	2.19	4	1.48
同意令	194	15.23	71	20.11	60	16.39	26	9.63
发现侵权	152	11.93	50	14.16	76	20.77	24	8.89

资料来源：根据 USITC "不公平进口调查信息系统库"整理而得。

从和解及同意令比重来看，世界样本均值为 54.78%。横向对比来看，中国内地为 50.68%，中国台湾地区为 55.34%，日本达到 57.41%。这意味着有超过一半的诉讼案件，诉讼企业付出高昂的诉讼费用打官司是假，而通过启动知识产权调查将对手拉入诉讼的泥潭中，达到贸易遏制效应以及被诉方被动和解的"敲竹杠"效应才是这些企业启动知识产权调查的真正目的。这种知识产权调查的异化和滥用就是实实在在的贸易壁垒，即"借知识产权保护之名，行贸易保护之实"。

在发现侵权的案件中，USITC一般采取的救济措施有：普遍排除令、有限排除令、停止令和没收令等。普遍排除令要求海关针对侵权产品，不管来源地，只要所有人、进口商或销售商无法证明其产品没有侵权，就排除在美国海关之外。由于不分来源地，这种救济措施的杀伤力巨大。有限排除令是专门针对被裁定侵权的被诉方发出的，禁止申请书中被列名的外国侵权企业的侵权产品进入美国市场。停止令要求被诉方立即停止被指控的侵权行为，被诉方产品不得向美国出口，也不得在美国对涉案产品进行营销、分销、库存、宣传、广告等行为。而如果USITC曾就某一产品发布过排除令，而有关企业试图再次将其出口到美国市场，则USITC可发布没收令。表2-9中统计了这些救济措施的使用情况。从世界样本来看，有限排除令的比例最高，达到39.12%，中国内地和日本亦如此，其有限排除令的比例分别为37.21%和35.9%。中国台湾地区的有限排除令比例为33.64%，略低于世界平均水平。

表2-9 救济措施汇总

救济措施	世界	比重（%）	中国内地	比重（%）	中国台湾地区	比重（%）	日本	比重（%）
普遍排除令	107	31.47	37	28.68	47	42.73	12	30.77
有限排除令	133	39.12	48	37.21	37	33.64	14	35.9
停止令	100	29.41	44	34.11	26	23.64	13	33.33

注：(1) 没收令在"337案件"救济实践中很少采用，USITC"不公平进口调查信息系统库"并没有查询到没收令的使用记录。(2) 根据USITC"不公平进口调查信息系统库"整理而得。

六、调查结案时间分析

美国知识产权调查的主要程序包括：申请调查、裁定立案、选择是否应诉、取证审理、举行听证会、初步裁决、委员会审查并终裁、总统核准。具体而言，第一步，申请调查：知识产权权利人可以提交申请进行调

第二章　知识产权调查的特征性事实分析

查，或者由 USITC 主动发起调查，但后者较为少见。第二步，裁定立案：USITC 决定是否立案，如果立案，调查通知会发给被诉方，被诉方须在20日内决定是否应诉。如果被诉方未作回应，则视为缺席。缺席会导致 USITC 自动裁决申诉方的指控成立，被诉方将丧失申诉权利，并且迅速采取救济措施。第三步，取证审理和听证会：调查启动后，会进行取证工作并举行听证会，得出初步裁决结果。第四步，初步裁决：初裁结果发布后，任何一方当事人均可在90天内提出复审申请。USITC 对复审申请的审查结果将成为最终判决。第五步，委员会审查和终裁：终裁结果以及所采取的救济措施会被刊登在《联邦纪事》上，并提交给总统进行核准。第六步，总统核准：总统有90天的时间来答复或否决裁决。若总统在90天内未作出答复或未否决，则裁决成为最终裁定。如果当事人仍不服，可以继续上诉到最高联邦法院。

知识产权调查案件的处理时间因案件复杂性、当事方的应诉情况以及调查过程中的具体情况而异。一般而言，整个过程从申请调查到最终裁决通常需要几个月到一年甚至更长时间。从图2-1中可以看出，知识产权调查平均结案时间波动不大，一般为15—20个月，个别案件最长结案时间超过30个月。

图 2-1　美国知识产权调查结案时间

资料来源：根据 USITC "不公平进口调查系统库"整理所得。

七、结论与启示

近年来,知识产权调查已经成为美国最重要的贸易救济手段。由于信息不对称以及诉讼双方地位不对等问题,宣称是维护公平贸易的知识产权调查,其实质上已经异化为一种实实在在的贸易壁垒。这种贸易壁垒已经严重影响到中国内地、中国台湾地区、日本、韩国等美国主要贸易伙伴对美的出口贸易。本章利用USITC"不公平进口调查信息系统库",从案件总量、涉案来源地、调查类型、涉案产业、判决结果以及结案时间等方面进行一个比较详细的统计分析。

本章统计研究发现:其一,知识产权调查与美国的经济周期联系紧密。当美国经济高涨时,知识产权调查处于低潮期;而当美国经济不景气时,知识产权调查则快速增加。其二,从涉案来源地来看,知识产权调查带有明显的歧视性,其涉案主要来源地是日本、中国台湾地区和中国内地。同时,近年来知识产权调查涉案的国家和地区有不断增加的趋势。其三,从调查类型来看,知识产权调查主要集中在专利侵权上,且近年来针对专利侵权提起诉讼的趋势得到进一步增强。其四,从涉案产业来看,主要集中在机电产品,这跟反倾销主要涉案产业完全不同。其五,从判决结果来看,未应诉比例中,中国内地高于世界平均水平,而日本和中国台湾地区则低于世界平均水平。但三者和解及同意令的比例与世界平均水平基本一致,都超过50%,这意味着发起知识产权调查的企业很可能是希望起到贸易威慑或被动和解的"敲竹杠"效果。其六,从调查结案时间来看,知识产权调查案件的处理时间因案件复杂性、当事方应诉情况等因素而异,通常需要几个月到一年甚至更长时间,平均结案时间为15—20个月。

第三章

知识产权调查的触发机制分析

一、引言

20世纪70年代以来，面对日益增长的贸易逆差，美国的贸易政策越来越倾向于推行所谓的"公平贸易"。美国政府认为，之所以出现这么大的贸易逆差，不是因为美国的贸易竞争力显著下降，而是因为美国产品在国际贸易中遭受了一些不公平待遇。一个明显的事实是，USITC通过发起知识产权调查强化知识产权保护，防止其国内市场遭受进口品的"不公平贸易"，确保相关产业的知识产权不受国外商品侵害。实际上，由于规则的不透明，诉讼双方的信息不对称，知识产权调查受到贸易伙伴的诸多指责[1]。尽管存在诸多质疑，但知识产权调查还是成为美国重要的贸易救济手段之一。近年来，美国发起的知识产权调查甚至有超过反倾销调查之势。数据显示，2000—2023年，美国共对外发起反倾销诉讼案件743起[2]，而同期知识产权调查的案件已经达到1007起[3]，超过其对外反倾销诉讼案件的数量。自2001年中国加入世界贸易组织以来，美国明显加大对华知识产权调查的力度，2002—2023年有19年中国位居被调查榜首。USITC"不公平进口调查信息系统库"显示，从1972年美国发起首例知识产权调查到2023年底，USITC一共对外发起1386起调查，其中针对中国内地企业的就达343起，占比24.75%。而从2002年开始，USITC明显加大对华企业的知识产权调查力度，2022—2023年共发起328起调查，占整个对华调查案件的95.62%。

---

[1] 1983年，加拿大政府向关税与贸易总协定（GATT）提出成立专家小组认定美国"337调查"是否违反GATT相关规定；1989年，欧共体就"337条款"与GATT规定冲突为由提请专家小组审理；2000年，欧盟、加拿大和日本要求美国在WTO框架下就"337条款"进行磋商；2005年以来，我国商务部在每年发布的《国别贸易投资环境报告》中均指出美国"337调查"的不合理性，并实际上造成了贸易阻碍。

[2] 资料来源：https://www.wto.org/english/tratop_e/adp_e/adp_e.htm。

[3] 资料来源：http://ids.usitc.gov。

频繁发起的知识产权调查引起了学者们的关注。国外关于"知识产权调查"的研究多是从法理上是否公平正义展开的。Rogers 和 Whitlock（2002）认为"知识产权调查"与 GATT、TRIPs 协议是相符的。Allison（2009）认为即使"知识产权调查"本身存在很多争议，但其对保护美国的产业利益具有重要意义。总体来说，Ablondi 和 Vent（1981）、Koppikar（2004）、Hahn 和 Singer（2008）、Heckendorn（2009）、Hnath（2010）以及 Sterne（2011）等文献无一例外地都给知识产权调查贴上了公平正义的标签，认为美国知识产权调查是国际贸易中针对外国知识产权弱保护的重要救济措施。

国内文献将知识产权调查视为贸易壁垒的一种重要形式，从宏观和微观层面进行分析。宏观层面主要从其特点、表现形式、危害性以及应对措施展开研究（郑秉秀，2002；曹世华，2006；吴郁秋和刘海云，2009；余乐芬，2011；黄晓凤，2011；徐元，2014；冯伟业和卫平，2017；袁红林和王诗烨，2018）。微观层面以个案形式，从法学和经济学角度分析企业如何应对知识产权调查（苏喆和秦顺华，2011；薛同锐，2013）。

综上，国内外文献都先验性地对知识产权调查的真实动机进行认定，且存在重大差异。国外文献倾向于认为知识产权调查是公平合理的，至多承认调查程序上存在少许瑕疵；国内文献则认为这就是一种贸易壁垒，已经背离其"公平贸易"的初衷。由于动机的不可观测性，这两类文献谁也无法说服谁，因此需要从实证角度来判断美国发起知识产权调查的真实动机。动机不同，谈判和应对策略就会顺势作出调整，只有了解其真实动机，被诉企业在应对知识产权调查时才更有分寸，与美国的对话才更有底气。

与既有文献相比，本章可能的贡献归结如下：第一，鲜有文献从实证角度出发探讨美国发起知识产权调查的动因。通过细致考察美国发起知识产权调查的动因，利用"公平贸易目标"和"保护贸易目标"产生的不同机制，验证出美国知识产权调查的真实动机。第二，由于被解释变量具有大量零值的非设限特点，本章采用更合适的托宾回归模型，并从数量边际效应和概率边际效应出发解读每个可能的因素对美国发起知识产权调查的影响。与此同时，本章进行了大量的稳健性测试，发现美国知识产权调查是出于"保护贸易"动机。第三，实证结论针对中国企业如何应对美国知识产权调查，具有重要的政策参考价值。本章的研究发现，传统的应对策略并不一定对降低美国知识产权调查的频次和概率有效。

二、机制分析与研究假说

美国知识产权调查制度实施至今，已形成一套完整的实施机制，尽管多次遭受贸易伙伴的投诉，但调查现在是有增无减，其背后的动机很值得我们考证。按照美国官方的说法，进行知识产权调查的目标是保护美国知识产权产品不受侵害，维护"公平贸易"。但究竟是"公平贸易"动机，还是"保护贸易"动机，需要我们利用实证研究来进行验证。下面我们来分析不同动机下影响美国发起知识产权调查的因素。

（一）贸易伙伴知识产权制度水平

在以美国为首的发达国家的推动下，全球知识产权保护出现不断强化趋势。一方面，在立法方面强调与TRIPs协议接轨，要求各贸易伙伴修改其知识产权法律以符合要求；另一方面，要求贸易伙伴强化知识产权执法，加强知识产权实际保护。按照名义知识产权保护水平的常用指标——GP指数测算[1]，全球知识产权保护水平已经从1960年的1.26增加至2015年的3.37；而以实际知识产权保护水平指标——世界经济论坛（WEF）[2] 公布的数据为例，全球实际知识产权保护水平从2007年的3.83增加到2017年的4.26。知识产权名义保护和实际保护的强化，意味着侵权产品被惩处的概率增加，理性的厂商会减少侵权产品的生产。按照一般的逻辑，如果

---

[1] 资料来源：http://fs2.american.edu/wgp/www/?_ga=2.148699639.1192375789.1529225935-1052318647.1529225935。

[2] 资料来源：http://reports.weforum.org/。

美国发起的知识产权调查是基于"公平贸易"动机,则贸易伙伴强化其知识产权保护,会导致贸易伙伴对美出口产品侵犯知识产权概率降低,这样在美国遭遇知识产权调查的频次和概率也应该下降。但如果美国知识产权调查的动机本身就是保护贸易,则贸易伙伴的知识产权体系是否完善,知识产权保护水平是否提高,对美国是否对其发起知识产权调查不产生任何影响。

假设 3-1:贸易伙伴的知识产权保护越严格,意味着侵犯知识产权的概率也越低。如果美国知识产权调查是基于公平贸易的动机,那么贸易伙伴的知识产权保护应当降低其遭遇知识产权调查的频度和概率;而如果美国知识产权调查是基于保护贸易的动机,则贸易伙伴强化知识产权保护并不能显著降低其遭遇知识产权调查的频度和概率。

(二)美国国内宏观经济状况

按照美国发起知识产权调查的初衷,只看贸易伙伴有没有保护好美方的知识产权,理应和美国的宏观经济状况没有关联。即只有贸易伙伴在知识产权保护方面不尽如人意,才可能更多地遭遇美国知识产权调查。但如果出于"保护贸易"的动机,在美国国内经济不景气时,为减少贸易伙伴出口企业带来的竞争压力,可能会通过加大对贸易伙伴的知识产权调查,对其出口造成障碍。

假设 3-2:如果美国发起知识产权调查是基于"保护贸易"的动机,则美国国内宏观经济不景气将提升美国针对贸易伙伴知识产权调查的频度和概率;而如果美国发起知识产权调查是基于"公平贸易"的动机,则国内宏观经济状况与其对外发起知识产权调查的频度和概率没有直接关联。

(三)贸易伙伴在美国的专利申请行为

随着全球知识产权保护意识的提高,为更稳妥地开拓美国市场,越来越多的出口企业倾向于在美国国内申请专利。一方面,外国企业能够在美国申请专利,特别是发明专利,体现的是企业自身的技术实力,反映其侵犯美国同类公司知识产权的概率较低。另一方面，外国企业在美国申请专利，也意味着该企业即将或者已经进入美国市场，会对美国国内的进口竞争企业产生冲击，所以这些美国企业有强烈的动机来阻碍其产品进口。

如果知识产权调查是公平的，则诉讼双方地位对等、信息充分，原告"敲竹杠"机会少，这时对外发起调查的成本与预期收益不匹配，理性的美国厂商应该会不起诉或减少起诉。但实际上，知识产权调查程序相当繁琐，国外的被告对于美国知识产权调查程序并不熟悉，诉讼双方存在严重的信息不对称。这样，美国本土竞争企业可以利用知识产权调查的这个特点，对贸易伙伴企业在美国申请专利的行为采用"策略性警示行动"。通过故意发起知识产权调查，将对手拉入诉讼泥潭，对其出口到美国市场产生阻碍，这样知识产权调查行为就具有保护贸易的动机。代中强和蔡华津（2019）利用反事实模拟分析发现，发起知识产权调查和裁决确实使贸易伙伴对美出口产生明显的负面影响。

假设3-3：如果是基于"保护贸易"的动机，则贸易伙伴在美国申请专利的行为将引致更多的知识产权调查；而如果是基于"公平贸易"的动机，则贸易伙伴在美国的专利申请行为与知识产权调查没有必然关联，甚至起到弱化知识产权调查作用。

（四）美国对贸易伙伴的出口依赖程度

Blonigen 和 Bown（2003）发现，如果贸易伙伴自身具有积极的反倾销报复手段，且美国大量向该贸易伙伴出口，则美国较少对该贸易伙伴的企业发起反倾销调查。强有力的反制手段和美国对贸易伙伴的出口依赖程度是有效阻止美国采取相关贸易救济手段的必要条件。针对传统的反倾销而言，一旦美国频繁发动反倾销调查，他国可以根据本国立法拿起反倾销武器，利用"贸易人质"[①]来阻止或威慑对方，从而达到一种双方克制的态

[①] 由于全球产业分工的需要，一国既是进口国也是出口国。当一国对从贸易伙伴进口的产品频繁发起反倾销调查时，如果该国也有大量产品出口到贸易伙伴，则这些出口产品类似于"人质"，有可能会遭到贸易伙伴的反倾销调查报复。

势。但对于知识产权调查而言，各国的报复手段相当有限。在世界上找不到像美国这么积极利用知识产权"不公平贸易调查"制度的国家，WTO的其他成员一般是依照TRIPs协议利用海关进行知识产权监管。由于报复手段的缺失，即使美国对贸易伙伴的出口依赖程度比较高，可能也无法减少其对贸易伙伴企业发起知识产权调查。在后面的实证模型中本章选取的出口依赖程度指标是美国对贸易伙伴年度出口额与进口额之比。

假设3-4：尽管存在"贸易人质"效应，但由于缺乏报复制衡手段，不论出于什么动机，更高的美国对贸易伙伴的出口依赖程度并不一定会降低贸易伙伴遭受知识产权调查的频度和概率。

（五）美国"特殊301报告"[①] 对贸易伙伴的评价

美国《1984年贸易与关税法》第一次把"301条款"所辖的不公平贸易拓展至知识产权保护领域，美国《1988年综合贸易与竞争法》系统地将知识产权保护问题纳入"301条款"体系中，因其内容上的缘故，将其统称为"特别301条款"。该条款的核心是以双边谈判和贸易制裁的方式迫使其他国家或地区保护美国的知识产权，准许美国的知识产权产品进入其市场，并保护美国知识产权产品。依据该条款，每年由美国贸易代表发布"特别301条款"年度审查报告，就相关国家和地区对美国的知识产权保护状况进行评级并依次分为：重点名单、重点观察名单、一般观察名单。特别是被列入重点名单和重点观察名单的国家和地区，遭受美国贸易报复的可能性较大，因此这些国家和地区一般都会改进与知识产权保护和知识产权市场准入有关的法律和政策。但我们发现，美国"特殊301报告"的

---

① 美国贸易代表办公室每年发布"特别301报告"，全面评价与美国有贸易关系的国家和地区的知识产权保护情况，并视其存在问题的程度，分别列入"重点名单""重点观察名单""一般观察名单"，以及"306条款监督名单"。对于被美国贸易代表办公室列入"重点名单"的公告后30天内对其展开6—9个月的调查并进行谈判，迫使贸易伙伴采取相应措施检讨和修正其政策，否则美国将采取贸易报复措施予以制裁；一旦被列入"306条款监督名单"，美国可不经过调查自行发动贸易报复；而被列入"重点观察名单""一般观察名单"，则不会立即面临报复措施或要求磋商。

单边主义色彩非常浓厚，这可以从美方并不认可国际组织的评分看出端倪。例如，长期被列入重点名单的中国内地，世界经济论坛（WEF）[①] 对其知识产权保护评分从 2007 年的 3.42 分提高到 2017 年的 4.5 分，其实际知识产权保护水平已经得到实质提高，但其遭遇知识产权调查的数量却逐年升高。有意思的是，即使是和美国知识产权保护水平相近的日本，其 2017 年知识产权保护水平已经和美国相当，但同样没有减少其遭受知识产权调查的频次。

假设 3-5：不论出于什么动机，一旦被美国单边主义色彩极其浓厚的年度"特殊 301 报告"列为重点名单、重点观察名单和一般观察名单，则将增加其在美国遭受知识产权调查的频度和概率。

根据以上的机理分析及研究假设，我们将不同动机下知识产权调查影响因素的预期符号汇总在表 3-1 中。当然，这些变量的影响方向及大小还有待我们后面的实证研究来确认。

表 3-1　　　　　　　　各变量预期符号

变量	公平贸易目标	保护贸易目标
贸易伙伴知识产权制度水平	负向	无影响
美国国内宏观经济状况	无影响	负向
贸易伙伴在美国的专利申请行为	负向或无影响	正向
美国对贸易伙伴的出口依赖程度	不确定	不确定
美国"301 报告"对贸易伙伴的评价	正向	正向

三、模型设定与数据分析

本章被解释变量为贸易伙伴当年遭受美国知识产权调查的频次，其值均为非负整数，区间为 [0, 19]。这种数据满足计数模型（Count Model）

[①] 资料来源于世界经济论坛发布的年度《全球竞争力报告》。

的特征，通常采用泊松（Poisson）及负二项回归（Negative Binomial）方法。泊松回归要求方差均值相等，而该样本被解释变量方差与均值分别为 9.545 和 1.4932，存在过度离散的情形，负二项回归将更为有效。由于样本中存在大量零值（占比约为 57.45%），Lambert（1992）认为，使用简单泊松和负二项回归模型仍无法解决零值过多带来的过度离散。而零膨胀泊松回归（Zero-Inflated Poisson，ZIP）和零膨胀负二项回归（Zero-Inflated Negative Binomial，ZINB）可以有效解决这一问题（Gurmu 和 Trivedi，1996；Cheung，2002）。然而，局限于实际应用层面的进展，ZIP 和 ZINB 仍不能有效解决因零值过多导致过度离散的面板数据（Hilbe，2015）。

由于我们仅能观测到贸易对象真实遭遇知识产权调查的数据（非设限数据），而在样本中有大量贸易对象在特定年份并没有真实发生过知识产权调查，即其观测值为 0（左受限数据），这是典型的左受限（Left-censoring Limit）为 0 的数据样本。因此，合理的方案应采用 Tobit 模型进行回归（Green，2012）。

（一）基准模型设定

由于固定效应的 Tobit 模型无法获得个体异质性，无法进行条件最大似然估计，故采用随机面板 Tobit 模型。

$$\text{number\_337}_{it} = x_{it}\beta + v_i + \varepsilon_{it} \quad (3-1)$$

式（3-1）中，i 表示涉案国家和地区；t 表示涉案年份；v_i 表示随机效应项，满足 $v_i \sim N(0, \sigma_v^2)$，扰动项 $\varepsilon_{it} \sim N(0, \sigma_\varepsilon^2)$，且独立于 v_i；number_337_{it}^o 表示可能设限的潜变量 number_337_{it} 的观测值，在 0 处左受限满足，

$$\text{number\_337}_{it}^o = \begin{cases} \text{number\_337}_{it}, & \text{number\_337}_{it} > 0 \\ 0, & \text{number\_337}_{it} \leq 0 \end{cases}。$$

根据上文的影响机制分析及研究假设，基准模型设定如下：

$$\begin{aligned}\text{number\_337}_{it} =\ & \beta_0 + \beta_1 \ln\_ipr_{it} + \beta_2 tradehost_{it} + \beta_3 defirate_{it} \\ & + \beta_4 \ln\_appatent_{it} + \beta_5 usad_{it} + \beta_6 keycounty_{it} \\ & + \beta_7 pwatchlist_{it} + \beta_8 watchlist_{it} + v_i + \varepsilon_{it} \quad (3-2)\end{aligned}$$

式（3-2）中，number_337$_{it}$表示 t 年贸易伙伴 i 遭遇的知识产权调查频次，ln_ipr$_{it}$表示贸易伙伴 i 在 t 年的知识产权保护水平对数值，tradehost$_{it}$表示美国对贸易伙伴 i 在年度 t 的出口额与进口额之比，defiratet 表示 t 年美国贸易赤字增长率，ln_appatent$_{it}$表示贸易伙伴 i 在 t 年申请美国专利数量的对数值，usad$_{it}$表示 t 年美国对贸易伙伴 i 发起的反倾销频次，keycountry$_{it}$为"重点名单"虚拟变量，若贸易对象 i 在 t 年被列入"重点名单"，设为 1，否则为 0；pwatchlist$_{it}$为"重点观测名单"虚拟变量，若贸易对象 i 在 t 年被列入"重点观察名单"，设为 1，否则为 0；watchlist$_{it}$为"一般观察名单"虚拟变量，若贸易对象 i 在 t 年被列入"一般观察名单"，设为 1，否则为 0。

（二）数据来源及处理说明

根据数据的可获得性，本章选取的时间区间为 2005—2015 年。被解释变量——美国对贸易伙伴发起的知识产权调查频次（number_337）数据来源于 USITC "不公平进口调查信息系统库"[①]；知识产权保护水平（ipr）来源于世界经济论坛（WEF）发布的年度《世界竞争力报告》(The Global Competitiveness Report)；美国贸易赤字增长率（defirate）来源于世界银行 WDI (World Development Indicators) 数据库；美国国内生产总值（usgdp）、美国年度失业率（unemrate）数据来源于美国劳工统计局[②]；美国对贸易伙伴年度出口额与进口额之比（tradehost）计算所需原始数据来源于美国商务部经济分析局（U. S. Bureau of Economic Analysis，BEA）；贸易伙伴在美国专利申请量（appatent）、贸易伙伴在美国发明专利授权量（adpatent）和贸易伙伴在美国专利授权量（aadpatent）的数据来源于美国专利商标局[③]；美国对贸易伙伴发起反倾销频次（usad）数据来源于世界贸易组织反倾销数据库[④]；

---

① 资料来源：http：//ids. usitc. gov。
② 资料来源：www. bls. gov/cps/documentation. htm#comp。
③ 资料来源：https：//www. uspto. gov/patents - application - process/search - patents。
④ 资料来源：https：//www. wto. org/english/tratop_e/adp_e/adp_e. htm。

各年度"重点名单"(keycountry)①、"重点观察名单"(pwatchlist)、"一般观察名单"(watchlist)虚拟变量数据来源于美国贸易代表处(USTR)发布的年度"特殊301报告"。实证相关变量的含义及统计性描述如表3-2所示。

表3-2 变量及统计特征描述

变量	变量含义	样本量	均值	标准差	最小值	最大值
number_337	贸易伙伴遭遇的知识产权调查频次	517	1.4932	3.0895	0	19
ln_ipr	世界经济论坛发布的知识产权保护水平对数值	517	1.4625	0.3036	0.3051	1.8686
defirate	美国贸易赤字增长率	517	0.0026	0.1833	-0.4585	0.2889
ln_usgdp	美国国内生产总值对数值	517	30.3605	0.0939	30.2032	30.5234
unemrate	美国年度失业率	517	6.8182	1.8397	4.6	9.6
tradehost	美国对贸易伙伴年度出口额与进口额之比	517	1.876	3.9467	0.0498	36.8431
ln_appatent	贸易伙伴在美国专利申请量对数值	517	5.9479	2.9859	0	11.3929
ln_adpatent	贸易伙伴在美国发明专利授权量对数值	517	5.0149	2.9179	0	10.8939
ln_aadpatent	贸易伙伴在美国专利授权量对数值	517	5.1943	2.8951	0	10.9332
usad	美国对贸易伙伴发起反倾销频次	517	0.3946	1.2494	0	12
keycountry	"重点名单"虚拟变量	517	0.0251	0.1567	0	1
pwatchlist	"重点观察名单"虚拟变量	517	0.1412	0.3486	0	1
watchlist	"一般观察名单"虚拟变量	517	0.2379	0.4262	0	1

① 包括"306条款监督"。"306条款监督"制度是广义的"301条款"的一个组成部分。该条款授予美国政府在监督贸易伙伴执行知识产权协议时,若发现其没有令人满意地执行协议中的条款,则可将其列入"306条款监督国家"。一旦被列入"306条款监督"名单,美国可以不经过调查和谈判自行发动包括贸易制裁在内的贸易报复措施。从这个意义上来说,列入"306条款监督"名单的严厉性和威胁性甚至超过了"特殊301报告"的"重点国家和地区"。

四、实证结果分析

考虑到 Tobit 回归系数并不具有特定的经济含义（Woodridge，2003），本章将回归系数转化为体现数量效应（quantity effect）或概率效应（probability effect）的边际效应（marginal effect）进行解释①。数量边际效应反映贸易对象遭遇美国知识产权调查的频次受解释变量的影响程度，概率边际效应反映贸易对象遭遇美国知识产权调查概率受解释变量的影响程度。

（一）基准回归

表 3-3 报告了以贸易对象遭受美国知识产权调查频次为被解释变量的基准回归结果。模型 1 是仅仅引入重点名单（keycountry）虚拟变量的随机面板 Tobit 回归估计结果，模型 2、模型 3、模型 4 还同时引入另外两个虚拟变量——重点观察名单（pwatchlist）和一般观察名单（watchlist）。同时，模型 2 引入贸易伙伴在美国专利申请量的对数值（ln_appatent），模型 3 引入贸易伙伴在美国发明专利授权量的对数值（ln_adpatent），而模型 4 则引入的是贸易伙伴在美国专利授权量的对数值（ln_aadpatent）。回归结果显示，美国年度贸易赤字、贸易伙伴在美国的专利申请量、专利授权量以及发明专利授权量、被"特殊 301 报告"列为"重点名单"将显著提升贸易对象在美国遭遇知识产权调查的频次和概率。而贸易伙伴知识产权保护水平、美国对贸易伙伴年度出口额与进口额之比、美国对贸易伙伴发起的反倾销频次、被"特殊 301 报告"列为"观察名单"和"重点观察名单"均在统计意义上未能对知识产权调查的频次和概率产生影响。为简化起见，我们以模型 2 的回归结果进一步说明。

---

① 统计性描述显示，美国对贸易伙伴知识产权调查频次的最大值为 19，故计算边际效应和概率效应的设限区间为 [0, 19]。

表 3-3　　　　　　　　全球样本基准回归结果

变量	模型 1	模型 2	模型 3	模型 4
ln_ipr	-2.107	-1.7468	-1.6239	-1.6265
	(1.3271)	(1.3732)	(1.3173)	(1.3207)
	[-0.7639]	[-0.6334]	[-0.59]	[-0.5911]
	{-0.1908}	{-0.1583}	{-0.1452}	{-0.1463}
defirate	2.2997***	2.2506***	2.0142**	2.1031**
	(0.861)	(0.8565)	(0.8572)	(0.8577)
	[0.8338]	[0.8161]	[0.7318]	[0.7643]
	{0.2082}	{0.204}	{0.1801}	{0.1892}
tradehost	0.0681	0.0791	0.0466	0.053
	(0.0767)	(0.0777)	(0.075)	(0.0747)
	[0.0247]	[0.0287]	[0.0169]	[0.0192]
	{0.0062}	{0.0072}	{0.0042}	{0.0048}
ln_appatent	1.0184***	1.016***		
	(0.1553)	(0.1573)		
	[0.3692]	[0.3684]		
	{0.0922}	{0.0921}		
ln_adpatent			1.0436***	
			(0.1485)	
			[0.3792]	
			{0.0933}	
ln_aadpatent				1.0518***
				(0.1511)
				[0.3822]
				{0.0946}
usad	0.221	0.1966	0.1803	0.1765
	(0.1712)	(0.1729)	(0.1728)	(0.173)
	[0.0801]	[0.0713]	[0.0655]	[0.0642]
	{0.02}	{0.0178}	{0.0161}	{0.0159}
keycountry	5.3114***	5.4121***	5.7591***	5.7601***
	(1.8536)	(1.8855)	(1.8545)	(1.8521)
	[1.9257]	[1.9626]	[2.0923]	[2.0932]

续表

变量	模型1	模型2	模型3	模型4
pwatchlist		0.5584 (0.7429) [0.2025]	0.6874 (0.7362) [0.2497]	0.6599 (0.7368) [0.2398]
watchlist		0.6334 (0.5285) [0.2297]	0.8504 (0.5282) [0.309]	0.7802 (0.5279) [0.2835]
cons	-3.8349** (1.6359)	-4.5871*** (1.7708)	-3.9823** (1.7687)	-4.1933** (1.7606)
rho	0.3637	0.3754	0.365	0.3615
LR test	79.98 (0.0000)	76.9 (0.0000)	74.51 (0.0000)	71.75 (0.0000)
obs.	517	517	517	517
left-censored	297	297	297	297
uncensored	220	220	220	220

注：(1) 解释变量回归系数下面小括号报告的是 delta-method 标准误，中括号报告的是非设限观测值的数量边际效应，大括号中为非设限概率边际效应。(2) ***、**、*分别表示1%、5%和10%的水平上统计显著。以下同此。

1. 贸易伙伴知识产权保护水平

贸易伙伴知识产权保护水平的提升对其遭受知识产权调查效应的数量边际效应和概率边际效应影响并不显著。在全球强化知识产权保护的潮流下，发达国家和地区与发展中国家和地区都主动或被动强化知识产权保护。如果按照美国知识产权调查宣称的"公平贸易"目标，贸易伙伴实际知识产权保护的加强应该要弱化其被知识产权调查的频次和概率。但实际上，贸易对象强化知识产权保护并没有弱化其遭遇知识产权调查的频度和概率，这意味着贸易对象在知识产权保护方面的完善和强化并没有得到美国认可。也就是说，USITC 发起的知识产权调查已经偏离"公平贸易"的轨道，实质上走向"保护贸易"。

2. 美国贸易赤字

模型2显示，美国贸易赤字增加显著提升贸易伙伴遭遇知识产权调查频次和概率。美国贸易赤字每增加1个百分点，贸易伙伴遭受知识产权调查的频次会增加 0.8161 次，概率上升 20.4%。贸易对象遭遇知识产权调查的频次和概率与美国年度贸易赤字的高度关联性使我们有理由怀疑其存在"贸易保护"的动机，至少在某种程度上美国希望借助知识产权调查来降低其与贸易对象的贸易赤字。

3. 美国对贸易伙伴年度出口额与进口额之比

模型 2 显示，在知识产权争端中，美国对贸易伙伴年度出口额与进口额之比的变化对贸易伙伴遭遇知识产权调查的影响并不显著。即在知识产权调查中，国际贸易的"人质效应"并不存在。正如我们在机制分析中指出的那样，传统的贸易救济方式，例如反倾销，其他贸易伙伴的报复反制措施也比较完善，这种"针尖对麦芒""以牙还牙"的策略使得贸易双方都对自己的行为有所克制。但在知识产权调查上，其他贸易伙伴特别是发展中国家和地区很难有反制手段对付美国的知识产权调查。

4. 贸易伙伴在美国的专利申请量

模型 2 显示，贸易伙伴增加在美国专利申请将显著提升其遭遇知识产权调查的频次和概率。回归结果表明，贸易伙伴在美国专利申请每提升 1 个百分点，在美遭遇知识产权调查的频次增加 0.3684 次，调查概率增加 9.21%。而且，当我们把指标替换成贸易伙伴在美国专利授权量和发明专利授权量时，其结论仍然成立。模型 3 的结果显示，贸易伙伴在美国发明专利授权量增加 1 个百分点，遭遇知识产权调查的频次增加 0.3792 次，调查概率增加 9.33%；模型 4 的结果显示，贸易伙伴在美国专利授权量增加 1 个百分点，遭遇知识产权调查的频次增加 0.3822 次，调查概率增加 9.46%。实证结果正好验证本章的假设3-3。贸易伙伴在美国大量申请专利，随后将是大规模地进入美国市场，这对美国本地企业来说是个威胁。由于知识产权调查具有信息不对称的特点，将对手拉入不甚熟悉的知识产权诉讼可以延缓甚至完全阻挡对手进入美国市场[①]，这时知识产权调查已经成为美国企业的一种策略性警示行动。从这个意义上来说，知识产权调查的功能已经异化，成为实质上的一种贸易壁垒。

---

① 一旦企业产品被列入知识产权调查清单后，在调查结束以前，该产品基本上无法再向美国出口。

5. 美国对贸易伙伴发起的反倾销频次

模型 2 的结果显示，美国对贸易伙伴发起反倾销并不影响其遭受知识产权调查的频次和概率。这说明，从世界样本看，贸易伙伴遭遇反倾销调查与知识产权调查之间不存在替代或互补关系。

6. "特殊 301 报告"列入的"重点名单""重点观察名单"和"一般观察名单"

一旦贸易伙伴被列为"重点名单"，将增加知识产权调查的频次 1.9626 次①。对于虚拟变量而言，我们看重的是其对调查频次的数量影响结果，这个比概率影响结果更直观，更易于解释。而被列为"重点观察名单"和"一般观察名单"在统计意义上没有显著提升贸易伙伴遭遇知识产权调查的频次。

（二）分区域回归

通过整理本章数据发现，在样本区间范围内，美国对其贸易伙伴共发起 772 起调查，其中针对发达国家和地区共发起知识产权调查 450 起，占比 58.29%；针对发展中国家和地区共发起知识产权调查 322 起，占比 41.71%。同时，美国与贸易对象进出口额、贸易伙伴知识产权保护水平、贸易伙伴在美国的专利申请授权数量等变量，在发达国家和地区与发展中国家和地区之间存在较大的异质性。基于以上事实，我们根据经济发展水平将样本划分为发达国家和地区与发展中国家和地区②进行分区域回归。

1. 发达国家和地区样本

表 3-4 的回归结果显示，美国年度贸易赤字、发达国家和地区在美国

---

① 针对虚拟变量，此处仅给出数量边际结果。
② 样本涉及的发达国家和地区有：日本、中国香港特别行政区、韩国、新加坡、以色列、德国、英国、法国、荷兰、意大利、瑞士、瑞典、西班牙、芬兰、丹麦、比利时、奥地利、爱尔兰、葡萄牙、卢森堡、加拿大、澳大利亚、新西兰、阿联酋、挪威。样本涉及的发展中国家和地区有：中国内地、中国台湾地区、马来西亚、菲律宾、印度、泰国、印度尼西亚、巴基斯坦、乌克兰、墨西哥、巴西、智利、巴拿马、土耳其、哥斯达黎加、越南、秘鲁、危地马拉、吉尔吉斯斯坦、摩尔多瓦、尼加拉瓜、毛里求斯。

的专利申请量、专利授权量以及发明专利授权量、美国对贸易伙伴年度出口额与进口额之比将显著提升发达国家和地区在美国遭遇知识产权调查的频次和概率。而发达国家和地区的知识产权保护水平、美国对发达国家和地区发起的反倾销频次、"特殊301报告"列为"一般观察名单"和"重点观察名单"均在统计意义上未能对知识产权调查的频次和概率产生影响。为简化及对比研究起见，我们以表3-4中模型2的回归结果进一步说明。

第一，对于发达国家和地区而言，强化知识产权保护并没有起到弱化其遭遇调查的频度和概率。与全球样本回归结果一致，即使是经济发达、知识产权保护水平较高的发达国家和地区，其强化知识产权保护也不能起到降低其遭遇知识产权调查的作用。

第二，对于发达国家和地区而言，美国贸易赤字的增加对其遭遇知识产权调查的影响不显著。这与全球样本以及与表3-5中发展中国家和地区回归样本明显不同。可能的原因是：尽管发达国家和地区的贸易总体量很大，不过这些经济体对美贸易相对比较平衡；而美国的贸易逆差主要来自中国等发展中国家和地区。

第三，对于发达国家和地区而言，美国对其年度出口与进口之比显著提升其遭遇知识产权调查的频次和概率。美国对发达国家和地区年度出口与进口之比每增加1个百分点，发达国家和地区遭遇知识产权调查的频次提升0.1905次，概率提高4.72%。这意味着，在发达国家和地区样本中不仅没有发现"人质效应"的存在，而且发现了有意思的现象——在控制其他变量不变的情况下，发达国家和地区从美国进口越多，反而更容易遭遇知识产权调查。这可能由于发达国家和地区的产业结构和美国比较接近，美国出口的高技术密集型产品在其他发达国家和地区更容易被模仿。按照弗农（Vernon，1966）的产品周期理论，其他发达国家和地区资本充裕，且人均收入更高，是美国新产品的首选出口对象。这样，在美国研发的高科技新产品一旦出口到这些国家和地区，不可避免地就存在模仿威胁。

第四，对于发达国家和地区而言，在美国专利申请将显著提升其遭遇知识产权调查的频次和概率。发达国家和地区在美国专利申请每增加1个百分点，其遭遇知识产权调查的频次提升 0.6626 次，概率提高 16.42%。回归结果也高于表 3-3 全球样本回归的数量边际效应和概率边际效应。这是因为，总体上看，发达国家和地区样本在美国申请的专利数量高于发展中国家和地区，美国相关企业感受的威胁也更大，在"策略性警示行为"的作用下，对其他发达国家和地区发起知识产权调查的数量和概率都将大大增加。

第五，对于发达国家和地区而言，反倾销调查对其遭遇知识产权调查在统计意义上不显著。说明发达国家和地区遭遇反倾销调查与其遭遇知识产权调查之间不存在必然关联性，这和全球样本的回归结果一致。

第六，被"特殊301报告"列为"重点观察名单"和"一般观察名单"的发达国家和地区，对其遭遇知识产权调查的影响并不显著[①]。回归结果显示，发达国家和地区被列为"重点观察名单"和"一般观察名单"，也不是其遭遇知识产权调查的直接原因。

表 3-4　　　　　　　　　发达国家和地区回归结果

变量	模型 1	模型 2	模型 3	模型 4
ln_ipr	-1.1337 (2.2484) [-0.4839] {-0.1204}	-1.0397 (2.2616) [-0.4444] {-0.1101}	-0.7298 (2.2792) [-0.3103] {-0.078}	-0.7436 (2.2444) [-0.3177] {-0.079}
defirate	1.0339 (0.931) [0.4414] {0.1098}	1.0503 (0.9286) [0.4489] {0.1112}	0.6967 (0.9337) [0.2962] {0.0744}	0.7904 (0.9332) [0.3377] {0.084}
tradehost	0.4476** (0.1828) [0.1911] {0.0475}	0.4458** (0.1841) [0.1905] {0.0472}	0.4232** (0.1869) [0.1799] {0.0452}	0.4606** (0.184) [0.1968] {0.0489}
ln_appatent	1.5578*** (0.2276) [0.665] {0.1655}	1.5503*** (0.229) [0.6626] {0.1642}		

① 在样本时间区间内，发达国家和地区均没有被列为"重点名单"。

续表

变量	模型1	模型2	模型3	模型4
ln_adpatent			1.3918*** (0.2113) [0.5916] {0.1487}	
ln_aadpatent				1.4658*** (0.2141) [0.6263] {0.1557}
usad	-0.3108 (0.2933) [-0.1327] {-0.033}	-0.3027 (0.2929) [-0.1294] {-0.0321}	-0.3212 (0.2955) [-0.1365] {-0.0343}	-0.3173 (0.2955) [-0.1356] {-0.0337}
pwatchlist		0.595 (1.1195) [0.2543]	0.9321 (1.122) [0.3962]	0.9076 (1.1178) [0.3878]
watchlist		-0.0162 (0.6296) [-0.0069]	0.2604 (06328) [0.1107]	0.241 (0.6306) [0.103]
cons	-10.2812** (4.2543)	-10.3957** (4.2761)	-8.3681** (4.1873)	-9.1358** (4.155)
rho	0.2979	0.3041	0.3111	0.2954
LRtest	36.55 (0.0000)	36.08 (0.0000)	36.23 (0.0000)	33.09 (0.0000)
obs.	275	275	275	275
left-censored	127	127	127	127
uncensored	148	148	148	148

2. 发展中国家和地区样本

表3-5的回归结果显示，对发展中国家和地区而言，美国年度贸易赤字、发展中国家和地区在美国的专利申请量、专利授权量以及发明专利授权量、美国对发展中国家和地区发起的反倾销频次以及"特殊301报告"列入"重点名单"将显著提升其在美国遭遇知识产权调查的频次和概率。

而发展中国家和地区的知识产权保护水平、美国对贸易伙伴年度出口额与进口额之比、"特殊301报告"列为"重点观察名单"和"一般观察名单"均在统计意义上未能对知识产权调查的频次和概率产生影响。为简化及对比研究起见，我们以表3-5中模型2的回归结果进一步说明。

第一，对于发展中国家和地区而言，强化知识产权保护并没有起到降低其遭遇知识产权调查频次的作用。表3-3、表3-4和表3-5的回归结果表明，美国对于发达国家和地区与发展中国家和地区的知识产权保护实施的是无差别待遇，也就是都不认可贸易伙伴在知识产权保护方面作出的改善和努力。

第二，对于发展中国家和地区而言，美国贸易赤字的增加显著提升其遭遇知识产权调查的频次和概率。表3-5的模型2显示，美国贸易赤字每上升1个百分点，发展中国家和地区遭遇知识产权调查的频次增加1.9293次，概率增加44.9%。这不同于发达国家和地区的回归结果，且明显高于全球样本的回归结果。其理由是：美国对日本、德国等发达国家和地区虽有贸易逆差，但其贸易逆差主要来自中国内地、墨西哥、马来西亚、韩国等发展中国家和地区，如果从平衡贸易逆差的角度考虑，加大对发展中国家和地区进行知识产权调查也就不足为奇。

第三，对于发展中国家和地区而言，美国对其年度出口与进口之比并不能显著降低其遭遇知识产权调查的频次和概率。和全球样本与发达国家和地区样本回归结果一致，在发展中国家和地区中也没有发现知识产权调查中存在"人质效应"。这个结果也不难理解，实证样本中发达国家和地区比发展中国家和地区的技术优势更明显，但在美国知识产权调查上也没有更好的反制措施，而发展中国家和地区反制手段其实更为缺乏。

第四，对于发展中国家和地区，在美国专利申请增加将显著提升其遭遇知识产权调查的频次和概率。发展中国家和地区在美国专利申请每增加1个百分点，其遭遇知识产权调查的频次提升0.2622次，概率提高6.1%，但明显低于表3-3全球样本和表3-4发达国家和地区样本的回归结果。这说明，针对发展中国家和地区的策略性警示行为仍然存在，只是发展中国家和地区在美国专利申请在总量上低于发达国家和地区，其对美国本土企业的技术威胁要小一些，所以遭遇美国知识产权调查的数量效应和概率效应也低一些。

第五，对于发展中国家和地区而言，遭受反倾销调查的同时也进一步提升了其遭遇知识产权调查的频次和概率。表 3-5 模型 2 的回归结果表明，发展中国家和地区遭遇反倾销调查每增加 1 次，则其遭遇知识产权调查的频次增加 0.1765 次，概率增加 4.11%。这说明发展中国家遭受美国反倾销调查与遭遇知识产权调查之间存在互补性，在与美国的贸易争端中，发展中国家和地区遭遇的是立体全方位打击，其处境比发达国家和地区可能更糟糕。

第六，对于发展中国家和地区而言，被"特殊 301 报告"列为"重点观察名单"和"一般观察名单"，其对知识产权调查的影响并不显著，但被列为"重点名单"，将显著增加其遭遇知识产权调查的频度。

表 3-5　　　　　　　　发展中国家和地区回归结果

变量	模型 1	模型 2	模型 3	模型 4
ln_ipr	1.2532	1.4313	1.142	1.2715
	(2.3648)	(2.4007)	(2.3051)	(2.2972)
	[0.3731]	[0.4266]	[0.3401]	[0.3787]
	{0.0868}	{0.0993}	{0.0759}	{0.0855}
defirate	6.5892***	6.473***	6.3998***	6.5451***
	(1.9902)	(2.0192)	(2.0267)	(2.0334)
	[1.9619]	[1.9293]	[1.906]	[1.9493]
	{0.4564}	{0.449}	{0.4252}	{0.4399}
tradehost	0.0318	0.0473	0.0246	0.0268
	(0.0924)	(0.0938)	(0.0873)	(0.0872)
	[0.0095]	[0.0141]	[0.0073]	[0.008]
	{0.0022}	{0.0033}	{0.0016}	{0.0018}
ln_appatent	0.8814***	0.8798***		
	(0.2284)	(0.249)		
	[0.2624]	[0.2622]		
	{0.0611}	{0.061}		

续表

变量	模型 1	模型 2	模型 3	模型 4
ln_adpatent			1.0594*** (0.236) [0.3155] {0.0704}	
ln_aadpatent				1.0464*** (0.2407) [0.3116] {0.0703}
usad	0.5841** (0.2434) [0.1739] {0.0405}	0.5923** (0.2569) [0.1765] {0.0411}	0.5919** (0.2555) [0.1763] {0.0393}	0.587** (0.2564) [0.1748] {0.0395}
keycountry	4.7347** (2.1266) [1.4097]	5.064** (2.1717) [1.5093]	5.1055** (2.0587) [1.5205]	5.1185** (2.0619) [1.5244]
pwatchlist		-0.1615 (1.398) [-0.0481]	-0.4689 (1.3186) [-0.1397]	-0.5284 (1.349) [-0.1574]
watchlist		0.8436 (1.1156) [0.2514]	0.8099 (1.0522) [0.2412]	0.6638 (1.0754) [0.1977]
cons	-7.5295*** (2.7582)	-8.0868*** (2.8462)	-7.3784*** (2.7771)	-7.6212*** (2.7634)
rho	0.282	0.2986	0.2486	0.2473
LRtest	17.82 (0.000)	9.61 (0.001)	7.52 (0.003)	6.99 (0.004)
obs.	242	242	242	242
left-censored	170	170	170	170
uncensored	72	72	72	72

（三）剔除中国内地样本

2005—2015年，美国针对中国内地共发起150起知识产权调查，占实证样本调查案件数量的29%。USITC的统计资料显示，中国内地已经连续多年居知识产权调查首位。这让我们怀疑美国对中国内地的知识产权调查是否存在歧视？为考察是否存在这种效应，我们剔除中国内地样本，实证分析余下样本中知识产权调查影响因素与全球样本是否存在不同之处。

表3-6的回归结果显示，除"重点名单"虚拟变量变得不再显著之外，其他变量对知识产权调查数量的影响方向和显著性与表3-3保持一致。美国年度贸易赤字、贸易伙伴在美国的专利申请量、专利授权量以及发明专利授权量将提升贸易伙伴在美国遭遇知识产权调查的频次和概率。而贸易伙伴知识产权保护水平、美国对贸易伙伴年度出口与进口之比、美国对贸易伙伴发起的反倾销频次、被"特殊301报告"列为"重点观察名单"和"一般观察名单"均在统计意义上未能对知识产权调查的频次和概率产生影响。

在数量边际效应和概率边际效应方面，剔除中国内地样本后，与表3-3模型2的回归结果相比，美国年度贸易赤字因素对知识产权调查影响效应在变小，在美国专利申请量的影响效应变化不大。在表3-6模型2中，美国年度贸易赤字的边际效应下降为0.612次，概率效应降至17.27%；贸易伙伴在美国专利申请量的边际影响效应为0.3399次，概率效应为9.59%。被"特殊301报告"列入"重点名单"并没有显著提升其遭受知识产权调查的概率。我们发现，当剔除中国内地样本后，样本中只有乌克兰在2005年和2013年被列入"重点名单"，回归结果表明针对中国内地的知识产权调查存在一定歧视性。

表3-6　　　　　　　剔除中国内地样本的回归结果

变量	模型1	模型2	模型3	模型4
ln_ipr	-2.0329 (1.2607) [-0.7074] {-0.1998}	-2.004 (1.2958) [-0.6968] {-0.1966}	-1.9123 (1.2398) [-0.6681] {-0.1843}	-1.8892 (1.2466) [-0.6595] {-0.1835}

续表

变量	模型1	模型2	模型3	模型4
defirate	1.7855 ** (0.8138) [0.6213] {0.1755}	1.7601 ** (0.8158) [0.612] {0.1727}	1.5171 * (0.8141) [0.53] {0.1462}	1.6114 ** (0.8157) [0.5625] {0.1565}
tradehost	0.066 (0.0722) [0.023] {0.0065}	0.0723 (0.0726) [0.0251] {0.0071}	0.0423 (0.0699) [0.0148] {0.0041}	0.047 (0.0698) [0.0164] {0.0046}
ln_appatent	0.9669 *** (0.1496) [0.3365] {0.095}	0.9777 *** (0.1498) [0.3399] {0.0959}		
ln_adpatent			1.0165 *** (0.1419) [0.3551] {0.098}	
ln_aadpatent				1.0152 *** (0.1444) [0.3544] {0.0986}
usad	-0.0126 (0.2216) [-0.0044] {-0.0012}	-0.0051 (0.2224) [-0.0018] {-0.0005}	-0.0503 (0.2223) [-0.0176] {-0.0048}	-0.0399 (0.2226) [-0.0139] {-0.0039}
keycountry	-10.1612 (292.238) [-3.5359]	-10.1063 (291.605) [-3.5139]	-9.7805 (293.704) [-3.4169]	-9.8036 (295.716) [-3.4222]
pwatchlist		-0.3035 (0.7401) [-0.1055]	-0.1377 (0.7332) [-0.0481]	-0.1725 (0.7342) [-0.0602]

续表

变量	模型1	模型2	模型3	模型4
watchlist		0.3207	0.5502	0.4742
		(0.5019)	(0.5012)	(0.5015)
		[0.1115]	[0.1922]	[0.1655]
cons	-3.5081**	-3.6797**	-3.1191*	-3.312**
	(1.544)	(1.6676)	(1.6626)	(1.6598)
rho	0.3661	0.3617	0.3539	0.3506
LRtest	86.86	79.94	78.35	75.58
	(0.0000)	(0.0000)	(0.0000)	(0.0000)
obs.	506	506	506	506
left-censored	297	297	297	297
uncensored	209	209	209	209

(四) 考虑自由贸易协定

自由贸易协定 (Free Trade Agreement, FTA) 是指两个以上的国家或地区缔结的意在促进经济一体化，消除贸易壁垒，允许产品与服务在国家和地区间自由流动的具有法律约束力的契约。本部分我们考虑贸易伙伴与美国签订 FTA 是否对其遭遇知识产权调查产生一定的抑制效果。

表3-7 的回归结果显示，不管是世界样本、发达国家和地区以及发展中国家和地区的样本，都未发现与美国签署 FTA 影响知识产权调查的证据。这说明，即使与美国签署自由贸易协定，也不能对其遭遇知识产权调查起到抑制作用。究其原因，可能是样本期内这些 FTA 协定主要涉及货物贸易的关税和非关税减免、贸易便利化措施以及要素自由流动等，涉及双边知识产权保护的并不多见。

同时，我们发现，加入 FTA 变量[①]后，其他变量回归系数的符号及显著性与表3-3、表3-4 和表3-5 的结果仍然保持一致，这说明回归模型

---

① 资料来源：https://www.wto.org/english/tratop_e/region_e/rta_participation_map_e.htm。

的稳健性很好。

表 3-7　　考虑自由贸易协定的回归结果

变量	世界	发达国家和地区	发展中国家和地区
FTA	-0.367 (0.7104) [-0.1331] {-0.0332}	-0.6543 (0.8608) [-0.2796] {-0.0696}	-0.4382 (1.1302) [-0.1308] {-0.0304}
ln_ipr	-1.7772 (1.3755) [-0.6446] {-0.161}	-1.2165 (2.2691) [-0.5199] {-0.1295}	1.5186 (2.4115) [0.4533] {0.1054}
defirate	2.2377*** (0.8554) [0.8117] {0.2027}	1.0559 (0.9259) [0.4512] {0.1124}	6.3755*** (2.0203) [1.9031] {0.4426}
tradehost	0.0809 (0.0777) [0.0293] {0.0073}	0.4536** (0.1839) [0.1939] {0.0483}	
ln_appatent	1.0144*** (0.1576) [0.368] {0.0919}	1.5751*** (0.2307) [0.6731] {0.1676}	0.8577*** (0.2563) [0.256] {0.0595}
usad	0.1983 (0.1726) [0.0719] {0.018}	-0.2652 (0.2956) [-0.1133] {-0.0282}	0.5812** (0.2569) [0.1735] {0.0403}
keycountry	5.3178*** (1.8969) [1.9289]		5.0481** (2.184) [1.5069]
pwatchlist	0.579 (0.743) [0.21]	0.7627 (1.1357) [0.3259]	-0.0718 (1.4042) [-0.0214]

续表

变量	世界	发达国家和地区	发展中国家和地区
watchlist	0.6439 (0.5283) [0.2336]	-0.0515 (0.6299) [-0.022]	0.9607 (1.1437) [0.2868]
cons	-4.4591** (1.7903)	-10.1891** (4.279)	-8.0459*** (2.8533)
rho	0.3786	0.3053	0.3085
LRtest	76.71 (0.0000)	36.54 (0.0000)	9.01 (0.001)
obs.	517	275	242
left-censored	297	127	170
uncensored	220	148	72

（五）其他宏观经济变量回归

我们以美国国内生产总值对数值（ln_usgdp）和美国年度失业率（unemrate）为宏观经济变量，替代贸易赤字，放入回归模型中。目的有两个：其一，测试其他美国宏观经济指标是否对发起知识产权调查产生影响；其二，观察其他变量的回归结果是否发生变化，以检验模型的稳健性。

第一，美国国内生产总值对数值的变化对其发起知识产权调查的影响不显著。表3-8的模型1和模型2显示，美国国内生产总值对数值的回归系数都没有通过显著性检验。

第二，美国失业率对其发起知识产权调查影响不显著。表3-8的模型3和模型4显示，美国失业率的回归系数都没有通过显著性检验。

实证结果表明，美国是否对贸易伙伴发起知识产权调查，贸易赤字是关注的重点，而其他宏观经济指标并没有对其产生显著性影响。其他变量的符号和显著性与表3-3没有差异，这进一步验证模型的稳健性。

表 3-8　　其他宏观经济变量的回归结果

变量	模型 1	模型 2	模型 3	模型 4
ln_ipr	-2.2518*	-1.855	-1.8205	-1.4593
	(1.3435)	(1.3955)	(1.3743)	(1.417)
	[-0.8148]	[-0.671]	[-0.6588]	[-0.5281]
	{-0.203}	{-0.1675}	{-0.1658}	{-0.1329}
ln_usgdp	-0.6336	-0.3046		
	(1.6449)	(1.6613)		
	[-0.2292]	[-0.1102]		
	{-0.0571}	{-0.0275}		
unemrate			0.1046	0.101
			(0.0841)	(0.084)
			[0.0379]	[0.0365]
			{0.0095}	{0.0092}
tradehost	0.0665	0.0756	0.0472	0.0594
	(0.0793)	(0.0803)	(0.0793)	(0.0803)
	[0.0241]	[0.0274]	[0.0171]	[0.0215]
	{0.006}	{0.0068}	{0.0043}	{0.0054}
ln_appatent	1.0368***	1.0283***	0.9755***	0.9751***
	(0.1606)	(0.1632)	(0.1618)	(0.1637)
	[0.3752]	[0.3719]	[0.353]	[0.3528]
	{0.0935}	{0.0928}	{0.0888}	{0.0888}
usad	0.1581	0.1294	0.1661	0.1444
	(0.1735)	(0.1758)	(0.1705)	(0.1724)
	[0.0572]	[0.0468]	[0.0601]	[0.0523]
	{0.0142}	{0.0117}	{0.0151}	{0.0132}
keycountry	5.5133***	5.6567***	5.5941***	5.7209***
	(1.8796)	(1.914)	(1.8705)	(1.9022)
	[1.9949]	[2.0461]	[2.0244]	[2.0702]
	{0.4969}		{0.5094}	
pwatchlist		0.5513		0.5159
		(0.7567)		(0.751)
		[0.1994]		[0.1867]

续表

变量	模型1	模型2	模型3	模型4
watchlist		0.68 (0.5392) [0.246]		0.6765 (0.5306) [0.2448]
cons	15.5238 (49.8554)	4.7599 (50.442)	-4.6411** (1.8272)	-5.3922*** (1.941)
rho	0.3614	0.3743	0.3685	0.3793
LRtest	78.04 (0.0000)	74.99 (0.0000)	80.59 (0.0000)	77.49 (0.0000)
obs.	517	517	517	517
left-censored	297	297	297	297
uncensored	220	220	220	220

（六）进一步的稳健性检验

进一步地，本章利用贸易伙伴的国际PCT专利①申请数量（adpct）替代贸易伙伴在美国专利申请数量，其回归结果如表3-9所示。不管我们利用贸易赤字、美国GDP的变化还是失业率宏观经济指标，贸易伙伴国际PCT专利申请对其遭遇知识产权调查的影响都非常显著。我们以表3-9中的模型2为例进行说明。

贸易伙伴国际PCT专利申请量每增加1个百分点，其在美遭遇知识产权调查的频次增加0.2226次，概率增加6.34%，稍微弱于表3-3模型2的回归结果。这可能源于国际PCT专利的威胁小于在美国直接申请的专利，直接在美国申请专利意味着美国市场将马上受到这些知识产权产品的冲击；而国际PCT专利并不意味着这些产品马上就进入美国市场，当然还是有进入美国市场的威胁存在。模型中其他变量回归系数的显著性与表3-3没有实质性差异，模型回归结果的稳健性得到进一步支持和验证。

---

① 资料来源于世界知识产权组织统计数据库。网址：https://www.wipo.int/ipstats/pmhindex.htm?tab=pct。

表 3-9　考虑国际 PCT 专利的回归结果

变量	模型 1	模型 2	模型 3	模型 4
ln_adpct	0.5662 *** (0.1416) [0.2005] {0.0574}	0.6276 *** (0.1435) [0.2226] {0.0634}	0.6457 *** (0.1571) [0.2287] {0.0648}	0.5977 *** (0.15) [0.2118] {0.0605}
ln_ipr	-0.5021 (1.4553) [-0.1778] {-0.0509}	0.0106 (1.4708) [0.0037] {0.0011}	0.1291 (1.5105) [-0.0457] {-0.013}	0.2927 (1.5232) [0.1037] {0.0296}
tradehost	-0.0278 (0.0794) [-0.0098] {-0.0028}	0.0004 (0.0795) [0.0001] {0.00004}	-0.0026 (0.0823) [-0.0009] {-0.0003}	-0.015 (0.082) [-0.0053] {-0.0015}
defirate	1.7996 ** (0.8199) [0.6371] {0.1823}	1.7197 ** (0.8118) [0.6098] {0.1738}		
ln_usgdp			-0.1069 (1.6672) [-0.0379] {-0.0107}	
unemrate				0.0828 (0.0816) [0.0293] {0.0084}
usad	0.1847 (0.1655) [0.0654] {0.0187}	0.142 (0.1649) [0.0504] {0.0144}	0.0936 (0.1668) [0.0332] {0.0094}	0.1145 (0.1653) [0.0406] {0.0116}
keycountry	5.9496 *** (1.9005) [2.1065]	6.3145 *** (1.8961) [2.2391]	6.4856 *** (1.9171) [2.2974]	6.5144 *** (1.9038) [2.3081]

续表

变量	模型 1	模型 2	模型 3	模型 4
pwatchlist		1.2861*	1.2961*	1.232*
		(0.7128)	(0.7216)	(0.721)
		[0.456]	[0.4591]	[0.4365]
watchlist		1.1556	1.2076	1.1684
		(0.5266)	(0.5313)	(0.5288)
		[0.4098]	[0.4278]	[0.414]
cons	−3.0257	−4.6641**	−1.3102	−5.432***
	(1.9117)	(2.0439)	(50.7219)	(2.224)
rho	0.4594	0.4562	0.4558	0.456
LRtest	121.34	118.63	117.54	118.39
	(0.0000)	(0.0000)	(0.0000)	(0.0000)
obs.	484	484	484	484
left-censored	277	277	277	277
uncensored	207	207	207	207

（七）其他回归方法

在最后一部分，我们尽可能采用其他可能的回归方法对样本进行重新回归，以期通过比较，对我们前述研究结果的可靠性再做一次验证。考虑到本章因变量——贸易伙伴遭遇知识产权调查数量为非负整数，本章还采用混合泊松回归（Poisson）、面板泊松回归（Xtpoisson）、负二项混合回归（NB2）、负二项面板回归（Xtnbreg）、零膨胀泊松回归（ZIP）以及面板零膨胀泊松回归（ZINB）方法对模型进行再次回归。

表3-10的回归结果表明，标准的负二项混合回归结果与零膨胀泊松回归结果差异不大，表3-10中第3列和第5列的回归结果几乎没有差异。同时，考虑到是面板数据，面板的负二项回归模型的结果如表3-10第4列所示，其回归系数与面板Tobit回归结果差异不大。

除混合泊松回归外，其他各种回归方法的系数符号和显著性与Tobit回归结果没有本质差异。因此，总体检验结果说明，我们采用Tobit模型及各类方法有效检验了本章的相关假设。

表 3-10　　　　　　　　其他回归方法检验

变量	Poisson 混合	Xtpoisson	NB2 混合	Xtnbreg	ZINB	ZIP
ln_ipr	-0.6006 (0.5579) [-0.8968] {0.5485}	-0.4878 (0.4659) [-0.4878] {0.614}	-0.3938 (0.647) [-0.5836] {0.6745}	-0.53 (0.482) [-0.53] {0.5886}	-0.3937 (0.647) [-0.5835] {0.6745}	-0.5958 (0.4741) [-0.828] {0.5511}
defirate	0.9101*** (0.2806) [1.359] {2.4846}	0.7854*** (0.2289) [0.7854] {2.1933}	0.9103*** (0.2013) [1.3491] {2.4852}	0.7315*** (0.2621) [0.7315] {2.0781}	0.9104*** (0.2013) [1.3492] {2.4853}	1.3554*** (0.3813) [0.5601] {3.8784}
tradehost	0.1139*** (0.039) [0.1701] {1.1207}	0.0498 (0.031) [0.0498] {1.0511}	0.1102** (0.0431) [0.1634] {1.1165}	0.0435 (0.0329) [0.0435] {1.0445}	0.1102** (0.0431) [0.1634] {1.1165}	0.1173 (0.0937) [0.163] {1.1245}
ln_appatent	0.5712*** (0.0495) [0.853] {1.7704}	0.431*** (0.0564) [0.431] {1.5389}	0.5533*** (0.0587) [0.82] {1.739}	0.4199*** (0.0583) [0.4199] {1.5218}	0.5533*** (0.0587) [0.82] {1.7389}	0.5277*** (0.0453) [0.7332] {1.695}
usad	0.0744** (0.036) [0.1111] {1.0772}	0.0269 (0.0269) [0.0269] {1.0273}	0.1182* (0.0615) [0.1752] {1.1255}	0.0274 (0.031) [0.0274] {1.0277}	0.1182** (0.0615) [0.1752] {1.1255}	0.0742* (0.0404) [0.1032] {1.0771}
keycountry	1.3609*** (0.3605) [2.0321]	1.0935* (0.6169) [1.0935]	1.2133*** (0.4631) [1.7981]	1.0928* (0.6172) [1.0928]	1.2133*** (0.4631) [1.7982]	1.229*** (0.3753) [1.7078]
pwatchlist	-0.2897 (0.3716) [-0.4325]	0.1613 (0.2137) [0.1613]	-0.2926 (0.3847) [-0.4336]	0.1487 (0.2358) [0.1487]	-0.2926 (0.3847) [-0.4336]	-0.2631 (0.3631) [-0.3656]
watchlist	0.1757 (0.2165) [0.2624]	0.048 (0.1521) [0.048]	0.2993 (0.2545) [0.4435]	0.1121 (0.165) [0.1121]	0.2993 (0.2408) [0.4435]	0.1353 (0.2051) [0.188]

续表

变量	Poisson 混合	Xtpoisson	NB2 混合	Xtnbreg	ZINB	ZIP
cons	-3.4076***	-2.4665***	-3.6447***	-0.6477	-3.6448***	-2.9109***
	(0.8388)	(0.6247)	(0.896)	(0.7825)	(0.896)	(0.7308)
Wald 检验	470.32	99.49	433.23	91.89	433.23	394.43
	(0.0000)	(0.0000)	(0.0000)	(0.0000)	(0.0000)	(0.0000)
Vuong Test					-0.01	2.22
					(0.5032)	(0.0133)
Likelihood-ratio test		185.98		93.22		
		(0.0000)		(0.0000)		
obs.	517	517	517	517	517	517

注：表中小括号中数字为对应的标准误，中括号报告的是平均边际效应，大括号报告的是发生率比。ZIP 和 ZINB 列对应 Vuong 值。***、**、* 分别表示 1%、5% 和 10% 的水平上统计显著。

五、结论与启示

本章利用面板随机 Tobit 回归模型，实证考察美国频繁发起知识产权调查的背后动因，以确定知识产权调查的真实动机。总体上看，美国发起的知识产权调查已经背离其"公平贸易"动机的初衷，异化为一种隐蔽性和杀伤力极强的保护贸易手段。

从全球样本看，美国贸易赤字的增加将极大地提升其对外发起知识产权调查的频次和概率，而美国 GDP 的变化以及美国年度失业率等宏观经济指标对知识产权调查不产生影响。这说明美国贸易赤字的增加是一个明显信号，将促使美国发起更多的知识产权调查，而美国 GDP 的变化、失业率指标则没有这种信号功能。贸易伙伴在美国专利申请量、专利授权量、发明专利授权量、国际 PCT 专利申请量方面都极大地触发当地企业的策略性警示行为，从而显著增加贸易伙伴在美国遭遇知识产权调查的概率和频次。贸易伙伴知识产权水平的提升并没有显著降低其遭遇知识产权调查的频次和概率,而一旦贸易伙伴被单边主义色彩极其浓厚的"特别301报告"列为"重点名单",将显著提升其遭遇知识产权调查的概率和频度(由于中国内地经常被列为"重点名单",因此这种歧视性非常明显)。这说明美国对待贸易伙伴知识产权保护改进情况,只注重自己的评价,不关心诸如世界经济论坛等中立机构的评价。进一步地,即使贸易伙伴与美国签订有 FTA,也不能显著降低其遭遇知识产权调查的频次和概率。

分区域样本看,针对发达国家和地区以及发展中国家和地区的调查动因存在一定程度的差异。由于贸易逆差主要来源于发展中国家和地区,贸易赤字对发达国家和地区遭遇美国知识产权调查的影响并不显著,而对发展中国家和地区则产生正的显著性影响。"贸易人质"效应的影响在发达国家和地区为正,而在发展中国家和地区为负。对于发展中国家和地区而言,反倾销和知识产权调查手段互补使用,其贸易救济可能是全方位立体式的;而对于发达国家和地区之间则不存在这种互补关联效应。

针对愈演愈烈的美国知识产权调查,根据本章的实证研究结果,我们提出如下应对措施:

第一,认真研究竞争对手在美国的专利布局,防止美国企业利用知识产权调查进行"策略性警示行为"。一般的预期是,贸易伙伴在美国申请和授权的专利越多,实际上给美国发出自身强化知识产权保护的信号越强。但实际情况是,这种大量申请和授权专利的行为对美国本土企业的市场造成潜在和实际的威胁,在应诉方处于信息劣势且不擅长应对知识产权诉讼的情况下,"策略性警示行为"将普遍存在。这不是说我们要减少在美国申请专利,而是提醒相关企业在美国申请专利时,应当对竞争企业在美国本土的专利布局要有相当的了解,同时尽可能熟悉知识产权诉讼规则,降低原告诉讼成功的概率,提高其诉讼成本,以达到降低遭遇知识产权调查频次和概率的目的。

第二,积极寻求其他贸易伙伴支持,组成统一战线。本章的实证研究表明,美国的主要贸易伙伴,不论其经济发展状况如何,无一例外深受美国知识产权调查困扰。因此,这些贸易伙伴可以联合起来,积极寻求在多边贸易框架下对美国实施知识产权调查的合理性和公平性进行调查，迫使美国在知识产权调查上不能任性而为。

第三，熟悉美方知识产权调查程度和规则，打有准备之战。我国企业在开拓美国市场的同时，要抛弃幻想，根据企业的技术现状，在了解国外竞争对手知识产权状况的基础上建立符合自身特点的预警机制，推演可能发生的知识产权诉讼，整体提高起诉方的诉讼预期成本，降低遭遇知识产权调查的概率。

第四，积极推行出口市场多元化，降低对美国市场的依赖，减少对美国的贸易顺差。美国贸易赤字的存在是其频繁发起知识产权调查的一个重要原因，那么对美贸易顺差越大，其被诉的风险也就越大。对于我国而言，由于长期保持对美巨大贸易顺差，很容易成为美方知识产权诉讼的焦点，从长期来看，减少对美贸易顺差和对美国市场的依赖仍然是应对美国知识产权调查的一个重要手段。

第五，反对美国在知识产权评价方面的单边主义。利用各种机会展现我国在知识产权保护方面的进步和表现，争取得到其他国家和地区的认可与支持。与其他国家和地区一起，对美国单边色彩浓厚的"特殊301报告"提出质疑，倡导使用中立的世界经济论坛公布的知识产权保护水平数据。

第六，敢于"以彼之道还施彼身"，提高见招拆招和贸易报复能力。我们要意识到，美国的知识产权调查手段短期之内不仅不可能消失，甚至会进一步强化。在中国企业技术力量不断提升的大背景下，能够将产品打入美国市场的中国企业也有相当部分具有较强的自主创新能力。这些企业可以利用美国知识产权诉讼规则，主动对美国本土或其他竞争企业发起知识产权诉讼。这样做，一方面可以提升国家和企业强化知识产权保护的形象；另一方面可以在一定程度上对其他有意针对本企业发起知识产权诉讼的企业形成威慑。

第七，积极利用反垄断手段，针对美国知识产权优势商品在我国国内的垄断发起诉讼，利用反垄断削弱美国在知识产权方面的优势。知识产权保护是一把"双刃剑"，无限制地保护必然会产生垄断，拥有知识产权优势的美国厂商可能在强知识产权保护的背景下，利用其技术垄断地位支配市场，通过滥用或谋取滥用市场力量，限制我国本土企业进入市场并破坏自由竞争的环境，对发展中国家和地区的国际贸易及其经济发展造成或可能造成不利影响。因此，我们需要借助《反垄断法》，加强对在我国经营的美国厂商的知识产权垄断监管，有效提高未来在美国遭遇知识产权调查时的贸易报复能力。

第四章

知识产权调查的总量贸易影响效应

一、引言

伴随着经济全球化的发展，各国之间商品交换往来频繁。根据联合国贸发会议网站（UNCTAD）数据，世界货物贸易出口总额从1980年的2.05万亿美元上升到2023年的23.8万亿美元，年均增长速度达到5.73%。美国作为世界的最大经济体，一直都是世界产品的重要出口目的地，自20世纪70年代以来，美国与贸易伙伴在货物贸易上长期逆差。为了应对货物贸易长期逆差的窘境，美国采取诸如"两反两保"①等多种贸易救济措施来力求维持其贸易平衡。近年来，一种杀伤力更强的贸易救济手段——知识产权调查被频繁使用。尤其2001年中国加入世界贸易组织以来，美国对中国内地的知识产权调查一直位于榜首。知识产权调查作为一种"行政救济"措施，规定美国任何一家企业只要认为进口货物侵犯了其知识产权就可以启动调查程序。与传统的贸易限制措施相比，知识产权调查具有程序快捷、使用标准较低、措施严厉、被告方反诉讼受到限制、规则总体符合WTO原则等特点，因而与传统贸易限制措施相比威力更大。

余乐芬（2011）发现，在所有知识产权调查已经结案的案件中，有约75%的处理结果是和解、没有发现侵权、原告撤诉和同意令，仅有25%的案件发现侵权成立。这意味着很多诉讼企业付出高昂的诉讼费用却最终没有胜诉，但这并没有阻挡更多企业申请发起知识产权调查的热情。显然这部分诉讼企业打官司是假，而通过申请启动知识产权调查将对手拉入诉讼的泥潭中，达到贸易遏制效应以及被诉方被动和解的"敲竹杠"效应才是这些企业的真正目的。这种知识产权调查的异化和滥用就是实实在在的贸易壁垒，即借知识产权保护之名，行贸易保护之实。知识产权调查已经成为美国最重要的贸易救济手段之一，与美国有频繁贸易往来的贸易伙伴都

---

① "两反两保"是指反倾销、反补贴、保障措施和特别保障措施。

深受其害。正因如此，国内外学者也对美国知识产权调查保持了高度关注。但现有文献对美国发起知识产权调查的特点、危害及应对措施进行了比较细致的讨论，但从总体上看，现有研究定性分析多，定量分析少。通过文献查阅和资料整理，可以发现量化分析知识产权调查对贸易伙伴对美出口贸易影响的文献非常缺乏。在知识产权调查期间，由于诉讼信息不对称，被调查商品的进口商无法确定其是否侵权，理性的选择就是减少该商品进口；而一旦 USITC 认为国外产品侵权成立，则相关产品将永久性地被排除在美国市场之外。因此，研究知识产权调查以及调查结果会对贸易伙伴产品对美出口贸易产生何种影响？这种影响到底是有多大？如何测算？这些都是本章要解决的问题。

二、模型设定与数据来源

（一）计量模型设定

Tinbergen（1962）和 Poyhonen（1963）根据万有引力定理建立了一个简洁的贸易引力模型，发现两个经济体之间的贸易流量和与各自的经济规模成正比，与两国之间的距离成反比。理论上而言，启动知识产权调查和裁决被告败诉所导致的贸易抑制效应都存在，且可能影响不同。因此，根据本章研究的目的，我们将知识产权调查案件数和原告胜诉案件数纳入贸易引力模型中，得到扩展的贸易引力模型方程为：

$$\ln\_export_{it} = \alpha_0 + \alpha_1 number\_ipr_{it} + \sum \alpha_k control_{it} + \varepsilon_{it} \quad (4-1)$$

$$\ln\_export_{it} = \beta_0 + \beta_1 injury\_ipr_{it} + \sum \beta_k control_{it} + \varepsilon_{it} \quad (4-2)$$

方程（4-1）在贸易引力模型中引入知识产权调查案件数（number_ipr_{it}），方程（4-2）则加入原告胜诉案件数（injury_ipr_{it}）。其中，ln_export$_{it}$代表贸易伙伴 i 对美国 t 年的出口贸易额的对数，number_ipr$_{it}$描述的是美国在 t 年对贸易伙伴 i 发起的知识产权调查案件数量。按照代中强（2016）的思路，判决结果为发现侵权、和解和同意令都被认为原告胜诉。injury_ipr$_{it}$ 代表美国在 t 年对贸易伙伴发起知识产权调查中，原告胜诉（被调查对象败诉）的案件数量。我们预期，知识产权调查案件数（number_ipr$_{it}$）以及原告胜诉案件数（injury_ipr$_{it}$）同出口贸易之间呈现负向关系。

control$_{it}$ 为方程（4-1）、（4-2）的控制变量，包括：美国 GDP 的对数、贸易伙伴 GDP 的对数、双边可变地理距离对数变量、汇率、区域贸易协定虚拟变量以及官方语言虚拟变量。其中，ln_usgdp$_t$ 代表美国 t 年国内生产总值对数值，ln_pgdp$_{it}$ 代表贸易伙伴 i 在 t 年的国内生产总值对数值。ln_wdist$_{it}$ 为可变地理距离对数变量①，与王孝松等（2015）一致，我们将石油年度价格乘以地理距离，构建可变的地理距离变量，取对数后引入回归方程，预期该变量对出口贸易影响为负。RTA$_{it}$ 为 t 年美国与贸易伙伴 i 签订是否签订区域贸易协定（Regional Trade Agreement）的虚拟变量。如果美国和贸易伙伴 i 签订区域贸易协定，则该值就为 1，否则为 0，预期该变量与贸易伙伴 i 对美出口呈现正向关系。language$_{it}$ 表示贸易伙伴 i 在 t 年的官方语言是否为英语的虚拟变量。如果贸易对象国官方语言为英语，则该值就为 1，否则就为 0，预期该变量与贸易伙伴 i 对美国出口呈现正向关系。exchange$_{it}$ 表示 t 年美元对贸易伙伴 i 货币的汇率，预期该变量与贸易伙伴 i 对美出口呈现正向关系。

（二）反事实模拟方法

与王孝松（2015）测算反倾销的"贸易缺口"方法一样，本章利用反事实模拟计算知识产权调查产生的"贸易缺口"，以精确度量贸易伙伴遭遇知识产权调查及原告胜诉引致的贸易抑制效应。

第一步，在方程（4-1）、（4-2）中分别剔除知识产权调查案件数（number_ipr$_{it}$）和原告胜诉案件数（injury_ipr$_{it}$），仅保留控制变量，拟合

---

① 这样处理可以解决空间距离不随时间变化，进而引发与国家特定效应完全共线的问题。

出各贸易伙伴对美国潜在出口额。

第二步，利用回归方程（4-1）、（4-2），不剔除任何变量，得到贸易伙伴对美国出口贸易真实拟合值。

第三步，计算"贸易缺口"。其值为真实贸易出口拟合值与潜在贸易出口拟合值之比。我们分别以知识产权调查案件数和原告胜诉案件数两个指标来测算贸易缺口，前者主要测度的是启动调查导致的缺口，后者测算的是调查结果导致的缺口。

（三）数据来源及变量统计性描述

本章以扩展的贸易引力模型（4-1）、（4-2）作为计量模型，使用从 2000 年到 2015 年美国同 48 个贸易伙伴[①]的二维面板数据定量考察美国知识产权调查对贸易伙伴出口到美国的贸易抑制效应。实证研究中贸易伙伴选择的主要依据有两点：其一，这些贸易伙伴对美国的出口额比较大；其二，这些贸易伙伴在研究时间区间内至少曾经有遭受美国知识产权调查的记录。被解释变量 $export_{it}$ 来自联合国 Comtrade 数据库；$usgdp_{it}$、$pgdp_{it}$、$language_{it}$ 变量都是来自 CEPII 中的 Gravity Dataset 数据库；$wdist_{it}$ 中两地距离变量来源于 CEPII 中的 Gravity Dataset 数据库；RTA_{it} 来自 WTO 网站；$number\_ipr_{it}$ 与 $injury\_ipr_{it}$ 来自 USITC "不公平进口调查信息系统库"。各变量的含义、描述性统计和预期符号如表 4-1 所示。

表4-1　　　　　　　变量统计性描述及预期符号

变量	变量含义	样本量	均值	标准差	最小值	最大值	预期符号
ln_export_{it}	贸易伙伴对美国出口额的对数	768	22.4389	2.7408	9.767	37	

---

① 包括：中国内地、中国香港特别行政区、中国台湾地区、日本、韩国、新加坡、以色列、马来西亚、菲律宾、印度、泰国、印度尼西亚、阿联酋、土耳其、澳门、越南、挪威、乌克兰、德国、英国、法国、荷兰、意大利、瑞士、瑞典、西班牙、芬兰、比利时、奥地利、爱尔兰、葡萄牙、卢森堡、斯洛伐克、摩尔多瓦、加拿大、墨西哥、尼加拉瓜、伯利兹、巴拿马、哥斯达黎加、危地马拉、巴西、智利、秘鲁、澳大利亚、新西兰、毛里求斯、丹麦。

续表

变量	变量含义	样本量	均值	标准差	最小值	最大值	预期符号
$number\_ipr_{it}$	美国对贸易伙伴发起知识产权调查案件数	768	1.224	2.6869	0	19	-
$injury\_ipr_{it}$	美国对贸易伙伴发起知识产权调查胜诉案件数	768	0.8216	2.0319	0	16	-
ln_usgdp_t	美国 GDP 的对数	768	30.26	0.1719	29.9617	30.5234	+
ln_pgdp_{it}	贸易伙伴 GDP 的对数	768	26.0478	2.0071	20.5394	30.0348	+
ln_wdist_{it}	美国同贸易伙伴可变地理距离对数值	768	12.897	0.8466	9.4987	14.3456	-
rta_{it}	美国同贸易伙伴是否签订区域贸易协定	768	0.1628	0.3694	0	1	+
$language_{it}$	贸易伙伴官方语言是否为英语	768	0.2292	0.4206	0	1	+
$exchange_{it}$	美元对贸易伙伴货币的汇率（外币/美元）	768	625.2396	2867.594	0.4998	21697.57	+

三、贸易引力模型检验

本章重点研究的是美国知识产权调查是否对贸易伙伴出口到美国产生抑制效应。考虑到发起调查和采取实质性措施对贸易伙伴出口的影响存在异质性。实证研究选取的核心解释变量有两个：美国发起的知识产权调查的案件数以及美国在知识产权调查中的胜诉案件数，回归结果如表 4-2 所示。其中，模型 1、模型 2 和模型 3 引入美国对贸易伙伴发起的年度知识产权调查案件数（number_ipr$_{it}$），模型 4、模型 5 和模型 6 引入原告在知识产权调查中的胜诉案件数量（injury_ipr$_{it}$）。为考察与美国签订贸易协定是否弱化知识产权调查的贸易抑制效应，我们在模型 3 和模型 6 中分别引入区域贸易协定与年度知识产权调查案件数交乘项（rta × number_ipr）和区域贸易协定与原告在知识产权调查中的胜诉案件数量交乘项（rta × injury_ipr）。

第一，美国发起知识产权调查以及原告胜诉都对贸易伙伴对美出口贸易产生显著的抑制效果。表 4-2 中模型 3 显示，美国对贸易伙伴发起知识产权调查每增加 1 个单位，贸易伙伴对美国出口量减少约 12.39%；模型 6 显示，美方发起的知识产权调查最终获胜则导致贸易伙伴对美国的出口量减少约 21.12%。通过系数对比，可以发现美国发起知识产权调查胜诉案件变量的影响系数要大于美国发起知识产权调查案件变量，前者的影响几乎是后者的 2 倍。显然，原告胜诉（贸易伙伴侵权）将大大提升其对贸易的阻碍作用。

第二，美国 GDP 和贸易伙伴 GDP 对贸易的影响为正。这与经典的贸易引力模型结论一致，美国 GDP 和贸易伙伴 GDP 都一定程度上反映了其国内的市场潜力，一个经济体的 GDP 越高，说明其消费潜力越大，在多样化需求的驱使下对进口品的现实需求也比较强烈，而实证研究也刚好证实这一推断。

第三，多边贸易阻力因子对出口贸易的影响为负。WDIST$_{it}$ 既能避免与国家特定效应完全共性，同时又考虑了影响运输成本的自然因素和经济因素。模型 3 结果显示，多边贸易阻力因子确实对贸易产生了阻碍作用，多边阻力因子每上升 1 个百分点，导致贸易伙伴出口到美国的贸易量下降 0.2446 个百分点。

第四，与美国签署有效的区域贸易协定对贸易的影响为正。这些区域贸易协定意在消除贸易壁垒，允许产品与服务在国家和地区间自由流动，促进签订双方的经济一体化。模型 2 的结果显示，经济体与美国签署有区域贸易协定的，将促进其对美国出口增加 145.05%。

第五，汇率对贸易的影响为正。一般而言，本币对美元贬值，意味着该经济体的商品以美元计价变得更为便宜，这将促进该经济体对美国出口贸易。模型 3 结果显示，经济体本币对美元每贬值 1 个单位，将提升该经济体对美出口贸易增加约 0.01%，表明其经济显著性并不强。

第六，贸易伙伴官方语言是英语可以促进其对美国的出口贸易。模型 3 结果显示，贸易伙伴与美国官方语言一致时，相对其他语言不一致的贸易伙伴而言，其对美出口贸易量可以增加 115.24%。

第七，区域贸易协定与知识产权调查案件数交乘项和区域贸易协定与原告在知识产权调查中的胜诉案件数量交乘项的影响为正。模型 3 和模型 6 的 rta × number_ipr 和 rta × injury_ipr 的回归系数都为正，且统计上显著。实证结果表明，如果经济体与美国签订 RTA，确实能够减弱其遭遇知识产权调查的贸易抑制效应。这一事实，在其后的反事实模拟中将得到进一步证实。

表 4-2　　　　　　　　　　　引力模型基准回归结果

变量	模型 1	模型 2	模型 3	模型 4	模型 5	模型 6
number_ipr	-0.109*** (0.036)	-0.0988*** (0.035)	-0.1239*** (0.0364)			
injury_ipr				-0.1857*** (0.047)	-0.1772*** (0.0457)	-0.2112*** (0.0475)
ln_usgdp	243.7147*** (53.6888)	232.9408*** (52.0421)	229.138*** (51.9143)	237.1095*** (53.5167)	226.3993*** (51.8582)	221.9122*** (51.7111)
ln_pgdp	0.7195*** (0.0481)	0.7313*** (0.0468)	0.7234*** (0.0468)	0.7325*** (0.0474)	0.746*** (0.0461)	0.7387*** (0.046)
ln_wdist	-0.413*** (0.1307)	-0.3334** (0.1345)	-0.2446* (0.1395)	-0.3989*** (0.1302)	-0.3166** (0.134)	-0.2373* (0.1373)
rta		1.1795*** (0.2405)	0.8963*** (0.2689)		1.1854*** (0.2393)	0.9199*** (0.2614)
language		0.8522*** (0.2017)	0.7666*** (0.2044)		0.853*** (0.2007)	0.7765*** (0.2024)
exchange		0.00009*** (0.00003)	0.00009*** (0.00003)		0.0001*** (0.0003)	0.00008*** (0.0003)

续表

变量	模型 1	模型 2	模型 3	模型 4	模型 5	模型 6
rta × number_ipr			0.2757 ** (0.1185)			
rta × injury_ipr						0.3767 ** (0.1518)
_cons	-7365.64 *** (1624.57)	-7041.42 *** (1574.73)	-6927.24 *** (1570.85)	-7166.27 *** (1619.35)	-6844.05 *** (1569.15)	-6709.06 *** (1564.69)
时间固定效应	是	是	是	是	是	是
调整 R^2	0.2593	0.3076	0.3126	0.2469	0.3139	0.3196
F 统计量	63.23 [0.0000]	45.93 [0.0000]	41.1 [0.0000]	65.37 [0.0000]	47.33 [0.0000]	42.47 [0.0000]
样本数	768	768	768	768	768	768

注：各变量回归结果下面小括号中为标准误，***、** 和 * 分别表示估计系数在1%、5%和10%的水平上显著。

四、反事实分析

中国自2001年以来一直都是美国发起知识产权调查的重点目标，因此知识产权调查纳入贸易引力模型，利用反事实模拟的方法测算贸易缺口，具有重要的实践意义。

按照上文的方法，测算贸易缺口的步骤如下：首先，在回归方程中分别剔除知识产权调查案件数以及知识产权调查胜诉案件数，分别计算出贸易伙伴潜在出口拟合值；其次，在回归方程中加入知识产权调查案件数以及知识产权调查胜诉案件数，分别计算出贸易伙伴真实贸易出口拟合值；最后，计算"贸易缺口"① 指数。我们分别以知识产权调查案件数和原告

---

① "贸易缺口"指数 =（真实贸易出口拟合值/潜在贸易出口拟合值）×100%。

胜诉案件数两个指标来测算贸易缺口,前者主要测度的是启动调查导致的缺口,后者测算的是调查结果导致的缺口。

(一) 基于调查总量的"贸易缺口"测算

我们以方程 (4-1) 为基础,将贸易伙伴遭受知识产权调查案件数纳入解释变量,按照上述步骤对贸易伙伴遭受美国知识产权调查的"贸易缺口"进行测算,计算结果如表 4-3 所示。可以发现,对于中国内地、中国台湾地区、中国香港特别行政区、加拿大、以色列、马来西亚、菲律宾、荷兰、丹麦及瑞典这些国家和地区来说,无论选取哪一年份,只要遭遇过知识产权调查的数量超过 1 起,都造成了这些经济体对美国出口贸易的"缺口"。而韩国、新加坡等经济体分别在 2012 年和 2014 年与美国签订 FTA 协定,因此弱化了知识产权调查对贸易"缺口"的影响。通过表 4-3 发现,韩国在 2012 年与美国签署 RTA 的当年就遭遇知识产权调查 10 起,但几乎没有产生贸易缺口。新加坡 2014 年与美国签订 RTA,同样此后在遭遇知识产权调查时也没有产生贸易缺口。

表 4-3　　知识产权调查引致的"贸易缺口":基于调查总量

年份	案件数	中国内地	案件数	中国台湾地区	案件数	中国香港特别行政区	案件数	韩国
2000	3	99.55%	6	98.24%	0	100.63%	1	100.40%
2001	1	100.61%	6	98.19%	2	99.44%	1	100.32%
2002	5	98.44%	4	99.23%	5	97.74%	1	100.35%
2003	8	96.87%	3	99.81%	3	98.89%	1	100.42%
2004	10	95.90%	7	97.75%	2	99.54%	3	99.41%
2005	8	97.13%	7	97.86%	1	100.23%	5	98.44%
2006	13	94.51%	4	99.53%	4	98.59%	4	99.08%
2007	18	91.92%	5	99.02%	4	98.64%	7	97.46%
2008	16	93.19%	13	94.79%	5	98.18%	9	96.39%
2009	8	97.41%	8	97.35%	3	99.16%	5	98.45%
2010	19	91.66%	16	93.14%	9	95.85%	7	97.47%

续表

年份	案件数	中国内地	案件数	中国台湾地区	案件数	中国香港特别行政区	案件数	韩国
2011	18	92.35%	14	94.32%	4	98.79%	14	93.67%
2012	14	94.52%	14	94.32%	6	97.67%	10	100.47%
2013	13	95.08%	8	96.77%	6	97.67%	7	100.58%
2014	13	95.08%	11	95.02%	7	97.09%	5	100.64%
2015	10	96.48%	3	99.38%	1	100.25%	3	100.49%
年份	案件数	日本	案件数	加拿大	案件数	德国	案件数	新加坡
2000	5	98.81%	1	99.36%	1	100.56%	0	100.54%
2001	5	98.75%	3	99.25%	3	99.42%	2	99.31%
2002	2	100.33%	1	99.31%	1	100.51%	0	100.47%
2003	2	100.39%	4	99.30%	2	100.06%	2	99.37%
2004	4	99.41%	1	99.48%	2	100.16%	2	99.96%
2005	3	100.04%	4	99.51%	3	99.72%	1	100.12%
2006	5	99.00%	2	99.64%	6	98.16%	1	100.20%
2007	6	98.48%	1	99.71%	3	99.83%	1	100.27%
2008	10	96.45%	4	99.72%	1	101.03%	7	100.17%
2009	10	96.34%	4	99.57%	2	100.32%	1	100.24%
2010	10	96.43%	8	99.56%	2	100.39%	1	100.37%
2011	19	91.71%	7	99.68%	6	98.34%	1	100.48%
2012	10	96.52%	9	99.62%	2	100.48%	0	100.53%
2013	6	98.60%	2	99.81%	1	101.02%	0	100.52%
2014	6	98.54%	3	99.74%	4	99.37%	1	100.45%
2015	3	99.90%	4	99.48%	3	99.65%	2	100.18%
年份	案件数	以色列	案件数	马来西亚	案件数	菲律宾	案件数	丹麦
2000	1	99.94%	0	100.70%	1	99.88%	0	99.85%
2001	1	99.88%	0	100.63%	2	99.22%	0	99.80%
2002	0	99.89%	0	100.65%	0	100.39%	1	99.24%
2003	2	99.87%	2	99.53%	0	100.44%	0	99.90%
2004	2	99.96%	2	99.64%	0	100.54%	0	100.01%
2005	0	100.14%	1	100.38%	0	100.67%	0	100.13%

续表

年份	案件数	以色列	案件数	马来西亚	案件数	菲律宾	案件数	丹麦
2006	0	100.21%	1	100.46%	0	100.77%	0	100.19%
2007	0	100.27%	3	99.35%	1	100.27%	0	100.25%
2008	1	100.39%	3	99.51%	0	100.99%	0	100.38%
2009	0	100.26%	0	101.08%	0	100.82%	0	100.20%
2010	0	100.37%	3	99.46%	0	100.94%	0	100.28%
2011	0	100.48%	1	100.76%	0	100.49%	1	99.81%
2012	1	100.43%	0	101.35%	0	101.07%	1	99.79%
2013	1	100.45%	0	101.34%	0	101.08%	0	100.36%
2014	0	100.46%	1	100.73%	0	101.05%	1	99.76%
2015	1	100.18%	0	101.03%	0	100.81%	2	98.91%

年份	案件数	印度尼西亚	案件数	英国	案件数	荷兰	案件数	瑞典
2000	0	100.38%	0	100.87%	0	100.72%	0	100.64%
2001	1	99.65%	0	100.81%	1	100.11%	1	99.98%
2002	0	100.31%	0	100.82%	0	100.13%	0	100.57%
2003	1	99.87%	2	99.85%	1	100.22%	0	100.67%
2004	1	99.95%	0	101.00%	1	100.32%	1	100.21%
2005	0	100.60%	1	100.58%	2	99.88%	0	100.89%
2006	0	100.74%	0	101.17%	1	100.50%	1	100.39%
2007	1	100.24%	0	101.22%	0	101.12%	0	101.02%
2008	0	100.91%	2	100.26%	1	100.69%	3	99.43%
2009	0	100.73%	2	100.07%	0	101.08%	1	100.37%
2010	0	100.96%	4	99.09%	0	101.15%	0	101.05%
2011	0	101.10%	4	99.19%	5	98.44%	3	99.46%
2012	0	101.07%	3	99.71%	1	100.66%	3	99.44%
2013	0	100.99%	2	100.23%	1	100.66%	3	99.45%
2014	0	100.87%	3	99.69%	0	101.19%	2	99.97%
2015	0	100.55%	4	98.94%	0	100.91%	1	100.27%

以中国内地为例，各个年份的"真实贸易出口拟合值"与"潜在贸易出口拟合值"之比绝大多数均小于100%，其中最大值为100.61%，最小

值为91.66%，平均值为95.67%，意味着在样本考察期内，美国对中国内地发起知识产权调查使中国产品对美国出口平均减少4.33%。以2007年为例，当年中国内地遭受18起调查，使得中国内地对美出口减少6.35%。而2007年恰巧是美国处于金融危机困境的前夕，这说明知识产权调查与美国经济周期及国内经济环境有着密切的联系，在经济繁荣时发起知识产权调查的案件数相对较少，在经济萧条时期对贸易伙伴的知识产权调查就更加频繁。对于日本、德国和英国来说，知识产权调查案件次数只要超过2次，无论是哪一年，知识产权调查都会导致其出口到美国贸易额下降，产生"贸易缺口"。对于菲律宾、印度尼西亚、荷兰和瑞典这些在某些年份遭遇较少或者没有知识产权调查的经济体，通过对表4-3的数据进行分析可以发现，在知识产权调查案件数小于1或者没有遭受知识产权调查的年份，出口到美国产品出口额增加，这进一步证实美国知识产权调查确实对与美国有着密切贸易往来的贸易伙伴产生重大的影响。

我们以知识产权调查最多的中国内地、中国台湾地区、日本、韩国、中国香港特别行政区和加拿大为例进行横向对比。在样本研究期间内，中国内地遭遇知识产权调查177次，对美出口平均减少4.33%，每起案件平均导致出口减少0.024%；中国台湾地区遭遇知识产权调查129次，对美出口平均减少2.83%，每起案件平均导致出口减少0.022%；日本遭遇知识产权调查106次，对美出口平均减少1.89%，每起案件平均导致出口减少0.018%；韩国遭遇知识产权调查83次，对美出口平均减少1%，每起案件平均导致出口减少0.012%；中国香港特别行政区遭遇知识产权调查62次，对美出口平均减少1.35%，每起案件平均导致出口减少0.022%；加拿大遭遇知识产权调查58次，对美出口平均减少0.45%，每起案件平均导致出口减少0.008%。对比研究发现，经济体被起诉案件数量越多，则对美出口平均减少越大，但与美国签署RTA协定则会减缓这个效应。每起案件平均导致出口减少存在差异，按照影响大小排序为：中国内地、中国台湾地区、中国香港特别行政区、日本、韩国、加拿大。由于韩国和加拿大与美国签署了RTA协议，在遭遇知识产权调查时，可以有效降低调查的贸易抑制效应。

(二) 基于原告胜诉案件的"贸易缺口"测算

表4-4是以方程（4-2）为基础，将知识产权调查原告胜诉案件数量纳入回归模型中进行测算得出"贸易缺口"。同表4-3基于知识产权调查案件总量的结果进行对比可以发现，表4-4的"贸易缺口"在变大。同样以中国内地为例，各年份的"真实贸易出口拟合值"与"潜在贸易出口拟合值"之比绝大多数是小于100%，其中最大值为100.48%，最小值为87.07%，平均值为94.75%，这意味着在考察期内，美国对中国发起知识产权调查使中国出口到美国的出口额平均下降了5.25%，与表4-3测算出的中国"贸易缺口"平均值相比较，基于美国知识产权调查胜诉案件扩大了各贸易伙伴对美国的"贸易缺口"。

表4-4　　　　知识产权调查引致的"贸易缺口"：基于原告胜诉

年份	案件数	中国内地	案件数	中国台湾地区	案件数	中国香港特别行政区	案件数	韩国
2000	2	99.58%	5	97.17%	0	100.78%	0	101.19%
2001	1	100.48%	6	96.19%	2	98.75%	0	101.07%
2002	2	99.55%	3	98.91%	3	97.76%	1	100.14%
2003	6	95.86%	2	99.88%	1	99.73%	1	100.22%
2004	10	92.23%	5	97.20%	1	99.83%	1	100.34%
2005	7	95.22%	5	97.33%	0	100.95%	4	97.63%
2006	10	92.52%	2	100.18%	3	98.09%	4	97.73%
2007	16	87.07%	4	98.35%	3	98.14%	4	97.78%
2008	7	95.69%	6	96.60%	2	99.25%	4	97.85%
2009	6	96.50%	8	94.56%	2	99.06%	5	96.66%
2010	14	89.28%	15	88.17%	9	92.33%	6	95.86%
2011	14	89.47%	14	89.22%	4	97.34%	11	91.18%
2012	5	97.76%	12	91.09%	2	99.30%	9	100.41%
2013	13	90.48%	5	96.65%	5	96.37%	5	100.68%
2014	8	95.03%	6	95.62%	6	95.36%	3	100.80%
2015	3	99.32%	2	99.27%	0	100.90%	3	100.50%

续表

年份	案件数	日本	案件数	加拿大	案件数	德国	案件数	新加坡
2000	4	98.14%	1	99.23%	1	100.42%	0	100.68%
2001	1	100.81%	2	99.10%	1	100.33%	2	98.59%
2002	2	99.88%	1	99.16%	1	100.35%	0	100.57%
2003	1	100.85%	2	99.18%	2	99.51%	1	99.63%
2004	3	99.12%	1	99.35%	1	100.55%	1	100.02%
2005	2	100.15%	3	99.37%	1	100.67%	0	100.24%
2006	2	100.18%	2	99.51%	1	100.74%	1	100.26%
2007	4	98.34%	1	99.62%	3	98.94%	1	100.34%
2008	6	96.65%	2	99.69%	0	101.88%	4	100.27%
2009	5	97.42%	3	99.43%	2	99.81%	1	100.30%
2010	9	93.84%	6	99.38%	2	99.89%	1	100.45%
2011	12	91.19%	5	99.55%	4	98.16%	1	100.60%
2012	7	95.79%	7	99.43%	2	99.98%	0	100.67%
2013	5	97.54%	1	99.76%	1	100.91%	0	100.66%
2014	5	97.46%	1	99.70%	3	99.00%	1	100.53%
2015	2	99.92%	1	99.39%	2	99.59%	0	100.30%
年份	案件数	以色列	案件数	马来西亚	案件数	菲律宾	案件数	丹麦
2000	1	99.97%	0	100.86%	1	99.57%	0	99.78%
2001	1	99.88%	0	100.76%	2	98.47%	0	99.71%
2002	0	99.92%	0	100.78%	0	100.47%	1	98.74%
2003	2	99.83%	2	98.80%	0	100.52%	0	99.82%
2004	1	100.00%	2	98.93%	0	100.63%	0	99.95%
2005	0	100.21%	1	100.13%	0	100.80%	0	100.08%
2006	0	100.28%	1	100.22%	0	100.90%	0	100.15%
2007	0	100.35%	0	101.32%	0	100.99%	0	100.21%
2008	1	100.47%	2	99.48%	0	101.17%	0	100.37%
2009	0	100.34%	0	101.27%	0	100.96%	0	100.15%
2010	0	100.46%	2	99.41%	0	101.10%	0	100.24%
2011	0	100.60%	0	101.59%	0	101.24%	0	100.37%
2012	1	100.50%	0	101.59%	0	101.26%	1	99.35%
2013	1	100.52%	0	101.57%	0	101.26%	0	100.32%
2014	0	100.55%	1	100.52%	0	101.21%	1	99.30%
2015	1	100.17%	0	101.16%	0	100.91%	0	99.91%

续表

年份	案件数	印度尼西亚	案件数	英国	案件数	荷兰	案件数	瑞典
2000	0	100.50%	0	101.07%	0	100.88%	0	100.77%
2001	1	99.31%	0	100.99%	1	99.83%	1	99.67%
2002	0	100.40%	0	101.01%	0	100.82%	0	100.68%
2003	0	100.54%	2	99.28%	1	99.96%	0	100.79%
2004	1	99.66%	0	101.21%	0	101.05%	1	99.94%
2005	0	100.73%	1	100.43%	2	99.24%	0	101.05%
2006	0	100.89%	0	101.40%	0	101.25%	1	100.14%
2007	0	100.97%	0	101.45%	0	101.32%	0	101.19%
2008	0	101.11%	2	99.75%	0	101.48%	1	100.36%
2009	0	100.89%	0	101.33%	0	101.26%	0	101.09%
2010	0	101.16%	4	97.80%	0	101.34%	0	101.22%
2011	0	101.33%	2	99.72%	3	98.56%	2	99.40%
2012	0	101.28%	2	99.71%	0	101.43%	1	100.36%
2013	0	101.19%	2	99.70%	1	100.45%	2	99.37%
2014	0	101.03%	2	99.67%	0	101.36%	1	100.29%
2015	0	100.63%	3	98.48%	0	101.00%	1	99.93%

与上述分析一致，我们以被告败诉案件数量（原告胜诉）最多的中国内地、中国台湾地区、日本、韩国、中国香港特别行政区和加拿大为例进行横向对比。在样本研究期间内，中国内地败诉124次，对美出口平均减少5.25%，每起案件平均导致出口减少0.042%；中国台湾地区败诉100次，对美出口平均减少3.98%，每起案件平均导致出口减少0.04%；日本败诉70次，对美出口平均减少2.05%，每起案件平均导致出口减少0.029%；韩国败诉61次，对美出口平均减少1.25%，每起案件平均导致出口减少0.02%；中国香港特别行政区败诉43次，对美出口平均减少1.63%，每起案件平均导致出口减少0.038%；加拿大败诉39次，对美出口平均减少0.57%，每起案件平均导致出口减少0.015%。数据对比研究发现，经济体败诉案件越多，则对美出口平均减少越多。同样我们发现，每起败诉案件平均导致出口减少存在差异，按照影响大小排序为：中国内

地、中国台湾地区、中国香港特别行政区、日本、韩国、加拿大。这再次证明韩国和加拿大与美国签署了 RTA 协定,即使是在知识产权诉讼中败诉,其影响也相对较小。

从估算的结果来看,似乎知识产权调查对各贸易伙伴的"贸易缺口"不大,但如果对美出口的贸易规模较大,则知识产权调查的影响可能会让我们吃惊。仍然以中国内地为例进行说明。在 2000—2015 年的样本区间范围内,中国内地对美国年平均出口额为 2254 亿美元左右,平均 5.25% 的贸易缺口将导致中国内地每年减少对美国出口 118 亿美元;而每年贸易缺口不断累加,其总规模是相当大的。如果这一贸易限制效应主要发生在某几个行业或某几个企业,则对这些行业或企业的冲击将是致命的。

五、结论与启示

我们利用反事实模拟方法对各个贸易伙伴遭遇知识产权调查产生的"贸易缺口"进行测度,发现美国发起知识产权调查使得其主要贸易伙伴对美出口额平均下降 0.45—4.33 个百分点。进一步引入原告胜诉案件数量进行反事实模拟,发现原告胜诉案件数量对贸易伙伴对美出口产生更强的贸易抑制效应,平均下降 0.57—5.25 个百分点。横向对比而言,中国内地遭遇知识产权调查后以及被判定侵权时产生的"贸易缺口"居于所有研究对象首位。

由于美国知识产权调查后续的贸易救济手段非常直接,可以非常有效地将外国产品排斥在国门之外,这就需要各界高度重视美国的知识产权调查,积极应对,寻求解决方案,努力降低知识产权调查带来的不利影响。针对美国频繁发起的知识产权调查,我们该如何应对?本章的研究提供了如下政策含义。

首先,政府要高度重视。遭遇知识产权调查的企业一般会面临应诉成本高和对调查程序和规则不了解的窘境,这会导致应诉能力差的中小企业直接选择放弃应诉，进而可能使被调查的产品永远被排除在美国市场之外。而一旦形成不应诉和怕应诉的怪圈，此后将会有更多的调查接踵而至，因此每一例认真的应诉都对其他潜在被诉出口企业产生外部正效应，从这个意义上而言，政府要高度重视被调查企业的应诉情况，采取措施提高应诉率及胜诉率。一方面政府可以给被诉企业提供法律咨询、法律援助、信息提供、政策咨询等相关服务，帮助被诉企业了解应诉程序及规则；另一方面采取一定措施降低企业应诉费用，以鼓励更多的企业应诉。

其次，与其他经济体一起寻求WTO等多边贸易机构的支持。通过考察美国发起知识产权调查的时间序列数据，可以发现在经济繁荣时调查案件数量较少，在经济波动较大时调查数量较多，尤其是在2008年发生经济危机前后，对中国内地、中国台湾地区、韩国、日本和德国等这些经济体展开了高频度知识产权调查。这些现象表明发起知识产权调查频次的高低与美国经济表现有着直接的因果关系，也从侧面印证知识产权调查的"保护贸易"本质。因此，各经济体应从战略的高度建立一套协商机制，高举共同维护多边贸易体制的旗帜，反对单边贸易保护主义，共同应对美国频繁发起的知识产权调查。加强美国知识产权调查相关研究的国际合作，认真研究美国知识产权调查的程序与规则，尝试发现其与WTO规则可能存在冲突的问题，并共同向WTO发起磋商，对美国形成压力。

再次，出口企业要做好知识产权调查预警防范。企业在决定向美国市场出口时，尽可能做到知已知彼。出口企业要了解美国市场上主要竞争对手的知识产权拥有情况、技术水平、市场占有率、利润水平、就业人数等。一旦主要竞争对手经济指标出现重大下滑的时候，要特别小心这些企业以知识产权调查为手段的"敲竹杠"行为。但如果我们对竞争对手的技术和知识产权状况了然于胸，就可以降低对方"敲竹杠"成功的概率，进而可能降低其发起知识产权调查的概率，毕竟原告也要付出高昂的律师及诉讼成本。

最后，自身加强知识产权保护，适时构建符合自身特点的知识产权调查体系。发展中国家经济发展到一定程度，国内自主创新力量开始集聚，与国外的强知识产权保护形成合力要求发展中国家强化实际知识产权保护。我国目前经济总量已经位于世界第二，进一步强化知识产权保护既是保护国内自主创新企业发展的需要，同时可以强化出口企业的知识产权保护意识，从而可以在一定程度上逐步改变美国对我国企业在知识产权保护态度方面的认知，经过一段时间累积可能会降低我国企业遭受调查的频次。另外，在国内自主创新集聚到一定程度时，可以借鉴美国知识产权调查程序和规则，构建自己的知识产权调查体系，提升自身的报复能力，潜在降低我国企业在美国遭遇知识产权调查的概率和数量。

第五章

知识产权调查对我国机电产品贸易的影响效应

一、引言

知识产权调查的实质是利用知识产权调查保护其国内相关产业，与反倾销一样都具有限制进口作用。据统计，2000—2023 年，美国对外发起 743 起反倾销案件，但相同时期内对外发起知识产权调查达到 1007 起，其使用频率已经超过反倾销。从 2023 年美国货物进口数据分析得到，美国进口来源中，中国占比为 13.9%，进口额为 5002.91 亿美元，其中进口中国的机电产品贸易金额为 2964.7 亿美元，占机电行业进口的比重为 27.1%。自中国加入世界贸易组织以来，中国一直是美国知识产权调查的涉案前三大国之一，机电行业一直位列被调查行业榜首，因此从行业角度分析研究知识产权调查的贸易限制效应和贸易转移效应，机电行业当仁不让。

美国知识产权调查所针对的是产品而非简单的某一国家，因此其损害力度不仅是针对某国的某一企业，还可能是该产品所对应的整个行业。知识产权调查申请周期短，一般申请当月就会立案，再加上救济措施严厉，因此贸易限制效应毋庸置疑，但是对于贸易限制效应的大小和影响持续时间的相关实证较少，如何合理且有效地应对知识产权调查，知识产权调查的贸易限制效应是否存在？美国对中国发起知识产权调查，减少了从中国的进口，是否其他非诉国可以从中得利，增加被诉产品对美出口？即针对反倾销调查研究发现的贸易转移效应对于新兴知识产权壁垒是否同样存在？以及发起知识产权调查对于美国国内产业的救济是否达到预期？这些问题都需要通过深入的研究来解答。

本章立足于知识产权调查这一新型非关税壁垒，以涉案占比 63% 以上的机电行业为代表，采用案件和产品的固定效应模型，利用虚拟变量实证分析美国知识产权调查对中国机电产品出口美国的影响。本章的边际贡献在于：（1）与以往文献不同，本章首次研究知识产权调查对被调查国的贸易限制效应和贸易转移效应，实证分析知识产权调查的贸易限制效应的确存在，贸易转移效应并不存在；(2)从知识产权调查的涉案产品数据实证检验得到其贸易转移效应并不存在，说明并不仅是中国单方面承担着美国知识产权调查的严重后果，全球相关行业的所有产品都在被接受着调查和排除，没有国家可以做到"渔翁得利"，联合起来共度危机才是良策。

二、文献综述

国内外对于各种贸易壁垒的贸易救济措施所带来的贸易效应有多层次的分析，以针对反倾销的贸易效应研究最为常见。Prusa（1996）是最先对贸易转移效应的实证文献之一，发现美国反倾销对指控国存在显著的贸易限制效应，对非指控国存在显著的贸易转移效应；Brenton（2001）发现欧盟反倾销措施具有显著的贸易转移效应，分别用进口额、进口数量、进口价格做回归分析得出贸易限制效应和贸易转移效应以及发起反倾销调查会使得进口价格提高；Prusa（1996）、Prusa（1997）、Prusa（1999）这三篇研究实证发现美国反倾销存在显著的贸易限制效应，对非指控国存在显著的贸易转移效应，证明真正受益的并不是进口国的国内竞争性产业，而是那些未遭到反倾销调查的其他国家；而Staiger和Wolak（1994）发现无论终裁结果如何，反倾销调查都会导致来自指控对象国的进口显著下降，且进口减少的份额由国内企业填补，未转移到非指控对象国，不存在贸易转移；Bown（2007）使用1992—2001年美国对日本实施反倾销调查之后的进口数据，实证得出贸易限制效应既转移了日本对第三国的出口也抑制了日本对别国的进口。

国内对于反倾销贸易限制效应和贸易转移效应的研究由定性研究向定量分析过渡，在证实贸易限制效应和贸易转移效应存在的同时，测度贸易效应的影响因素。朱晶和胡俊（2011）、苏振东和严敏（2011）分别考察了美国针对中国农产品、橡胶和纸制品的反倾销案件，同样发现贸易救济转移的证据，未达到本国贸易救济的预期效果；陆毅（2013）使用2000—2006年中国出口商的月度交易数据，实证发现反倾销调查导致出口商数量显著减少，且退出市场的出口商大多为生产效率较低的企业；向洪金和冯宗宪（2010）在 Bertrand 价格竞争模型的基础上验证了欧美对华反倾销调查的贸易限制效应；鲍晓华（2007）利用1997—2004年中国反倾销案例8位数税则号的涉案产品数据对我国对外反倾销措施救济效果进行了评估，分析发现我国对外反倾销存在贸易转移效应。

上述文献为我们的研究提供了良好的基础，知识产权调查与反倾销类似，都是相对比较严厉的贸易救济措施，但现有文献针对知识产权调查的贸易限制效应和贸易转移效应的定量研究较少；知识产权调查对于涉案产品进口数量的减少是根据其措施特点归纳而来，但是却缺少实证；现有文献大多是从全样本分析，容易忽略国别特征和行业特征，年度数据难以准确捕捉贸易效应。因此，与以往文献研究不同之处在于，选用月度贸易数据来检验贸易限制效应和贸易转移效应的存在，选取机电行业的相关产品数据进行定量分析，从理论上阐述了美国对华机电行业知识产权调查的贸易效应机制，并实证检验了贸易限制效应的大小和持续时间以及贸易转移效应并不存在。

三、影响机制分析

知识产权调查的贸易救济方式并不涉及征税，而对产品数量直接进行限制，因此贸易限制效应显而易见。在存在贸易限制效应的前提下，美国减少对涉案国的涉案产品进口，但是由于国内消费需求黏性和国内生产能力有限，美国是否会转而进口别国的相关产品以满足国内消费？知识产权调查的贸易转移效应是否真实存在？知识产权调查的不仅是被诉企业，还包括被诉企业的相关产品，这是针对产品以及行业的贸易壁垒，也就是说全球范围内出口到美国的所有相关产品都要接受调查，一旦发现侵权，颁布普遍排除令，那么这些产品不分国别都会被排除出美国，而一些出口国家可能会因为避免引起美国注意，在知识产权调查立案之后减少对美的出口，意图躲过此次排除，因此这种贸易转移效应可能并不存在，下面总结得出美国知识产权调查贸易限制效应和贸易转移效应的理论机制。

（一）知识产权调查的贸易限制效应的理论机制

发起知识产权调查的申请成本低，立案时间短，贸易限制迅速。知识产权调查从申请到立案几乎是在同月进行，原告无须证明对美国国内产业损害的事实，只需要证明侵权事实并且美国国内有相关产业即可申请发起调查，其救济措施严厉且不应诉率高导致了贸易限制效应的存在。首先，原告可申请临时救济措施，包括临时禁止令和临时排除令，使得被诉企业的涉案产品在立案后禁止在美国市场上流通，产品一旦涉案，大多进口商会选择放弃进口中国的涉案产品，贸易限制效应可能在立案之后立刻发生。其次，大多中国涉案企业选择不应诉，不应诉即判定败诉，涉案产品被立刻驱逐出美国市场。我国企业对于美国知识产权调查程序不熟悉且缺乏维权意识，高昂律师费和诉讼费使得中国企业放弃应诉，被迫退出美国市场，从而抑制了涉案产品对美出口。最后，一旦被起诉，被诉企业的商业信誉就会受到影响，进而影响该产品在美国市场上的流通也会限制出口。

假设 5-1：中国企业在遭受知识产权调查立案之后，涉案企业面对调查压力和为防止影响范围扩大而减少相关产品的出口，同时美国进口企业鉴于被诉产品深陷知识产权调查而减少相关产品的进口，知识产权的贸易限制效应显著。

（二）知识产权调查的贸易转移效应的理论机制

对于非关税壁垒的贸易转移效应研究最多的是反倾销。从被诉国的角度，在反倾销调查发起时，指控国一般会征收一定金额的反倾销税，被指控国面对高额的税收和一系列烦琐的调查往往会选择减少涉案产品对指控国的出口，转而出口到其他国家；从指控国的角度，反倾销贸易限制效应的存在导致指控国从指控对象国的进口减少，从而可能促使指控国从非指控对象国的进口增加，这样贸易转移效应的存在就会削弱贸易救济的效果。

本章知识产权调查的贸易转移效应，是指由于贸易限制效应的存在，美国减少对涉案国的涉案产品进口，但是由于国内消费需求的黏性和国内生产能力的限制，美国是否会转而进口别国的相关产品以满足国内需求？但是我们发现知识产权调查同反倾销不一样，反倾销针对的是涉及倾销的国家，而深陷知识产权调查的不仅是被调查国的相关企业，还有被诉企业的相关产品，这是针对产品的贸易壁垒，也就是说全球范围内出口到美国的所有相关产品都会被调查，一旦发现侵权，颁布普遍排除令，那么这些产品不分国别都会被排除出美国，而一些出口国家可能会因为避免引起美国注意，在知识产权调查立案之后减少对美的出口，意图躲过此次排除，因此这种贸易转移效应可能并不存在。

假设 5-2：知识产权调查是针对产品的，因此一旦发起调查，出口到美国的所有相关产品均在涉案之列，这会导致普遍的调查效应使得即使未被调查的企业也会减少对美国出口，以试图躲过风波，因此美国知识产权调查的贸易转移效应并不存在。

四、模型设定和数据来源

本章从案件中筛选出 2009—2019 年最大涉案地——中国的案件，选取最大涉案行业机电行业作为分析对象，并手动收集所有涉案地的 6339 条有效产品数据，利用案件固定效应、产品固定效应、比较分析法、虚拟变量法来定量分析美对华知识产权调查的贸易效应。

(一) 贸易限制效应的模型设定与变量说明

$$\text{lnimport}_{i,t_j} = \beta_0 + \beta_1 \text{lnimport}_{i,t_j-1} + \beta_2 \text{lnawg}_{t_j-1} + \beta_3 \text{lnrealre}_{t_j} + \beta_4 (\text{lnimport}_{i,t_j-1} - \text{lnimport}_{i,t_j-2}) + \beta_5 t_1 + \beta_6 t_2 + \beta_7 t_3 + \beta_8 t_4 + \beta_9 \text{Year}_i + \varepsilon_{i,t_j} \quad (5-1)$$

其中，i 表示美国进口的机电产品，以涉及机电产品大类 84 或 85 的知识产权调查作为一个案件。时间变量 t_j 取值 j = 0、1、2、3、4，t_0 表示知识产权调查发起当月（一般申请当月便会立案），t_j = (1,2,3,4) 时表示对中国机电产业发起知识产权调查之后的 4 个月份，这样在经济意义上可以表示立案后连续 5 个月度进口的变化情况。如果回归发现 t_1 的系数显著为负，则表明在知识产权调查立案后的第一个月进口额较立案当月 t_0 有减少的趋势，表明知识产权调查在产品层面有贸易限制效应，其他月份以此类推；同时虚拟变量的引入，允许回归方程的截距项在不同时期有所变化，也反映了总体在不同时期会有不同分布的事实。模型中的被解释变量 $\text{lnimport}_{i,t_j}$ 是美国在时间 t_j 进口我国机电产品 i 的进口额的对数；在 Krupp 和 Pollard（1996）的模型中有一个主要的解释变量是美国市场对相关产品的引致需求（Derived Demand），本章用滞后一期的美国实际平均月工资水平 awg_{t_j-1} 来代替引致需求，选取滞后一期是因为实际上期的工资收入影响本期的消费需求；$\text{lnimport}_{i,t_j-1}$ 表示 i 产品前一期的进口额，后一期的进口规模与前一期进口规模往往正相关，这是由于贸易惯性的存在；($\text{lnimport}_{i,t_j-1}$ − $\text{lnimport}_{i,t_j-2}$) 是前一期贸易额增长率的对数，这是衡量未遭受知识产权调查时正常情况下的进口月度变化率，如果美国对华发起知识产权调查的原因是日益增长的贸易逆差，则进口月度变化率的系数应当为负，即正常的月度进口增长率越高的国家和地区，遭受美国知识产权调查的概率越高，则贸易抑制的可能性越大，因此作为控制变量加入方程右边；lnrealre_{t_j} 表示两国的实际汇率水平 [lnrealre_{t_j} = ln（人民币/美元）]，用来衡量中美两国不同产品之间的竞争力。

(二) 贸易转移效应模型设定、变量说明

$$\text{lnpimport}_{i,t_j} = \beta_0 + \beta_1 \text{lnpimport}_{i,t_{j-1}} + \beta_2 \text{lnawg}_{t_{j-1}} + \beta_3 (\text{lnpimport}_{i,t_{j-1}} - \text{lnpimport}_{i,t_{j-2}}) + \beta_4 \text{NumNamed}_i + \beta_5 t_1 + \beta_6 t_2 + \beta_7 t_3 + \beta_8 t_4 + \beta_9 \text{Year}_i + \varepsilon_{i,t_j} \quad (5-2)$$

本章研究贸易转移效应从产品总额上出发,具体操作如下:将所有案件中的被诉国家和被诉产品编码汇总出,从美国进口该被诉产品的进口总额中去除掉从被诉国进口的总额,即以上计量模型中的被解释变量为美国对华立案后 5 个月度中对所有非诉国家和地区的被诉产品进口总额,如果回归发现 t_1 的回归系数显著为正,则表明立案后第一个月度的进口额较立案当月有增加趋势,即贸易转移的确存在,其他月度以此类推;如果显著为负,则验证了我们的猜想,知识产权调查是针对全球相关产品,无一国可以"隔岸观火",同时虚拟变量的引入,允许回归方程的截距项在不同时期有所变化,也反映了总体在不同时期会有不同分布的事实。模型中的被解释变量 $\text{lnpimport}_{i,t_j}$ 是美国在时间 t_j 进口所有非诉国家和地区被诉机电产品 i 的进口总额的对数;本模型也是用滞后一期的美国实际平均月工资水平 $\text{awg}_{t_{j-1}}$ 来代替引致需求,选取滞后一期是因为上期的工资收入影响本期的消费需求;$\text{lnpimport}_{i,t_{j-1}}$ 表示前一期进口 i 产品的进口额,后一期的进口规模与前一期进口规模往往正相关,这是由于贸易惯性的存在;($\text{lnpimport}_{i,t_{j-1}} - \text{lnpimport}_{i,t_{j-2}}$) 这是前一期的贸易额增长率的对数,这是衡量未遭受知识产权调查时即正常情况下的进口月度变化率;在 Prusa (1996) 测度反倾销的贸易转移效应大小时加入了 Numnamed 虚拟变量,当案件中被指控国家超过 2 时为 1,否则为 0,验证了当贸易转移效应存在时,如果被指控国家数量越多,那么贸易转移的效应就会更加明显,本章加入此变量来验证知识产权调查是否有同样的效果。

(三) 产品层面的样本选择及数据处理

本章贸易限制效应和贸易转移效应的研究选取 2009—2019 年美国对华

发起知识产权调查的涉及机电行业的全部案件作为样本，共 95 起调查，涉及 116 种机电产品，中国涉案月度产品数据 1379 条，非涉案地加拿大涉案产品月度数据 1154 条，非涉案地墨西哥涉案产品月度数据 1222 条，非涉案地德国涉案产品月度数据 1215 条。知识产权调查案例数据和相关被诉产品 HTS 编码数据来自 USITC "不公平进口调查信息系统库"；产品进出口月度数据为 HTS 编码前 6 位产品，数据来自 UN COMTRADE 数据库，对于解释变量月度人均收入数据来自美国商务部，实际汇率指数来自国际货币基金组织。

数据处理过程：由于进口金额数据值较大，模型使用对数形式减少数据波动，在数据收集过程中，针对某些月份进口数据异常或解释变量缺失的数据进行剔除。由于本章数据的复杂性，同一案件中会涉案多种产品，同一产品也会出现在多次案件中，所以使用案件固定效应，稳健性检验时采用进一步的产品固定效应，由于期数较短，只有 5 个月度，因此不考虑自相关的问题，LR 对数似然比检验显示模型不存在异方差，并进行了相关性检验，各个解释变量的方差膨胀因子均处于合理范围即小于 10，说明解释变量之间不存在多重共线性。

五、实证结果分析

（一）贸易限制效应的回归结果

根据前面的分析，使用案件固定效应来分析美国对华知识产权调查的贸易限制效应，以及各解释变量对立案之后美对华涉案机电产品的进口额变化的影响作用。

由表 5-1 我们可以看出：第一，美国对华发起知识产权调查立案后第一个月对中国向美出口有显著的限制作用。表中显示只有回归 1 和回归 3

中对 t_1 不显著,其余各期 t_1 均显著为负,回归 5 中 t_1 的系数表明在知识产权调查立案后第一个月对贸易有 6.27% 的抑制作用;回归 2 中 t_1 的系数在 10% 的水平上显著为负;回归 3、5、7 中的宏观经济变量 Year 之前的系数也在 10% 的水平上显著为负,证实知识产权调查的确产生贸易限制效应;这些结果表明在知识产权调查立案后的第一个月贸易抑制效应就立刻显现出来,说明知识产权调查这一贸易壁垒的严厉性。第二,立案后的第二个月贸易限制效用不显著。第二期 t_2 虽然仍然为负,但仅有回归 2 中三期样本在 10% 的水平上显著为负,其余回归中并不显著,表明其贸易限制效果已经被削弱,到三、四期系数为正,但不显著,贸易限制效应在逐渐减弱。第三,lnimport_t_1,前一期的进口额对数的系数均在 1% 的水平上显著为负,表明未遭受知识产权调查的初始进口规模对后一期有显著影响,月度数据的贸易惯性作用更强,与预期结果一致。第四,ln(import_t_1/import_t_2),正常情况下月度贸易增长率对数在回归 1、2、3 中均在 1% 的水平上显著为负,其余的显著性有所减弱,这说明调查前正常的贸易月度增长率对立案之后的进口量有显著的抑制作用,这说明知识产权调查发起的目的有一大部分是抑制日益增长的进口。第五,lnrealre 汇率对数对贸易影响为正。从理论角度一国货币对美元贬值,表示用美元计价的该国商品会更加便宜,从而促进该国对美国的出口。回归 6 和 7 中汇率对数显著性较强,其他期不明显但是系数为正,与预期一致。

表 5-1 美国对华知识产权调查贸易限制效应回归结果

变量	回归 1	回归 2	回归 3	回归 4	回归 5	回归 6	回归 7
ln_import_t_1	0.9763 ***	0.9797 ***	0.9797 ***	0.9764 ***	0.9763 ***	0.9815 ***	0.9814 ***
	(0.0123)	(0.0091)	(0.0092)	(0.0086)	(0.0086)	(0.0075)	(0.0075)
ln_awg_t_1	3.7459	4.6694	5.6905	2.5663	3.5418	2.2808	3.2622
	(5.4253)	(3.6455)	(3.7307)	(2.8423)	(2.9652)	(2.2003)	(2.3743)
ln(import_t_1/import_t_2)	-0.6277 ***	-0.6036 ***	-0.6080 ***	-0.0496 *	-0.0437	-0.0483 *	-0.0434 *
	(0.1922)	(0.1395)	(0.1407)	(0.0269)	(0.0270)	(0.0262)	(0.0262)
lnrealre	3.8582	2.0969	1.8421	1.2594	0.7624	2.5853 ***	2.1679 **
	(2.2191)	(1.4852)	(1.4839)	(1.1453)	(1.1705)	(0.8887)	(0.8890)

续表

变量	回归1	回归2	回归3	回归4	回归5	回归6	回归7
Year	0.0962 (0.1455)		-0.01150* (0.0689)		-0.0942* (0.0494)		-0.0765* (0.0421)
t_1	-0.0464 (0.0318)	-0.0469* (0.0272)	-0.0449 (0.0275)	-0.0633** (0.0285)	-0.0627** (0.0286)	-0.0619** (0.0284)	-0.0622** (0.0285)
t_2		-0.0590* (0.0336)	-0.0535 (0.0343)	-0.0476 (0.0309)	-0.0443 (0.0313)	-0.0453 (0.0291)	-0.0442 (0.0293)
t_3				0.1195 (0.1137)	0.1029 (0.1138)	0.1208 (0.1106)	0.1044 (0.1108)
t_4						0.1895 (0.1423)	0.1652 (0.1426)
案件固定	Yes	Yes	Yes	Yes	Yes	Yes	Yes
调整 R^2	0.9781	0.9831	0.9832	0.9807	0.9808	0.9811	0.9811
F统计量	1294.90 [0.0000]	2503.98 [0.0000]	2193.06 [0.0000]	2200.09 [0.0000]	1923.42 [0.0000]	2523.38 [0.0000]	2523.38 [0.0000]
样本数	564	846	846	1120	1120	1379	1379

注：小括号中数据为标准误；***、**和*分别表示估计系数在1%、5%和10%的水平上显著。下同。

（二）贸易转移效应的回归结果

第一，美国对华发起知识产权调查立案后次月对全球所有非被诉国和地区进口总量均有显著的抑制作用。表5-2中回归1、3、5、7、8为加入Year宏观经济控制变量之后的回归结果。结果显示回归1中 t_1 不显著但为负，其余各期 t_1 均显著为负，其中回归7中逐步加入了立案后第三期和第四期的数据之后，t_1 的系数在5%的水平上显著，回归7中 t_1 的系数表明在知识产权调查立案后第一个月对贸易有4.24%的抑制作用；回归2、3仅有两期的样本 t_1 的系数在10%的水平上显著为负，这些结果表明在知识产权调查立案的后第一个月对所有非诉地区被诉产品进口总额上存在显著的贸易限制作用，并且这种贸易限制与中国的贸易限制同时发生，也就是说知识产权调查与传统的反倾销不同，并不存在贸易转移。

第二，立案后的第二个月贸易限制效用不明显，且有正有负，表明其贸易抑制效果已经被削弱，到三、四期已经出现正值，贸易限制在逐渐减弱，其回归结果和中国类似。

第三，lnpimport_t_1，前一期的进口额对数的系数均在1%的水平上显著为负，表明未遭受知识产权调查的初始进口规模对后一期有较大影响，月度数据的贸易惯性作用更强，与预期结果一致。

第四，ln(pimport_t_1/pimport_t_2)，正常情况下月度贸易增长率对数在回归各期样本中均在1%的水平上显著为负，这说明调查前正常的贸易月度增长率对立案之后的进口量有显著的抑制作用，从全球总量所有非诉国家的样本数据回归中也发现同样的结果，知识产权调查所波及的并不仅是被诉国，所有的非被诉国都会被牵涉其中。

第五，Numnamed 变量加入之后并未对结果有较大程度的改变，更进一步说明知识产权调查的贸易转移效果并不存在。

表 5-2　　　　美国对华知识产权调查贸易转移效应回归结果

变量	回归1	回归2	回归3	回归4	回归5	回归6	回归7	回归8
lnpimport_t_1	0.9940*** (0.0109)	0.9897*** (0.0082)	0.9897*** (0.0082)	0.9898*** (0.0071)	0.9898*** (0.0071)	0.9931*** (0.0063)	0.9931*** (0.0063)	0.9931*** (0.0063)
ln_awg_t_1	-2.0589 (2.5846)	1.8678 (2.4240)	2.0779 (2.4682)	1.6510 (1.8135)	1.6374 (1.8824)	2.4457* (1.4718)	2.4903 (1.5564)	2.4585 (1.5560)
ln(pimport_t_1/pimport_t_2)	-0.4726*** (0.1663)	-0.5101*** (0.1355)	-0.5118*** (0.1358)	-0.4758*** (0.1016)	-0.4757*** (0.1018)	-0.4644*** (0.0925)	-0.4646*** (0.0929)	-0.4649*** (0.0930)
Year	-0.0287 (0.0625)		-0.0216 (0.0486)		0.0010 (0.0382)		-0.0028 (0.0321)	-0.0022 (0.0321)
t_1	-0.0225 (0.0226)	-0.0399* (0.0211)	-0.0396* (0.0212)	-0.0391* (0.0203)	-0.0391* (0.0203)	-0.0424** (0.0120)	-0.0424** (0.0200)	-0.0408** (0.0200)
t_2		0.0098 (0.0263)	0.0107 (0.0267)	0.0120 (0.0237)	0.0120 (0.0237)	0.0060 (0.0223)	0.0060 (0.0224)	0.0077 (0.0224)
t_3				-0.0276 (0.0292)	-0.0277 (0.0294)	-0.0377 (0.0268)	-0.0376 (0.0268)	-0.0358 (0.0269)

续表

变量	回归1	回归2	回归3	回归4	回归5	回归6	回归7	回归8
t_4						-0.0301 (0.0340)	-0.0301 (0.0340)	-0.0282 (0.0340)
Numnamed								-0.2087 (0.1549)
案件固定	Yes	Yes	Yes	Yes	Yes	Yes	Yes	Yes
调整 R^2	0.9881	0.9848	0.9865	0.9855	0.9855	0.9847	0.9847	0.9847
F 统计量	1741.23 [0.0000]	3061.37 [0.0000]	2553.95 [0.0000]	2553.95 [0.0000]	2845.54 [0.0000]	3621.01 [0.0000]	3168.54 [0.0000]	2812.91 [0.0000]
样本数	558	837	837	1111	1111	1369	1369	1369

六、稳健性分析和贸易转移检验

（一）稳健性检验

因为本章的数据为选取月度数据，受年度宏观经济变量影响的可能性较小，因此在稳健性检验中用 Month 月度宏观经济变量去代替 Year，用于控制月度中对美国进口有影响作用的宏观经济变量，并用产品固定效应去替换回归中的案件固定效应，这样就把经济变量划分到更为细致的层面，如果仍能得出与上述回归结果类似的 t_1 显著为负，则可以表明美国对华知识产权调查在立案次月就会有显著的贸易抑制效果。对于贸易转移效应而言，则可以表明美国对华知识产权调查对所有的非被诉国家和地区都会产生贸易限制作用，这就是说明知识产权调查与反倾销不同，并不存在贸易转移。

由表 5-3 贸易抑制效应的稳健性分析表明，美国对华知识产权调查立案后次月就会有显著的贸易限制效应，回归 4、5、6、7 中 t_1 的回归系数均在10%的水平上显著,且各回归中 t_1 的系数均为负,回归3、5中月度宏观经济变量 Month 的系数在5%的水平上显著,在控制了产品固定效应并加入较敏感的月度宏观经济变量 Month 之后的回归结果与之前的回归结果类似,这表明产品层面的贸易限制效应的确存在,并且在立案后次月一触即发,知识产权调查的威力不容小觑。此外前一期贸易额对数、月度贸易增长率对数、汇率对数以及 t_2、t_3、t_4 的影响也与上文大体一致。

表5-3 贸易抑制效应的稳健性检验回归结果

变量	回归1	回归2	回归3	回归4	回归5	回归6	回归7
ln_import_t_1	0.9434*** (0.0180)	0.9571*** (0.0132)	0.9577*** (0.0132)	0.9604*** (0.0108)	0.9604*** (0.0108)	0.9758*** (0.0080)	0.9759*** (0.0080)
ln_awg_t_1	1.6397 (1.2449)	-0.2241** (0.1094)	1.9806** (0.9305)	-0.0364 (0.0958)	1.7165** (0.7774)	-0.0251 (0.0832)	0.9768 (0.6667)
import_t_1/ import_t_2	-0.5399*** (0.1706)	-0.4905*** (0.1303)	-0.5014*** (0.1305)	-0.0408 (0.0264)	-0.0363 (0.0265)	-0.0365 (0.0260)	-0.0335 (0.0260)
lnrealre	0.4647 (0.4333)	-0.0033 (0.3450)	-0.0561 (0.3465)	-0.4973* (0.2993)	-0.5095* (0.2998)	-0.1946 (0.2595)	-0.1815** (0.2583)
Month	-0.0009 (0.0005)		-0.0009** (0.0004)		-0.0007** (0.0003)		-0.0004 (0.0003)
t_1	-0.0318 (0.0279)	-0.0320 (0.0274)	-0.0353 (0.0276)	-0.0531* (0.0288)	-0.0563* (0.0289)	-0.0539* (0.0287)	-0.0557* (0.0288)
t_2		-0.0213 (0.0265)	-0.0272 (0.0266)	-0.0270 (0.0277)	-0.0318 (0.0277)	-0.0275 (0.0280)	-0.0302 (0.0279)
t_3				0.1148 (0.1127)	0.0907 (0.1130)	0.0978 (0.1113)	0.0826 (0.1114)
t_4						0.1619 (0.1419)	0.1414 (0.1421)
产品固定	Yes	Yes	Yes	Yes	Yes	Yes	Yes
调整 R^2	0.9759	0.9790	0.9791	0.9784	0.9785	0.9792	0.9792
F统计量	592.03 [0.0000]	1121.62 [0.0000]	967.23 [0.0000]	1372.01 [0.0000]	1201.18 [0.0000]	2169.72 [0.0000]	1928.87 [0.0000]
样本数	564	846	846	1120	1120	1379	1379

由表 5-4 贸易转移效应的稳健性分析表明,在将案件中美国对所有被诉国的被诉产品进口额都剔除之后的月度贸易总量上,依旧会发现很显著的贸易限制效应,并且是在美国对华知识产权调查立案后次月就会出现,我们发现各期回归中 t_1 均显著为负,回归 2—回归 8 中 t_1 的回归系数均在 10% 的水平上显著为负,回归 1 控制月度宏观变量 t_1 在 5% 的水平上显著为负,在控制了产品固定效应并加入较敏感的月度宏观经济变量 Month 之后的回归结果与之前的回归结果类似,这表明产品层面的对所有非被诉国贸易限制效应的确存在,并且在立案的次月一触即发,在经济全球化的当下实则为"牵一发而动全身"。面对知识产权调查,世界上所有的经济体都不可能置身事外。此外,前一期贸易额对数、月度贸易增长率对数、汇率对数以及 t_2、t_3、t_4 的影响也与上文大体一致。

表 5-4　　　　　　　贸易转移效应的稳健性检验回归结果

变量	回归 1	回归 2	回归 3	回归 4	回归 5	回归 6	回归 7	回归 8
ln_import_t_1	0.8645 ***	0.8024 ***	0.7973 ***	0.7733 ***	0.7712 ***	0.7756 ***	0.7737 ***	0.7719 ***
	(0.0326)	(0.0337)	(0.0339)	(0.0305)	(0.0306)	(0.0273)	(0.0273)	(0.0273)
ln_awg_t_1	1.2128	0.0271	0.9732	0.0637	0.5000	0.1153 *	0.5278	0.5922
	(0.7954)	(0.0802)	(0.6545)	(0.0697)	(0.5349)	(0.0647)	(0.4927)	(0.5031)
import_t_1/ import_t_2	-0.3989 ***	-0.3579 ***	-0.3567 ***	-0.3103 ***	-0.3097 ***	-0.3117 ***	-0.3108 ***	-0.3097 ***
	(0.1100)	(0.1150)	(0.1156)	(0.1152)	(0.1152)	(0.0989)	(0.0990)	(0.0990)
Month	-0.0006 *		-0.0004		0.0002		-0.0002	-0.0002
	(0.0003)		(0.0003)		(0.0002)		(0.0002)	(0.0002)
t_1	-0.0340 **	-0.0322 *	-0.0338 *	-0.0324 *	-0.0331 *	-0.0326 *	-0.0333 *	-0.0332 *
	(0.0171)	(0.0176)	(0.0176)	(0.0181)	(0.0181)	(0.0181)	(0.0182)	(0.0182)
t_2		0.0214	0.0188	-0.0210	0.0198	0.0206	0.0195	0.0194
		(0.0189)	(0.0186)	(0.0184)	(0.0182)	(0.0185)	(0.0183)	(0.0183)
t_3				-0.0127	-0.0140	-0.0131	-0.0144	-0.0145
				(0.0192)	(0.0191)	(0.0195)	(0.0194)	(0.0194)
t_4						0.0084	0.0065	0.0064
						(0.0199)	(0.0198)	(0.0198)
Numnamed								-0.0211
								(0.0205)

续表

变量	回归1	回归2	回归3	回归4	回归5	回归6	回归7	回归8
产品固定	Yes	Yes	Yes	Yes	Yes	Yes	Yes	Yes
调整 R^2	0.9884	0.9863	0.9880	0.9857	0.9871	0.9850	0.9850	0.9850
F 统计量	151.95 [0.0000]	147.86 [0.0000]	124.07 [0.0000]	134.83 [0.0000]	115.74 [0.0000]	138.38 [0.0000]	121.16 [0.0000]	107.72 [0.0000]
样本数	558	837	837	1111	1111	1369	1369	1369

（二）特定国家贸易转移检验

从美国机电行业进口占比数据我们不难发现，中国、加拿大、墨西哥、德国为美国机电产品进口的前四大来源国，四者的占比达到美国机电产品进口的60%以上。而加拿大、墨西哥一直以来都是美国的同盟国，贸易结构类似、贸易地理位置优越。因此，我们猜想美国对中国发起知识产权调查，如果存在贸易转移效应，那么这两国应该是最有可能的转移对象，另外德国是正常的贸易国用之作为参照。日本和韩国机电产品对美出口贸易常在第四、五位徘徊，但这两国被诉的频率在前五之列，所以分析美国对华立案中未涉及加拿大、墨西哥、德国的案件比较有意义。下面就这三国在中国涉案期间对美出口被诉产品的出口额进行实证分析，以进一步确定知识产权贸易转移效应是否存在（见表5-5—表5-7）。

表5-5　　　　　　　　加拿大贸易转移效应的回归结果

变量	回归1	回归2	回归3	回归4	回归5	回归6	回归7
lnpimport_t_1	0.8938*** (0.0360)	0.8945*** (0.0270)	0.8949*** (0.0270)	0.9171*** (0.0222)	0.9171*** (0.0222)	0.9342*** (0.0185)	0.9341*** (0.0185)
ln_awg_t_1	0.8699 (10.9834)	-7.1553 (10.5506)	-7.4401 (10.4886)	-7.9964 (5.7583)	-9.0915 (5.7236)	-8.4664* (4.5491)	-10.0218** (4.5057)
ln（pimport_t_1/import_t_2）	-0.6878*** (0.2171)	-0.7205*** (0.1763)	-0.7181*** (0.1772)	-0.7229*** (0.1326)	-0.7218*** (0.1333)	-0.7305*** (0.1197)	-0.7300*** (0.1202)
lnrealre	2.4287 (6.6506)	5.5714 (4.1377)	6.4886 (4.1016)	3.6311 (2.6940)	4.2476 (2.6481)	2.1193 (2.0769)	2.5856 (2.0431)

续表

变量	回归1	回归2	回归3	回归4	回归5	回归6	回归7
Year	0.2190 (0.1343)		0.2074 (0.1557)		0.1263 (0.1054)		0.1186 (0.0914)
t_1	-0.1043 (0.0762)	-0.0634 (0.0741)	-0.0756 (0.0746)	-0.0573 (0.0662)	-0.0610 (0.0666)	-0.0534 (0.0655)	-0.0544 (0.0655)
t_2		-0.0552 (0.0626)	-0.0847 (0.0648)	-0.0479 (0.0612)	-0.0663 (0.0621)	-0.0440 (0.0611)	-0.0611 (0.0618)
t_3				0.0155 (0.0893)	-0.0011 (0.0915)	0.02293 (0.0785)	0.0139 (0.0796)
t_4						0.0387 (0.0860)	0.0316 (0.0869)
案件固定	Yes	Yes	Yes	Yes	Yes	Yes	Yes
调整 R^2	0.9069	0.9112	0.9115	0.9126	0.9205	0.9269	0.9270
F统计量	110.59 (0.0000)	186.37 (0.0000)	160.34 (0.0000)	276.62 (0.0000)	242.55 (0.0000)	383.26 (0.0000)	340.54 (0.0000)
样本数	469	704	704	935	935	1154	1154

表5-6　　墨西哥贸易转移效应的回归结果

变量	回归1	回归2	回归3	回归4	回归5	回归6	回归7
ln_import_t_1	0.9953*** (0.0124)	0.9848** (0.0134)	0.9849*** (0.0135)	0.9848*** (0.0117)	0.9848*** (0.0117)	0.9866*** (0.0104)	0.9866*** (0.0104)
ln_awg_t_1	0.9459 (8.7190)	8.3194 (6.1031)	9.0534 (5.9254)	1.8747 (4.9133)	1.9890 (5.0575)	3.1287 (3.9006)	2.8289 (4.1016)
import_t_1/ import_t_2	-0.8677*** (0.2192)	-0.7794*** (0.1785)	-0.7828*** (0.1781)	-0.6693*** (0.1390)	-0.6697*** (0.1383)	-0.4779*** (0.1462)	-0.4772*** (0.1462)
Lnrealre	0.3449 (1.2568)	-0.7796 (0.9144)	-0.7713 (0.9207)	-1.4766** (0.6563)	-1.4767** (0.6565)	-1.4472*** (0.5522)	-1.4379*** (0.5501)
Year	-0.0287 (0.1198)		-0.0742 (0.1322)		-0.0091 (0.0827)		0.0228 (0.0656)
t_1	-0.0187 (0.0460)	-0.0477 (0.0395)	-0.0463 (0.0394)	-0.0192 (0.0385)	-0.0192 (0.0384)	-0.0267 (0.0371)	-0.0269 (0.0372)
t_2		-0.0601 (0.0539)	-0.0563 (0.0527)	-0.0035 (0.0535)	-0.0032 (0.0529)	-0.0127 (0.0501)	-0.0134 (0.0497)

续表

变量	回归1	回归2	回归3	回归4	回归5	回归6	回归7
t_3				−0.0021 (0.0646)	−0.0015 (0.0640)	−0.0222 (0.0585)	−0.0236 (0.0581)
t_4						−0.0216 (0.0737)	−0.0223 (0.0739)
案件固定	Yes	Yes	Yes	Yes	Yes	Yes	Yes
调整 R^2	0.9823	0.9768	0.9738	0.9752	0.9752	0.9749	0.9729
F统计量	1103.59 (0.0000)	1110.38 (0.0000)	948.12 (0.0000)	1206.48 (0.0000)	1069.77 (0.0000)	1228.82 (0.0000)	1110.02 (0.0000)
样本数	500	751	751	994	994	1222	1222

表5-7　德国贸易转移效应的回归结果

变量	回归1	回归2	回归3	回归4	回归5	回归6	回归7
ln_import_t_1	0.9574 *** (0.0243)	0.9414 *** (0.0187)	0.9413 *** (0.0187)	0.9480 *** (0.0164)	0.9480 *** (0.0164)	0.9595 *** (0.0147)	0.9594 *** (0.0147)
ln_awg_t_1	1.3627 (3.2675)	0.6363 (3.9621)	0.8214 (3.9137)	0.8786 (3.6030)	0.4635 (3.6100)	−0.3970 (3.0311)	−0.8826 (3.1055)
import_t_1/ import_t_2	−0.9763 *** (0.1794)	−0.8570 *** (0.1422)	−0.8580 *** (0.1424)	−0.7661 *** (0.1127)	−0.7658 *** (0.1125)	−0.6781 *** (0.1152)	−0.6781 *** (0.1148)
lnrealre	0.4705 (3.3476)	2.6509 (2.0161)	2.7044 (2.0034)	4.0949 ** (1.6125)	4.0372 ** (1.6114)	3.5035 *** (1.2466)	3.4754 *** (1.2462)
Year	−0.4198 ** (0.1860)		−0.0428 (0.1306)		0.0376 (0.0903)		0.0348 (0.0725)
t_1	0.0019 (0.0424)	−0.0142 (0.0421)	−0.0131 (0.0423)	−0.0172 (0.0423)	−0.0170 (0.0423)	−0.0166 (0.0426)	−0.0160 (0.0426)
t_2		0.0020 (0.0458)	0.0055 (0.0464)	0.0011 (0.0451)	−0.0001 (0.0453)	0.0135 (0.0435)	0.0133 (0.0436)
t_3				−0.0281 (0.0537)	−0.0308 (0.0540)	−0.0109 (0.0508)	−0.0122 (0.0508)
t_4						−0.0148 (0.0609)	−0.0153 (0.0611)
案件固定	Yes	Yes	Yes	Yes	Yes	Yes	Yes

续表

变量	回归1	回归2	回归3	回归4	回归5	回归6	回归7
调整 R^2	0.9297	0.9317	0.9316	0.9287	0.9287	0.9261	0.9260
F 统计量	264.84 (0.0000)	446.98 (0.0000)	383.48 (0.0000)	494.11 (0.0000)	431.30 (0.0000)	565.20 (0.0000)	503.69 (0.0000)
样本数	495	744	744	983	983	1215	1215

从上述三国为非被诉国被诉产品出口美国的贸易情况可以看出，并没有贸易额增长的迹象，相反三国回归中 t_1 的系数均为负，虽然不显著，但是也能说明其有贸易抑制的迹象。墨西哥的回归中立案后四期的时间变量的系数均为负，说明受抑制作用更长久。这一现象也证明了即使是加拿大和墨西哥作为美国的同盟友好国，也并没有从知识产权调查中受益，更加验证了知识产权调查是一项具有全球贸易限制效应的贸易壁垒。在美国对中国发起知识产权调查时，美国的其他贸易国为躲避追查避免牵连，往往会选择也减少对美出口，这一贸易限制效应是广泛而迅速的。

七、结论与启示

本章基于2009—2019年美国对华机电行业知识产权调查的95起案件中116种产品，总量6339条产品层面的数据实证分析得出如下结论：第一，美国知识产权调查对中国机电产品出口产生了显著的贸易限制效应；第二，知识产权调查是一项名副其实的贸易保护主义政策；第三，知识产权调查的贸易转移效应并不存在，知识产权调查不仅只针对被诉方，非被诉方也不能置身事外，是一种全球范围内的贸易抑制；第四，知识产权调查是一项全球性的、链条式的贸易壁垒。

基于以上结论，本章提出如下政策建议。第一，贸易伙伴应该联合起来，积极寻求在多边贸易体系下共同应对美国知识产权调查的方法，并对其合理性和公平性进行调查，撕开其公平贸易的外衣；第二，回归分析中也可以看出立案前正常的月度进口率的变化对立案后的进口量有显著的负向影响，因此企业要推进出口结构多元化，减少对于美国市场的依赖；第三，美国知识产权调查属于美国的国内法，其判定的标准也不是国际性的条款，具有很大程度的随意性，判定结果也具有政治倾向和浓厚的单边主义色彩，我国应当联合 WTO 的其他贸易成员方，对美国知识产权调查结果和判决方式提出质疑，倡导使用中立的世界经济论坛公布的知识产权保护水平；第四，被诉企业可以寻求行业协会的帮助，可以通过行业协会互相联合，要熟悉美国知识产权调查的程序和规则，要提高自身的自主创新能力，毕竟打铁还需自身硬，这样才能极大地提高胜诉机会。

第六章

知识产权调查对出口产品质量的影响效应

一、引言

党的十八大以来，中国实行更加积极主动的开放战略，货物贸易和服务贸易总额第一大国地位持续巩固。在中国经济和对外贸易进入高质量发展阶段，纯粹以出口"量"增长为目标的外贸政策将难以为继。党的二十大报告提出"加快建设贸易强国"。实现从贸易大国向贸易强国转变是我国经济高质量发展的重要标志。贸易强国建设需要着力提升货物出口的附加值，打造品牌、质量、技术、服务新优势，不断优化出口商品结构，提高出口产品质量。

尽管中国在制度层面不断强化知识产权保护，知识产权保护水平呈现逐年上升趋势，但美国依然频繁利用知识产权调查来限制中国产品对美出口。美国知识产权调查专业性强，我国出口企业全面掌握相关法律制度并不容易，企业在纠纷中常处于被动地位。同时，维权成本高、周期长，许多企业难以承受。部分企业不但缺乏对海外知识产权的风险评估和预警研判，也缺少优质知识产权专业机构和行业组织的服务支撑，在纠纷中往往处于弱势。不同于反倾销、反补贴、关税等一般的贸易救济手段，知识产权调查在实施方面更具有隐蔽性和有效性。一旦中国企业遭遇美国知识产权调查，被诉企业的出口、创新及持续生存将受到威胁，被诉企业涉案产品很可能被迫放弃美国市场，企业研发投入成本无法及时收回，从而影响后续研发进展，进而影响被诉企业出口产品质量。由于我国被诉产品集中在机电产品，这势必对我国出口产品质量提升产生重大影响。习近平总书记指出，"知识产权保护工作关系国家安全"，"要形成高效的国际知识产权风险预警和应急机制，建设知识产权涉外风险防控体系，加大对我国企业海外知识产权维权援助"[①]。

---

① 习近平. 全面加强知识产权保护工作 激发创新活力 推动构建新发展格局［J］. 求是，2021（3）.

面对限制性极强的知识产权调查,在遭遇美国知识产权调查的外部冲击后,被诉企业出口产品质量受到多大影响?如何影响?如何有效应对知识产权调查引致的产品质量影响冲击?这是本章研究的核心问题。本章将USITC对中国企业发起知识产权调查视为外生冲击,利用双重差分模型首次研究知识产权调查立案和终裁两个时间点对中国被诉企业出口产品质量的影响。本章的边际贡献如下:第一,本章首次从微观视角出发分析知识产权调查对我国出口企业出口产品质量的影响;第二,研究发现知识产权立案调查会促进被诉企业提升出口产品质量,但最终裁决败诉会抑制被诉企业产品质量提升,这是对现有知识产权调查影响效应文献的边际补充;第三,在知识产权调查对被诉企业出口产品质量影响实证基础上,从微观层面构建有针对性的国际知识产权风险预警和应急机制。

二、文献综述

(一)知识产权调查影响研究

一部分文献从贸易效应的角度展开研究,认为知识产权调查对中国向美国出口产品有明显抑制作用(代中强和蔡华津,2019;金泽虎和钱燕,2021)。杨荣珍和石晓婧(2020)认为,知识产权调查使被诉企业在对美市场出口中表现为出口企业数目和续存企业出口额的同时减少。代中强和阮东芝(2022)发现,我国被诉企业主要是通过"既增加又减少产品种类"的方式进行内部产品结构调整来应对美国知识产权调查。还有文献考察知识产权调查对创新和全要素生产率的影响。庄子银和李宏武(2018)研究发现,知识产权调查对中国出口企业创新存在着显著的正向影响,且对高技术企业的激励作用要大于中高和中低技术企业。侯文涤(2019)则发现,知识产权调查并不会对企业的全要素生产率产生明显影响,但终裁败诉会对被诉企业全要素生产率产生显著且稳健的消极冲击。

（二）出口产品质量的测算

出口产品质量的测度大体上可以从宏观层面和微观层面进行，宏观层面主要包括单位价值法（Schott，2004；Hallak，2006）、市场份额法（Khandelwal，2010）和综合测算法（Feenstra 和 Romalis，2014）。微观层面出口产品质量测度主要是从企业层面进行，目前主要有代理变量法（Hallak 和 Sivadasan，2013）、单位价值法（Manova 和 Zhang，2012；李坤望和王有鑫，2013）和需求残差法（Amiti 和 Khandelwal，2013；Piveteau 和 Smagghue，2019）。

Bastos 和 Silva（2010）、Alessandria 和 Kaboski（2011）、Hallak（2006）等利用单位价格法进行研究，发现出口单价越高的产品，其质量也越好。Li 和 Song（2011）采用该方法测算了中国制成品的出口产品质量，结果发现并不存在出口产品质量升级，并且技术密集度越高的产业，其出口产品质量越低。李坤望等（2014）也采用单价法对中国出口产品品质变动进行研究，提出中国的贸易竞争方式应当有所转变，即由以低价竞争转向以品质竞争。由于单位价值法并不是对出口产品质量的完全反映，出口单价中包含了很多除质量之外的影响因素，如运输距离、出口产品成本等，所以测算结果会有较大的出入。但该方法操作便捷，既可用于宏观层面，也可用于微观层面的研究，且所需要的数据容易获得。

Khandelwal（2009）构建了一个关于市场份额与价格、需求数量的回归方程，从需求反推出产品的质量。该方法认为两个价格相同的产品，如果其中一个产品的市场份额大于另一产品，则该产品的质量也要优于另一产品。Hallak 和 Schott（2011）利用一国与世界的贸易净值比来替代市场份额，相对来说更加准确。施炳展和邵文波（2014）利用 Khandelwal（2009）的方法，对中国出口产品质量进行测度，并研究其影响因素，结果发现中国出口产品质量呈现下降趋势，而产品质量下降的主要原因是加工贸易减少以及资本劳动比上升。不同于需求反推法，Feenstra 和 Romalis

(2014) 从供给和需求两个方面对出口产品质量进行测算，在供给方面将价格差异原因考虑进去。但该方法存在缺陷：若同一个国家在同一时间的出口产品质量相同，那么国家内产业之间的差异就没有办法凸显出来，所以只适用于宏观层面的研究。

（三）知识产权保护对出口产品质量的影响

一部分学者认为，强化知识产权保护可以提升出口产品质量。一方面，加强本国知识产权保护可以为国内提供一个良好的竞争环境，从而吸引大量的外商投资进入本国，对于本国高新技术产品的研发和制造提供帮助，促进了本国企业的创新活动，进而提高了本国出口产品质量（Helpman，1993；李坤望和王有鑫，2013）。另一方面，加强知识产权保护会在一定程度上形成技术垄断，拥有"市场势力"的高质量企业会凭借自身的绝对优势对产品价格进行调整从而避免较大的损失，而低质量企业只能通过低价的方式进行竞争，在这种情况下产品的质量就无法得到保证，甚至有些低质企业会不堪重负退出市场，这样一种市场选择最终就保留下了高质量企业，市场整体的质量水平得到提升（王燕飞，2011；王雅琦等，2018；施炳展，2014；许家云和张俊美，2020）。

当然，也有学者认为，知识产权保护对出口产品质量的影响不确定，甚至可能抑制企业出口产品质量升级。Glass 和 Wu（2007）研究得出，知识产权保护虽然能提高已有产品的质量，但是却会抑制新产品的研发，导致对出口产品质量的影响不确定。林秀梅和孙海波（2016）对知识产权保护和出口产品质量的关系进行了研究，发现两者之间呈现倒"U"形关系，即存在一个临界点，当知识产权保护力度超过这个临界点之后，它对出口产品质量则起到了一个抑制的作用；保护力度小于该临界点时，则会促进出口产品质量的提升。知识产权保护造成技术垄断，这对模仿导向型国家来说无疑是增加了企业的模仿成本，模仿难度也会增大，创新速度减慢，从而阻碍了出口产品质量的升级（Kiedaisch，2015；刘岩等，2017）。

现有文献主要从知识产权调查的贸易效应、创新与生产率效应维度考察，尚欠缺从被诉企业出口产品质量角度来分析知识产权调查的影响效应。与之相关的文献是研究一国知识产权保护水平对其出口产品质量的影响，但既有文献主要从国家宏观层面知识产权制度安排角度出发，鲜有从针对个体企业的美国知识产权调查视角出发。对出口产品质量的影响，从国家层面知识产权保护水平来考察对出口产品质量的研究也是基于同质性假定，即只考虑知识产权制度安排对所有企业的平均影响，而忽视了知识产权调查对被诉企业和未诉企业之间的异质性影响。与此不同的是，本章从微观角度出发，研究对美国出口企业遭遇知识产权调查这一外生冲击后，会对中国企业出口产品质量造成怎样的影响。本章丰富了知识产权调查效应这一领域的文献，并为中国企业在应对知识产权调查和出口产品质量升级方面提供经验证据。

三、知识产权调查对企业出口产品质量的影响机制分析

代中强（2020）指出，美国发起的知识产权调查完全偏离其宣称的"公平贸易"目标，异化为一种隐蔽性和杀伤力极强的保护贸易手段。杨荣珍和石晓婧（2020）认为，知识产权调查通过被强制驱逐出市场、成本增加导致融资约束提高、名誉损失导致企业经营绩效下降等原因使企业对美出口呈现明显下降。知识产权调查具有信息不对称的特点，将对手拉入不甚熟悉的知识产权诉讼可以延缓甚至完全阻挡对手进入美国市场。知识产权调查实质上成为美国本土企业对付外来竞争对手的一种策略性警示行动，并对涉案企业的产品质量产生实质影响。

（一）知识产权调查立案对出口产品质量的影响

一方面，企业在遭受知识产权调查后，被调查的产品很可能无法继续向美国市场出口（金泽虎和钱燕，2021），但是由于企业一直在美国从事

贸易活动,意味着在美国有比较完善的销售和分销渠道,此时在美国市场销售新产品只会面临一个较小的"经营成本"。因此,被调查企业为了维持自己在美国市场份额,将在企业内部调整产品结构,提高生产标准,增加技术能级更高的新产品销往美国市场,这将促进被诉企业出口产品质量提升(代中强和阮东芝,2022)。

另一方面,出口企业往往拥有更高的生产效率优势(Melitz 等,2008),而创新能够提高企业的生产效率,生产效率更高的企业出口规模也会扩大(陈晓华,2012)。因此,知识产权调查会"倒逼"企业加大自身研发,不断开发新产品,以便企业在卷入知识产权调查时,还能通过新产品继续向美国市场出口,这也将促进被诉企业出口产品质量提升。根据以上分析,我们提出假设 6-1。

假设 6-1:知识产权调查立案会倒逼中国涉案企业出口产品质量升级。

(二) 知识产权调查终裁败诉对出口产品质量的影响

首先,出口减少带来的资金约束对产品质量产生影响。被诉企业终裁败诉之后,USITC 会发布贸易救济措施,无论是哪一种措施,都会直接导致中国企业涉案产品对美国的出口减少(金泽虎和钱燕,2021;代中强和蔡华津,2019),销售额下滑产生的融资约束将导致企业缺乏足够的资金进口高质量的中间投入品或进行研发创新活动,从而最终抑制中国被诉企业的产品质量升级。

其次,案件诉讼成本带来的资金压力对产品质量产生影响。对于终裁败诉企业而言,面对案件的应诉,需要耗费大量的人力、物力和财力,这会影响企业的正常经营活动。侯文涤(2019)认为,一些企业因为花费了大量资金在案件诉讼上,不得不减少对自身研发的投入,进而抑制企业的创新活动。而部分企业不仅其创新研发受到影响,而且生产率水平也会因调查的冲击而产生变化,使得市场竞争力下降,并影响企业产品质量提升。

最后，败诉后贸易转移对产品质量产生影响。在面对知识产权调查的贸易救济措施时，企业若想继续销售涉案产品，减少在美国市场遭遇的损失，很可能会将涉案产品以较低价格通过贸易转移出口到其他非美发达国家或发展中国家（杨荣珍和石晓婧，2020）。这些国家与美国市场相比，在产品研发、产品标准和产品质量的要求上有较大差异，对产品质量水平要求一般也低于美国。这种知识产权调查败诉导致的被诉企业贸易转移，会抑制其出口产品质量的升级。根据以上分析，我们提出假设6-2。

假设6-2：知识产权调查的终裁败诉会抑制中国涉案企业出口产品质量的升级。

四、计量模型设定及数据处理

（一）计量模型设定

本章首先根据涉案产品的HS8位码，匹配出出口该产品的中国企业，并将其视为处理组。然后参照Lu Yi等（2013）的做法，选取知识产权调查立案时间和终裁时间进行实证分析。本章构建的双重差分（DID）模型如下：

$$quality_{it} = \beta_1 \cdot Treatment_i \cdot post_{it}^1 + \beta_2 \cdot Final_i \cdot Post_{it}^2 + \sigma \cdot X_{it} + \lambda_i + \lambda_t + \lambda_c + \varepsilon_{it} \quad (6-1)$$

其中，i代表企业；t代表时间；被解释变量$quality_{it}$为中国企业i在t年出口到美国的产品质量。$Treatment_i$为企业i是否出口涉案产品的虚拟变量，如果企业i出口了涉案产品，则$Treatment_i$取1，否则取0；同样地，$Final_i$为企业i在终裁后是否败诉的虚拟变量，如果最终被判定为败诉，那么取1，否则取0。$post_{it}^1$和$Post_{it}^2$则为时间虚拟变量，具体含义如下：

$$period_{ft}^1 = \begin{cases} 1, [t_{p0}, t_{p1}) \\ 0, otherwise \end{cases} \quad (6-2)$$

$$\text{period}_{ft}^2 = \begin{cases} 1, [t_{p1}, \infty) \\ 0, \text{otherwise} \end{cases} \quad (6-3)$$

t_{p1} 为立案时间；t_{p2} 为终裁时间；如果企业 i 位于 t_{p1} 和 t_{p2}（包括 t_{p1}）之间，那么 post_{it}^1 取 1，否则取 0；对于 Post_{it}^2 来说，如果企业 i 在终裁之后（包括终裁当年），则该虚拟变量取 1，否则为 0。X_{it} 为控制变量，主要包括企业规模大小（lnsize），企业年龄（age），企业资本密集度（zb），行业集中度（HHI）等。λ_i、λ_t、λ_c、ε_{it} 分别代表企业固定效应、时间固定效应、城市固定效应以及随机扰动项。主要变量的描述性统计如表 6-1 所示。表 6-1 中，quality_it 为企业出口产品质量，Not337 为企业是否涉案的虚拟变量与 post_{it}^1 的交乘项，Ter337 为被诉企业是否终裁败诉的虚拟变量与 Post_{it}^2 的交乘项。

表 6-1　　　　　　　　　主要变量的描述性统计

变量	观测数	均值	方差	最小值	最大值
quality_it	289236	0.6158	0.109	0.0048	0.9986
Not337	289236	0.036	0.1863	0	1
Ter337	289236	0.0423	0.2012	0	1
age	289236	11.4186	6.7104	0	100
lnsize	282316	6.4284	1.3067	3.1781	11.1563
zb	279385	0.6539	0.7373	0	3.8349
HHI	286698	0.0047	0.0079	0.0003	0.3544

（二）数据来源及处理

本章将 2008—2013 年中国工业企业数据库、中国海关数据库以及 US-ITC"不公平进口调查信息系统库"中的案件信息进行匹配，具体过程如下：

1. 中国工业企业数据库。我们参照田薇和余淼杰（2013）、聂辉华（2012）方法对中国工业企业数据库进行处理。首先，我们将数据缺失的观测值剔除掉；其次，将职工人数少于 8 人的观测值剔除；再次，由于中国工业企业数据库从 2011 年开始，将规模以上企业的划分标准提高到了 2000 万元，为了统一口径，我们将销售额低于 2000 万元的观测值剔除；最后，对于那些实收资本小于 0 或等于 0、总资产小于流动资产等的样本去除。

2. 中国海关数据库。将数据库中的企业名称中含有"经贸""贸易""科贸""进出口"字词的企业识别出来，作为贸易中间商。

3. USITC"不公平进口调查信息系统库"。我们将 2008—2013 年中国遭受知识产权调查的立案时间、终裁时间、申请人、被诉人、案件的判决结果以及涉案产品 HS 编码等信息进行整理。

在进行上述处理后，我们对数据库进行匹配。第一步，根据整理出的涉案产品的 HS8 位码，在海关库中匹配反推出所有出口该产品的企业；第二步，我们利用处理过的中国海关库数据，按照施炳展（2014）的方法来测算企业的出口产品质量，构建海关—质量数据库；第三步，利用企业名称按照年份对中国工业企业数据库和海关—质量数据库进行匹配，对于未匹配上的企业，利用电话号码后 7 位加上邮政编码对其再一次进行匹配，尽可能保留样本。最终，将已经匹配好的数据进行合并，从而得到本章实证数据。

（三）出口产品质量测算

本章主要运用需求残差法，该方法将产品质量融入企业需求函数中，再采用回归的方式估计出企业的出口产品质量。该方法的优势在于可以获取一个标准化的产品质量指标，没有单位，可以在不同层面、不同维度加总来进行跨期、跨国、跨截面的比较分析。

需求残差法反推出口产品质量的基本逻辑如下：从需求层面看，考虑产品垂直差异后，消费者效用水平取决于产品数量和产品质量，决定消费者最优选择的是产品价格与产品质量的比值，通俗讲即性价比。

首先假设消费者效用函数为 $U = [\sum_j (\lambda_j q_j)^{\frac{\sigma-1}{\sigma}}]^{\frac{\sigma}{\sigma-1}}$，$\lambda_j$、$q_j$ 分别表示产品种类的质量和数量，$\sigma > 1$ 表示产品种类间替代弹性。对应的价格指数

$P = \sum_j p_j^{1-\sigma} \lambda_j^{\sigma-1}$，则 i 国出口到 j 国第 t 年 HS6 分位编码下产品 k 的需求函数可表示为：

$$q_{jkt} = p_{jkt}^{-\sigma} \lambda_{jkt}^{\sigma-1} \frac{E_{jt}}{P_{jt}} \qquad (6-4)$$

其中，q_{jkt} 为 i 国 t 年出口到 j 国 k 产品的数量，p_{jkt} 为 t 年 i 国出口到 j 国 k 产品的价格，λ_{jkt} 为 i 国 t 年出口到 j 国 HS6 位码产品 k 的产品质量，P_{jt} 为 t 年 j 国的价格指数，E_{jt} 为 t 年 j 国的消费者总支出，σ 为替代弹性。

对上式两边取自然对数可得到回归方程式：

$$\ln q_{jkt} = \theta_{jt} - \sigma \ln p_{jkt} + \varepsilon_{jkt} \qquad (6-5)$$

其中，$\theta_{jt} = \ln E_{jt} - \ln P_{jt}$ 为进口国—年份两维虚拟变量，包含了随进口国和时间变化的变量信息，可以控制仅随进口国变化的变量如地理距离，仅随时间变化的变量如汇率制度变革，也控制了同时随时间和进口国变化的变量，如国内生产总值。$\ln p_{jkt}$ 为 i 国 t 年出口到 j 国 k 产品价格的自然对数值，方程估计的残差项 $\varepsilon_{jkt} = (\sigma - 1) \ln \lambda_{jkt}$ 包含了 i 国 t 年出口到 j 国 k 产品的质量信息 λ_{jkt}。上式为某一产品的回归方程式，即本章回归是在产品层面进行的，因此控制了产品特征。

根据上述整理，定义产品质量 $quality_{jkt}$：

$$quality_{jkt} = \ln \lambda_{jkt} = \frac{\varepsilon_{jkt}}{(\sigma - 1)} \qquad (6-6)$$

其中，其中 $quality_{jkt}$ 取决于残差项 ε_{jkt} 与产品间的替代弹性 σ，因此还需要进一步确定替代弹性 σ 的取值，本章采用了回归模型中价格项系数的估计值来替代。

上式可以测度中国（i）出口到美国（j）每个年度某一 HS 产品的质量，但不同 HS6 分位编码产品质量不具有可比性，需要将上式得到的产品质量指标进行标准化处理：

$$qly_{jkt} = \frac{quality_{jkt} - minquality_{jkt}}{maxquality_{jkt} - minquality_{jkt}} \qquad (6-7)$$

$maxquality_{jkt}$、$minquality_{jkt}$ 分别表示中国（i）所有年度出口到美国（j）HS6 位码某一产品质量的最大值和最小值。经过上式调整后的标准化产品质量指标位于 [0，1] 之间，没有单位，可以在不同层面加总来进行跨期、跨截面的比较分析。

(四) 变量选择与处理

本章处理组选择逻辑如下：首先将涉案产品的 HS8 位码截取到 6 分位，利用 6 分位编码在合并的数据库中匹配到拥有相同 HS6 分位编码的产品数据，剔除掉涉案 HS8 位码出口企业，保留剩下的样本。一般而言，与被诉企业出口同一 HS6 位码产品的企业，由于产品具有一定的功能相似性，容易触发美国知识产权调查，但实际上并没有遭遇调查。据此，本章将这些企业作为对照组。

控制变量包括：(1) 企业年龄 (age)，用研究年份与企业开业年份之差来表示；(2) 企业规模 (lnsize)，用企业全部从业人员的对数来表示；(3) 资本密集度 (zb)，利用出口交货值和工业总产值的比值来测算；(4) 行业集中度 (HHI)，HHI 指数又称赫芬达尔—赫希曼指数，用于测量行业的集中度，本章利用中国工业企业数据库中的企业营业收入计算得到该指数。

由于本章使用的数据是将中国工业企业数据库、中国海关数据库进行匹配所得到的，考虑到数据可获得性，将研究区间设定为 2008—2013 年。剔除企业退出与新加入情形，最终匹配到 8426 家企业，289236 个样本观测值。

五、实证结果分析

(一) 平行趋势检验

双重差分方法适用的前提是在未受到政策冲击之前，处理组和对照组有相同的时间趋势，即"平行趋势"。平行趋势检验如图 6-1 所示。在政策时点之前，处理组和对照组之间没有本质差异。而在政策时点后，可以看到回归系数显著异于0，且在政策时点后的第一期和第二期，系数都为正，在第三期和第四期，系数都为负，这和本章后面的实证结果相一致，说明平行趋势检验通过。

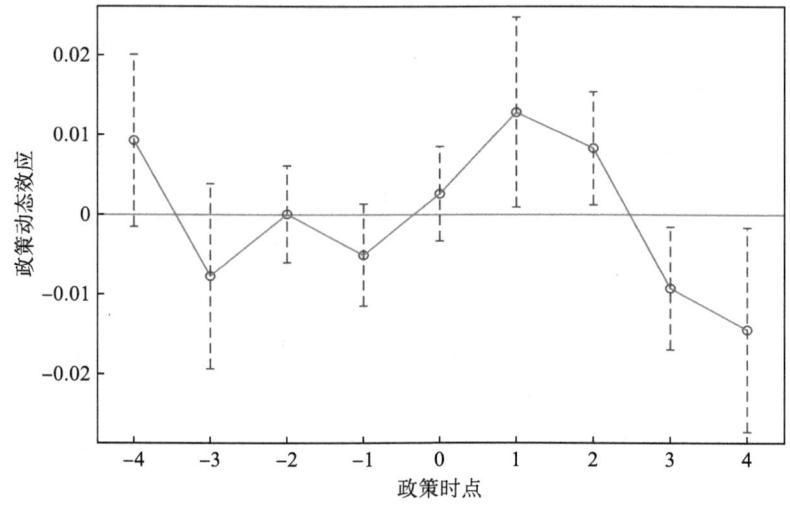

图6-1 平行趋势检验

（二）基准回归结果

表6-2为本章基准回归结果。第（1）列没有添加控制变量，Not337的回归系数显著为正，说明知识产权调查立案调查将显著提升中国涉案出口企业的产品质量，这就验证了假设6-1。第（2）列加入控制变量，发现交乘项Not337的回归系数有所增大。第（3）列研究知识产权调查终裁败诉对涉案企业出口产品质量的影响，与立案效应不同，Ter337的系数在1%的水平上显著为负，表示知识产权调查的终裁败诉效应抑制了涉案企业出口产品质量的提升，支持了假设6-2。而第（4）列则是在第（3）列的基础上加入控制变量，Ter337的系数变动不大，依然是显著为负。第（5）列则是将Not337和Ter337同时进行回归，立案效应和败诉效应依旧没有发生变化；同样在第（6）列中也可以看到，在第（5）列的基础上加

入控制变量之后,回归结果仍保持一致。综上,知识产权调查的立案调查会促进中国涉案企业出口产品质量的提升,而其终裁败诉效应则对涉案企业出口产品质量的提升起到显著抑制作用。

表 6-2　　　　　　　　　　　基准回归结果

变量	(1) quality_it	(2) quality_it	(3) quality_it	(4) quality_it	(5) quality_it	(6) quality_it
Not337	0.0169*** (0.0065)	0.0222*** (0.0054)			0.018*** (0.0065)	0.0231*** (0.0052)
Ter337			-0.0409*** (0.0077)	-0.0442*** (0.0077)	-0.0413*** (0.0077)	-0.0446*** (0.0077)
age		0.0006* (0.0003)		0.0006* (0.0003)		0.0006* (0.0003)
lnsize		0.0021 (0.0033)		0.0022 (0.0033)		0.0021 (0.0033)
zb		0.0048 (0.0036)		0.0046 (0.0036)		0.0048 (0.0036)
HHI		0.136*** (0.0493)		0.108** (0.0484)		0.116** (0.0485)
常数项	0.627*** (0.0035)	0.604*** (0.023)	0.627*** (0.0035)	0.603*** (0.0234)	0.627*** (0.0035)	0.604*** (0.023)
城市固定	Yes	Yes	Yes	Yes	Yes	Yes
年份固定	Yes	Yes	Yes	Yes	Yes	Yes
个体固定	Yes	Yes	Yes	Yes	Yes	Yes
观测数	289236	273277	289236	273277	289236	273277
R^2	0.216	0.217	0.220	0.222	0.221	0.223

注:括号内为各变量的标准误,***、**、*分别表示在1%、5%、10%的统计水平上显著,下同。

(三) 异质性分析

1. 区分贸易方式

加工贸易相较一般贸易而言,其嵌入跨国公司主导的全球生产网络的深度和广度更高,这种生产网络效应引致的产业关联可能会对美国知识产权调查产生一定的抑制效应。因此,我们需要探讨不同贸易方式的企业在遭遇知识产权调查时,是否会对其出口产品质量产生差异化的影响。表6-3中第(1)列和第(2)列为一般贸易回归结果,第(3)列和第(4)列为加工贸易回归结果。我们发现,知识产权调查对于从事一般贸易和加工贸易的被诉企业来说区别不大,结果和基准回归结果基本一致。这进一步说明知识产权调查的无差别"攻击"性,即使是深度嵌入生产网络的加工贸易企业亦如此。

表6-3 区分贸易方式的回归

变量	(1) quality_it	(2) quality_it	(3) quality_it	(4) quality_it
Not337	0.0226 ***	0.0235 ***	0.0214 ***	0.0223 ***
	(0.0054)	(0.0053)	(0.0056)	(0.0054)
Ter337		-0.045 ***		-0.0442 ***
		(0.0078)		(0.0078)
age	0.0007 **	0.0007 **	0.0005	0.0005
	(0.0003)	(0.0003)	(0.0003)	(0.0003)
lnsize	0.0024	0.0024	0.0017	0.0018
	(0.0033)	(0.0033)	(0.0033)	(0.0033)
zb	0.0046	0.0045	0.0053	0.0053
	(0.0037)	(0.0037)	(0.0036)	(0.0036)
HHI	0.127 **	0.109 **	0.154 ***	0.133 ***
	(0.0499)	(0.0493)	(0.0522)	(0.0513)
常数项	0.603 ***	0.602 ***	0.606 ***	0.606 ***
	(0.0232)	(0.0232)	(0.0229)	(0.0229)
城市固定	Yes	Yes	Yes	Yes
年份固定	Yes	Yes	Yes	Yes
个体固定	Yes	Yes	Yes	Yes
观测数	177871	177871	95406	95406
R^2	0.216	0.222	0.222	0.229

2. 中国对美出口依赖度的回归分析

中国对美出口依赖度（exp）是我们观测影响中国企业出口产品质量变化的一个重要指标，我们利用企业对美国的出口额占企业总出口额的比值来衡量企业对美国市场的依赖程度。大于中位数 0.1515 的企业，将其定义为高依赖度企业，而低于中位数的则为低依赖度企业。表 6-4 显示，对于低依赖度企业，知识产权调查的立案效应在统计上不显著，而终裁败诉效应呈现显著的抑制效应。对于高依赖度企业来说，回归结果同基准回归没有差异，立案效应对高依赖度企业出口产品质量有着显著的促进作用，败诉效应对其呈现显著的抑制作用，抑制效应高于低依赖度企业。

表 6-4　　　　　　　　　　区分对美出口依赖度的回归

低依赖度		高依赖度	
quality_it	quality_it	quality_it	quality_it
0.0052	0.0059	0.023 ***	0.0239 ***
(0.006)	(0.0059)	(0.0055)	(0.0053)
	-0.0269 ***		-0.0452 ***
	(0.0075)		(0.0079)
0.0004	0.0004	0.0007 *	0.0006 *
(0.0003)	(0.0003)	(0.0003)	(0.0003)
-0.0037 *	-0.0039 *	0.0023	0.0024
(0.0022)	(0.0022)	(0.0034)	(0.0034)
0.0027	0.0027	0.0049	0.0048
(0.0023)	(0.0023)	(0.0038)	(0.0038)
0.0404	0.0348	0.141 ***	0.121 **
(0.0467)	(0.0464)	(0.051)	(0.0502)
0.648 ***	0.648 ***	0.602 ***	0.602 ***
(0.0136)	(0.0136)	(0.0238)	(0.0238)
Yes	Yes	Yes	Yes
Yes	Yes	Yes	Yes
Yes	Yes	Yes	Yes
11533	11533	261744	261744
0.243	0.245	0.219	0.225

我们可以得出，相较于对美依赖度低的企业，对美出口依赖度高的企业在遭受美国知识产权调查时的反应要更灵敏。因为这类企业其出口产品主要目的地为美国，对于美国国内的贸易政策及贸易动向都掌握得很全面，消息来源也更迅速。一旦美国决定对出口依赖度高的企业发起知识产权调查，该类企业会在第一时间采取补救措施，所以知识产权调查对该类企业的出口产品质量的促进效果要强于低依赖度企业。同时，对美出口依赖度高的企业一旦遭遇美国知识产权调查，其避险方式的选择面很窄；而对美出口依赖度低的企业，其出口大部分是针对非美国家，纵使美国对其发起知识产权调查，该类企业可以在遭受调查之后向其他国家多出口产品来弥补不能出口到美国市场的损失，所以终裁败诉效应的抑制作用在低依赖度的企业更低。

（四）稳健性分析

1. 排除金融危机的冲击

2008年全球金融危机使各国的宏观经济环境都受到不同程度干扰。为了排除金融危机的冲击对本章实证结果的影响，我们将2008年的有关数据剔除，重新对数据进行回归，以验证结果的可靠性。表6-5显示，排除金融危机的影响后，其回归结果和基准结果基本一致，知识产权调查的立案依然对中国企业出口产品质量起到促进作用，终裁败诉则抑制涉案企业出口产品质量的继续提升，两者均在1%的统计水平上显著。

表6-5 排除金融危机冲击后的回归

变量	(1) quality_it	(2) quality_it	(3) quality_it	(4) quality_it	(5) quality_it	(6) quality_it
Not337	0.0169*** (0.0063)	0.0221*** (0.0054)			0.018*** (0.0064)	0.0228*** (0.0053)
Ter337			-0.0414*** (0.0078)	-0.0449*** (0.0078)	-0.0419*** (0.0078)	-0.0453*** (0.0078)
age		0.0005 (0.0004)		0.0004 (0.0004)		0.0004 (0.0004)

续表

变量	(1) quality_it	(2) quality_it	(3) quality_it	(4) quality_it	(5) quality_it	(6) quality_it
lnsize		0.0009 (0.0034)		0.0011 (0.0034)		0.0011 (0.0034)
zb		0.0047 (0.0035)		0.0046 (0.0035)		0.0047 (0.0035)
HHI			0.143*** (0.055)	0.108** (0.0538)		0.118** (0.054)
常数项	0.629*** (0.0035)	0.614*** (0.0244)	0.63*** (0.0035)	0.615*** (0.0244)	0.63*** (0.0035)	0.615*** (0.0244)
城市固定	Yes	Yes	Yes	Yes	Yes	Yes
年份固定	Yes	Yes	Yes	Yes	Yes	Yes
个体固定	Yes	Yes	Yes	Yes	Yes	Yes
观测数	254894	238977	254894	238977	254894	238977
R^2	0.223	0.224	0.228	0.229	0.229	0.231

2. 包含仅对非美国家出口的回归

本章在基准回归样本中删除了仅对非美国家出口的企业，因为我们认为美国发起知识产权调查将不会对企业出口到非美国家的产品质量产生影响。此处我们将只出口非美国家企业的样本加入，重新进行回归，结果如表 6－6 所示。可以看到，加入仅对其他国家出口的样本数据后，回归结果同基础回归结果没有差异，知识产权调查立案促进被诉企业出口产品质量提升，而终裁败诉对其呈现抑制作用。

表 6－6　　　　　　包含仅对非美国家出口的回归

变量	(1) quality_it	(2) quality_it	(3) quality_it	(4) quality_it	(5) quality_it	(6) quality_it
Not337	0.0165*** (0.0056)	0.0223*** (0.0045)			0.0172*** (0.0056)	0.0227*** (0.0044)
Ter337			－0.0407*** (0.0063)	－0.0422*** (0.0063)	－0.0409*** (0.0063)	－0.0424*** (0.0063)

续表

变量	(1) quality_it	(2) quality_it	(3) quality_it	(4) quality_it	(5) quality_it	(6) quality_it
age		0.0004 (0.0003)		0.0004 (0.0003)		0.0004 (0.0003)
lnsize		0.0036 (0.0029)		0.0037 (0.0029)		0.0037 (0.0029)
zb		0.0063* (0.0032)		0.0062* (0.0033)		0.0063* (0.0033)
HHI		0.179*** (0.0483)		0.142*** (0.0473)		0.152*** (0.0474)
常数项	0.626*** (0.0029)	0.595*** (0.0202)	0.626*** (0.0029)	0.595*** (0.0202)	0.626*** (0.0029)	0.595*** (0.0202)
城市固定	Yes	Yes	Yes	Yes	Yes	Yes
年份固定	Yes	Yes	Yes	Yes	Yes	Yes
个体固定	Yes	Yes	Yes	Yes	Yes	Yes
观测数	355816	335597	355816	335597	355816	335597
R^2	0.175	0.181	0.18	0.185	0.18	0.187

3. 区分不同终裁结果的回归

在基础回归中，本章借鉴 Lu Yi（2013）的做法，在基础回归模型中的第二个交乘项中仅包含了最终被判定为败诉的样本数据，并且按照代中强（2016）的思路，将和解、同意令、缺席、发现侵权等判决结果统一认定为败诉。为了排除胜诉案件可能会对回归结果产生不同的影响，在此我们将判决结果为胜诉的样本数据也加入进来进行回归，结果如表 6-7 所示。由于胜诉案件①数量较少，在加入胜诉案件之后，其回归结果与基准回归基本一致。

---

① 根据 USITC"不公平进口调查信息系统库"统计数据，2009—2020 年我国涉案企业最终发现未侵权的案件仅有 59 起。

表 6-7　　　　　　　　　　分不同终裁结果的回归

变量	(1) quality_it	(2) quality_it	(3) quality_it	(4) quality_it	(5) quality_it	(6) quality_it
Not337	0.0169*** (0.0064)	0.0222*** (0.0053)			0.0176*** (0.0065)	0.0227*** (0.0052)
ATer337			-0.0362*** (0.007)	-0.0381*** (0.0072)	-0.0365*** (0.007)	-0.0383*** (0.0072)
age		0.0007* (0.0003)		0.0006* (0.0003)		0.0006* (0.0003)
lnsize		0.0021 (0.0033)		0.0022 (0.0033)		0.0021 (0.0033)
zb		0.0048 (0.0036)		0.0046 (0.0036)		0.0048 (0.0036)
HHI		0.136*** (0.0493)		0.11** (0.0487)		0.118** (0.0489)
常数项	0.627*** (0.0035)	0.604*** (0.023)	0.627*** (0.00354)	0.604*** (0.023)	0.627*** (0.0035)	0.604*** (0.023)
城市固定	Yes	Yes	Yes	Yes	Yes	Yes
年份固定	Yes	Yes	Yes	Yes	Yes	Yes
个体固定	Yes	Yes	Yes	Yes	Yes	Yes
观测数	289236	273277	289236	273277	289236	273277
R^2	0.216	0.217	0.22	0.221	0.22	0.222

4. 区分不同规模的回归

由于自 2011 年开始，中国工业企业数据库的规模划分标准提高到了 2000 万元，为了统一标准，我们剔除了规模在 2000 万元以下的企业。同样地，为了避免规模在 500 万—2000 万元的企业对最终结果产生影响，在此我们加入规模在 500 万—2000 万元的企业，再次进行回归。表 6-8 结果显示，加入规模在 500 万—2000 万元的企业后，回归结果也没有明显的变化，知识产权调查立案依然对被诉中国企业出口产品质量产生促进作用，终裁败诉则产生出口质量抑制效应。

表 6-8　　分不同企业规模的回归

变量	(1) quality_it	(2) quality_it	(3) quality_it	(4) quality_it	(5) quality_it	(6) quality_it
Not337	0.015** (0.0064)	0.0204*** (0.0053)			0.0165** (0.0065)	0.0217*** (0.0051)
Ter337			-0.0424*** (0.0078)	-0.0453*** (0.0077)	-0.043*** (0.0078)	-0.0458*** (0.0077)
age		0.0007** (0.0003)		0.0007** (0.0003)		0.0007** (0.0003)
lnsize		0.0024 (0.0031)		0.0026 (0.0031)		0.0025 (0.0031)
zb		0.0047 (0.0035)		0.0045 (0.0035)		0.0047 (0.0035)
HHI		0.152*** (0.0453)		0.125*** (0.0446)		0.132*** (0.0447)
常数项	0.625*** (0.0032)	0.599*** (0.0209)	0.625*** (0.0032)	0.599*** (0.0209)	0.625*** (0.00319)	0.599*** (0.0209)
城市固定	Yes	Yes	Yes	Yes	Yes	Yes
年份固定	Yes	Yes	Yes	Yes	Yes	Yes
个体固定	Yes	Yes	Yes	Yes	Yes	Yes
观测数	304865	287887	304865	287887	304865	287887
R^2	0.209	0.212	0.214	0.217	0.215	0.219

5. 安慰剂检验

安慰剂检验的核心思想是：若实验组和对照组的划分是随机的，则应该不存在处理效应。首先将实验组和对照组打乱，随机选取观测值作为实验组样本，其余的则为对照组，然后按照回归方程对新的实验组和对照组重复 500 次的回归，看虚拟的政策变量系数是否显著。若该系数不显著，则说明本章基准回归中实验组和对照组选择有效。

如图 6-2 和图 6-3 所示，x 轴为虚拟政策变量的估计系数，y 轴为密度值大小，曲线图则为 500 次回归结果的分布情况。垂直的虚线分别为基础回归中 β_1 和 β_2 的真实回归系数，其值分别为 0.0204 和 -0.0452。从虚拟回归结果的分布情况来看，大部分都集中在 0 附近，且真实回归系数均位于虚拟回归系数 10% 的置信区间外，这表示美国知识产权调查对中国企业出口产品质量的显著影响只存在于中国企业遭遇知识产权调查冲击之后，进一步支持本章实证结果有效。

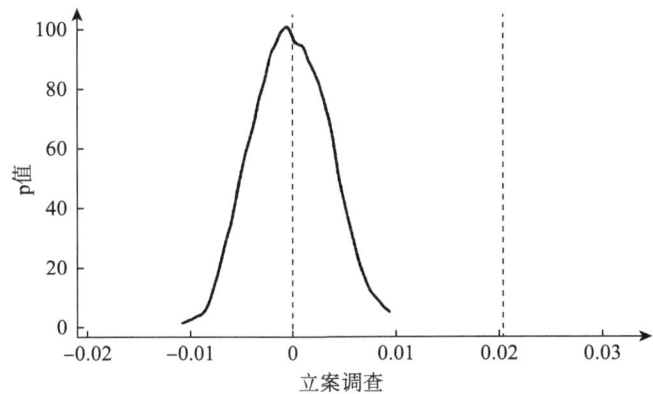

图 6-2　立案调查的安慰剂检验

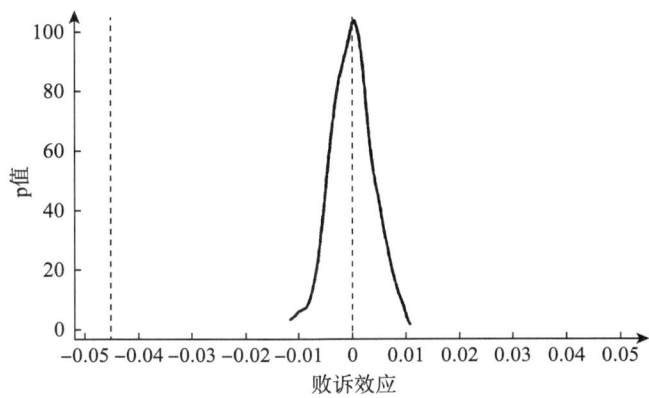

图 6-3　终裁败诉的安慰剂检验

六、结论与启示

本章以企业遭受美国知识产权调查作为外生冲击，通过构建合适的处理组和对照组，运用双重差分法实证研究知识产权调查对被诉企业出口产品质量的影响。研究发现，知识产权调查立案对中国被诉企业出口产品质量有显著的提升作用，而知识产权调查终裁败诉会抑制被诉企业出口产品质量的升级。中国企业"走出去"的过程中面临着诸多挑战，知识产权维权难就是其中之一，需要构建高效的国际知识产权风险预警和应急机制。针对美国频繁发起的知识产权调查，结合实证结果，提出如下建议。

第一，多措并举，提高知识产权调查胜诉率。首先要充分了解美国知识产权调查的调查程序，有效降低调查期间被诉企业的信息不对称问题。其次，需要大力培养熟悉知识产权调查的法律人才，专业人才是胜诉的关键。最后，企业要积极应诉。对于知识产权调查，我们要摆正自己的态度，调整好心态。不能因为它具有一定的"针对性"而消极应诉，甚至是缺席，这样的结果就等于是承认确实存在侵权行为，会被直接判定为败诉，不得不接受严厉的惩罚措施，这会对我国涉案企业出口产品质量产生严重影响。在面对知识产权调查时，可以向中国商务部，外交部寻求帮助；在同一案件中被起诉的企业可能不止一家，可以联合其他被诉企业，积极应诉，寻找最优解决方案。

第二，积极开拓市场，降低企业对美出口依赖程度。实证研究表明，低依赖度企业败诉后对产品质量的抑制效应相对较小。从企业层面而言，需要优化自身出口市场，积极拓展非美出口，依靠多元化市场和多种类产品出口来降低对美国市场依赖。对于政府来说，应当鼓励创新型企业的建立，支持企业开拓更加广阔的国际市场，减少对美国市场的依赖。

第三，采取有效措施，降低出口企业遭遇知识产权调查的概率和频次。中国企业频繁遭遇美国知识产权调查，最根本的原因还是自主创新能力不足，企业与世界前沿技术水平还有一定差距。高质量发展战略的实施需要创新型人才的支撑，只有加大对创新的投入，使创新人才成为企业核心资源，才有可能使我国的产品质量从低端向高端攀升。另外，还需鼓励支持国内企业采取"以牙还牙"的反制措施。中国企业可以通过熟悉美国知识产权调查规则和程序，相机抉择利用美国的知识产权调查规则在美国国内发起调查，提升国内企业的"报复能力"。

第七章

知识产权调查对进口中间品质量的影响效应

一、引言

党的十八大以来，中国实行更加积极主动的开放战略，货物贸易和服务贸易总额第一大国地位持续巩固。在中国经济和对外贸易进入高质量发展阶段之后，纯粹以出口"量"增长为目标的外贸政策将难以为继。党的二十大报告提出"加快建设贸易强国"。实现从贸易大国向贸易强国转变是我国经济高质量发展的重要标志。贸易强国建设需要着力提升货物出口的附加值，打造品牌、质量、技术、服务新优势，不断优化出口商品结构，提高出口产品质量。与此同时，我国企业进口中间品比重逐年上升，企业对进口投入品种类的调整和投入品要素结构的变化很大程度上决定了企业出口产品的要素特征和盈利能力，进而影响企业出口产品的竞争力和企业国际分工地位。刘志中和陈迁影（2022）指出，在国内国际双循环的背景下，进口贸易在经济发展中的作用逐渐凸显，积极扩大进口，尤其是高质量中间品进口对中国对外贸易高质量发展具有重要意义。

当前国际格局加速演变，美国单边主义盛行，知识产权调查俨然成为美国最为惯常采用的贸易救济措施。自 2001 年中国加入世界贸易组织以来，美国针对我国企业的知识产权调查越来越多，我国已连续多年成为涉案第一来源地。这意味着，我国出口企业面临着严峻的知识产权壁垒。从投入产出角度看，我国出口企业从发达国家进口的中间产品通常技术先进，科技质量水平较高，这有利于提高我国企业出口产品质量。而美国知识产权调查主要集中在机电产品，这必然对我国被诉企业进口中间品质量产生重大影响。

面对限制性极强的知识产权调查，针对美国知识产权调查对企业进口贸易结构方面的量化研究并不多见。被诉企业在遭遇美国知识产权调查的外部冲击后，其进口中间产品质量受到多大影响？影响渠道是什么？是否存在异质性影响？如何有效应对知识产权调查对被诉企业中间产品进口质量的影响冲击？这是本章研究的核心问题。本章的边际贡献如下：第一，从微观视角出发分析知识产权调查对我国出口企业进口中间产品质量的影响；第二，研究发现知识产权立案调查和终裁都会对我国被诉企业进口中间品质量产生负向影响，这是对现有知识产权调查影响效应文献的边际补充；第三，美国知识产权调查是通过增加被诉企业融资约束、降低企业生产规模的机制导致被诉企业进口中间品质量下降，但遭遇调查的强自主创新能力企业的出口质量反而有显著提升。

二、文献综述

进口中间品质量影响因素的文献主要集中在贸易自由化带来的关税变化、成本变化、技术溢出以及知识产权保护水平对进口中间品质量的影响。余淼杰和李乐融（2016）使用双重差分法证实贸易自由化引致的进口关税下降会导致进口中间品质量上升，且对一般贸易企业影响更为显著。施炳展和张雅睿（2016）发现，贸易自由化背景下企业会通过成本降低渠道、产业关联效应、市场竞争效应及技术溢出等对进口中间品质量产生显著的正向促进作用。魏浩和李晓庆（2019）利用中国企业层面数据，研究发现中国进口地区加强知识产权保护，会扩展企业进口产品种类，但新进口产品低于持续进口产品质量，因此拉低进口产品平均质量水平。

进口中间品质量变化会对企业绩效、企业 TFP、全球价值链地位、企业出口存续时间等产生正向影响。郑亚莉等（2017）发现我国企业进口中间品质量上升会显著促进企业生产率的提升，且学习效应在进口中间品质量的生产率影响中起主要作用。钱学峰（2017）认为如果高生产率的企业进口的中间投入品越具有比较优势，则该企业利润越高，因此生产率高的企业都更喜欢进口中间品进行投入生产。诸竹君等（2018）从静态分析得出进口中间品质量提升降低 DVAR 的结论，并发现通过研发导致的"加成率效应"和"相对价格效应"可以动态提升 DVAR。程凯和杨逢珉（2020）利用生存分析模型实证发现贸易便利化通过企业进口风险概率变小的渠道使得企业进口持续时间延长，且企业进口中间品质量越高，这种正向影响更大。李宏兵等（2021）利用离散时间 Cloglog 生存分析模型进行实证分析，证明了企业进口中间品质量越高，也能使得企业出口存续时间更长，并且企业出口产品种类越多能促进这种正向效应。

综上，进口中间品质量的测度及影响因素受到众多文献关注，但现有文献还没有把美国知识产权调查作为非关税壁垒，并研究知识产权调查对被诉企业进口中间产品质量产生何种影响。本章选择合适的对照组和控制组来构建双重差分模型，实证考察知识产权调查对被诉企业进口中间品质量的影响，通过机制检验来探究美国知识产权调查对被诉企业进口中间品质量调整行为的影响渠道，进而提出相应的政策建议。

三、影响机制及研究假设

一旦被诉企业在知识产权调查中败诉，USITC 通过相关救济措施，禁止涉案产品继续在美国销售。其中有很大一部分被诉企业被迫支付高昂和解金和解，即使中国企业最终胜诉，也需为这场诉讼支付高昂的律师费。这些外部冲击必然对被诉企业生产经营决策产生影响，并传导到进口中间产品的质量决策中。具体而言，知识产权调查通过下列机制影响被诉企业的进口中间产品质量。

（一）生产规模

美国知识产权调查在立案、终裁阶段可以通过实质性的惩罚措施抑制甚至中断被诉企业向美出口，导致被诉企业出口到美国市场受阻；企业出口贸易减少导致企业被动收缩生产规模。企业对高质量进口中间品的购买力往往受限于自身的经营绩效，因此被诉企业被动收缩生产规模会抑制高质量进口中间品的需求，进而降低生产投入中使用的进口中间品的质量。据此本章提出假设 7-1。

假设 7-1：美国知识产权调查通过生产规模收缩抑制我国被诉企业的中间品进口行为，对我国被诉企业进口中间品质量产生负向影响。

（二）融资约束

一旦被起诉，高昂的应诉成本、和解费用以及失去美国市场的风险，均对被诉企业造成成本负担，而成本上升无疑会倒逼企业改变生产决策。由于购买高质量进口中间品需要更多的资金，因此企业对高质量进口中间品的购买受到企业融资能力的限制。而美国知识产权调查在调查立案、终裁阶段可能释放负面信号破坏企业声誉，影响企业融资渠道，使得企业融资约束上升，企业为缩减预算可能会被迫减少高质量进口中间品的投入，转而降低进口中间品的质量，据此本章提出假设 7-2。

假设 7-2：美国知识产权调查通过融资约束影响我国被诉企业的中间品进口行为，对我国被诉企业进口中间品质量产生负向影响。

（三）出口产品多样化水平

若企业只向美国出口单一产品，那么遭受到美国知识产权调查也就意味着企业彻底失去美国市场，并且大幅增加的成本以及单一出口产品销量下降，对企业进口中间品质量造成较大的负向冲击。同时，若企业对美国出口金额越大，那么企业对美国市场的依赖将会越大，美国知识产权调查使得部分产品失去美国市场对企业的冲击也将会越大，这会导致企业更大幅度下降进口中间品的质量，据此本章提出假设 7-3。

假设 7-3：对美出口产品种类减少以及对美出口金额增大会使得企业在遭受到美国知识产权调查之后进口中间品质量降低更多。

(四) 企业创新能力

代中强等 (2022) 研究发现，被诉企业主要是通过内部产品结构调整来应对美国知识产权调查。这意味着不同自主创新能力的企业会有不同的市场表现，自主创新能力弱的企业受制于成本增加以及缺乏创新能力，无法对现有产品进行技术升级，只能通过降低进口中间品质量来出口更低质量产品避免调查。这样，在遭受美国知识产权调查之后，被诉企业降低进口中间品的质量，也会使得其出口最终产品质量下降。而自主创新能力强的企业，可以通过自主创新改变产品结构继续出口美国市场，被诉后的出口产品质量不会明显下降甚至可能会提高。据此本章提出假设7-4。

假设7-4：自主创新能力强的企业能更好地抵御美国知识产权调查的冲击。

四、模型设定与变量测算

(一) 计量模型设定

考虑到可能面临因遗漏变量导致的内生性偏误问题，本章采用双重差分法进行分析。由于各企业遭受调查的时间不一致，而普通双重差分方法要求受到冲击的时间点为同一时间点。为此，本章借鉴 Bertrand 和 Mullainathan (1999) 提出的"多期 DID 方法"，将研究时期内所有向美国市场出口与被诉产品属于同种 HS8 分位产品的企业作为处理组，并将向美国出口产品与被诉产品属于同一个 HS4 分位但未遭受调查的企业作为控制组。本章参考 Lu 等 (2013) 的方法进行模型设定，基准回归方程设定如下：

$$Quality_{ft} = \beta_1 \cdot Not337_{ft} \cdot Period^1_{ft} + \beta_2 \cdot Ter337_{ft} \cdot Period^2_{ft} + \lambda \cdot X_{ft} + \delta_f + \delta_t + \varepsilon_{ft} \tag{7-1}$$

其中，f 表示企业；t 表示年份；被解释变量 $Quality_{ft}$ 表示企业 f 当年进口中间品质量；$Not337_{ft}$ 表示企业 f 在 t 年期间是否遭遇了美国知识产权调查并立案的虚拟变量，若遭遇了美国知识产权调查并立案则取 1，否则取 0；$Ter337_{ft}$ 表示企业 f 在 t 年期间是否在美国知识产权调查中败诉的虚拟变量，若在美国知识产权调查中败诉则取 1，否则取 0。

$$period_{ft}^1 = \begin{cases} 1, [t_{p0}, t_{p1}) \\ 0, otherwise \end{cases} \quad (7-2)$$

$$period_{ft}^2 = \begin{cases} 1, [t_{p1}, \infty) \\ 0, otherwise \end{cases} \quad (7-3)$$

t_{p0} 是美国知识产权调查立案年份；t_{p1} 是美国知识产权调查终裁年份。即 $period_{ft}^1$ 在立案和终裁之间的时间点取 1，其他时间段取 0；$period_{ft}^2$ 在立终裁之后的时间点取 1，其他时间段取 0。X_{ft} 为企业层面的控制变量合集，用于控制企业层面随时间变化的特征，其中包括企业存续时间 lnage：当期年份减去企业开工年份加 1 取对数；企业规模 lnsize：企业从业人数取对数；企业所有制 ownership：依据实收资本分类，0 代表内资企业，包括民营企业和国有企业，1 代表外资企业，包括港澳台企业和外资企业。δ_f 表示企业固定效应；δ_t 表示时间固定效应；ε_{ft} 为误差项。同时，本章将标准误聚类在企业层面，在允许企业间进口中间品质量存在系统性差异的同时，控制企业内的自相关效应。估计系数 β_1 和 β_2 可以识别美国知识产权调查的立案和在终裁中败诉会分别对被诉企业进口中间品质量造成怎样的冲击。

（二）企业进口中间品质量测算

本章根据施炳展和曾祥菲（2015）的方法，构建出被诉企业的进口中间品质量指标（Quality）。

假设消费者对某 HS8 分位编码产品的效用函数是 CES 效用函数，即：

$$U = \left[\sum_{fct} (\lambda_{fct} q_{fct})^{\frac{\sigma-1}{\sigma}} \right]^{\frac{\sigma}{\sigma-1}} \quad (7-4)$$

其中，λ_{fct} 和 q_{fct} 分别代表这一 HS8 分位编码产品的质量和数量；$\sigma > 1$ 代表常替代弹性；f 代表进口这个产品的企业；c 代表进口这个产品的来源国家；t 代表当年年份；此 CES 效用函数对应的价格指数 P_t 是：

$$P_t = \sum_{fct} P_{fct}^{1-\sigma} \lambda_{fct}^{\sigma-1} \quad (7-5)$$

其中，P_{fct} 代表企业进口此 HS8 分位编码产品所需的价格，因此该 HS8 分位编码产品相应的消费数量是：

$$q_{fct} = p_{fct}^{-\sigma} \lambda_{fct}^{\sigma-1} \frac{E_t}{P_t} \quad (7-6)$$

其中，E_t 代表消费者在此 HS8 分位编码产品上所花费的总支出。上面的等式说明在垂直差异化产品市场中，消费数量由此 HS8 分位编码产品质量和价格共同决定，也就是性价比。对上面的等式两边分别取对数，再经过略微调整，可以推导出如下计量模型：

$$\ln q_{fct} = \chi_t - \sigma \ln p_{fct} + \varepsilon_{fct} \quad (7-7)$$

其中，使用 x_t 来替代 $\ln E_t - \ln P_t$，相当于加入了时间虚拟变量，控制住消费者对此 HS8 分位编码产品的支出。$\ln p_{fct}$ 代表 t 年企业从 c 国进口某 HS8 分位编码产品价格的对数；用 ε_{fct} 替代 $(\sigma-1)\ln\lambda_{fct}$，可以代表 t 年企业从 c 国进口某 HS8 分位编码产品的质量，也就是上述计量模型的残差。因为上述计量模型是在产品层面进行回归的，因此相当于控制了产品特征。本章通过下式定义质量：

$$\text{quality}_{fct} = \widehat{\ln\lambda_{fct}} = \frac{\widehat{\varepsilon_{fct}}}{\sigma - 1} = \frac{\ln q_{fct} - \widehat{\ln q_{fct}}}{\sigma - 1} \quad (7-8)$$

上面有关质量的测量是指每个企业每年从每个进口国进口的某 HS8 分位编码产品的质量，但其需要经过标准化处理，才能加总能得到产品总质量。因此，对 quality_{fct} 进行标准化处理，得到每一种 HS8 分位编码产品对于每年每个企业的标准化指标 r_quality_{fct}：

$$r\_\text{quality}_{fct} = \frac{\text{quality}_{fct} - \text{minquality}_{fct}}{\text{maxquality}_{fct} - \text{minquality}_{fct}} \quad (7-9)$$

其中，minquality_{fct} 代表某 HS8 分位编码产品在所有企业、所有进口国、所有年度层面的最小质量，maxquality_{fct} 代表某 HS8 分位编码产品在所有企业、所有进口国、所有年度层面的最大质量，因此 r_quality_{fct} 处于 [0，1] 之间，加总之后的质量也会处于 [0，1] 之间，从而能够在不同时期、不同横截面进行比较。总体质量表示为：

$$\text{Quality}_{ft} = \frac{v_{fct}}{\sum_{fct \in \Omega} v_{fct}} \text{r\_quality}_{fct} \qquad (7-10)$$

其中，Quality_{ft} 代表此样本集合 Ω 的总质量，v_{fct} 代表贸易价值量。

（三）数据来源

本章通过构建 2008—2013 年"企业 HS8 编码的产品—年份"层面的面板数据进行实证研究，保留中国被诉企业中存在进口中间品行为的企业 9008 家，本章所使用的企业产品数据由 USITC "不公平进口调查信息系统库"整理所得，其中包括中国被诉企业的立案时间、终裁时间、判决结果、所涉及的 HS8 分位产品的编码。企业进出口 HS8 分位编码产品相关数据则来自中国工业企业库、中国海关数据库。参考许家云等（2017）的方法将工企库和海关库进行数据处理并合并数据库，筛选出进口产品的数据，再通过联合国贸易统计数据的 BEC-HS 编码转换表，得到各产品数据对应的 BEC 代码，按照 Feng 等（2016）的方法，由于中间品的 BEC 代码为 "111" "121" "21" "22" "31" "322" "42" "53"，因此仅保留这些 BEC 代码对应的数据，在筛选出国内所有企业在 2008—2013 年进口的所有中间产品之后，再依据施炳展和曾祥菲（2015）的方法测算出样本中每个企业当年进口中间产品的质量，之后结合 USITC "不公平进口调查信息系统库"数据，根据企业名称和年份，将之与被诉产品的数据合并，得出处理组企业与对照组企业在 2008—2013 年进口中间品质量。描述性统计如表 7-1 所示。

表 7-1 描述性统计

变量	含义	样本量	均值	标准误	最小值	最大值
Quality	进口中间品质量	16774	0.639	0.150	0	1
Not337Period	立案虚拟变量	16774	0.0807	0.272	0	1
Ter337Period	终裁虚拟变量	16774	0.0393	0.194	0	1
lnsize	企业规模	16128	6.329	1.186	0	12.32
lnage	企业年龄	16774	2.383	0.527	0.693	4.431
ownership	企业所有制	16771	0.691	0.462	0	1

五、实证分析

(一) 平行趋势检验

本章采用多期 DID 模型的重要前提是通过平行趋势检验,因此本章构建美国知识产权调查立案的虚拟变量与年份虚拟变量的交互项,其系数代表了各年处理组与对照组进口中间品产品质量的平均差异。

图 7-1 以美国知识产权调查发起当年,即 t=0 作为基期,展示了动态 DID 回归的系数估计值及其 90% 置信区间。从图中可以看出,在美国知识产权调查冲击发生前 (t=-4 至 t=-1),其系数均不显著,说明中国被诉企业与非被诉企业在美国知识产权调查立案之前进口中间品质量不存在显著差异,在美国知识产权调查冲击发生之后 (t=1 至 t=4),被诉企业与非被诉企业的进口中间品质量显著不同,说明被诉企业进口中间品质量的下降确实是由知识产权立案调查引起的,而不是其他观测不到的因素引起的。

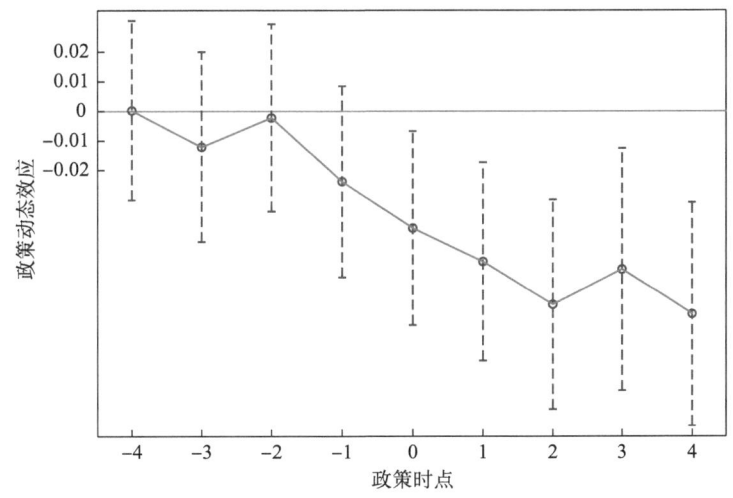

图 7-1 平行趋势检验

(二) 基准回归结果

表 7-2 是基准回归结果,第(1)列仅加入被诉企业遭受美国知识产权调查立案之后且初裁之前的虚拟变量和被诉企业遭受美国知识产权调查终裁之后的虚拟变量,未加入任何控制变量。第(2)、第(3)、第(4)列逐步加入了企业层面的控制变量:企业年龄对数、企业规模对数、企业所有制类型。

表 7-2   基准回归结果

变量	(1) 进口中间品质量	(2) 进口中间品质量	(3) 进口中间品质量	(4) 进口中间品质量
Not337Period	-0.019*** (-5.06)	-0.019*** (-5.06)	-0.019*** (-5.06)	-0.019*** (-5.03)
Ter337Period	-0.019*** (-4.18)	-0.019*** (-4.18)	-0.019*** (-4.19)	-0.019*** (-4.18)
lnage		-0.001 (-0.19)	-0.002 (-0.26)	-0.002 (-0.25)
lnsize			0.008** (2.06)	0.007** (2.05)
ownership				-0.004 (-0.95)
常数项	0.640*** (1622.57)	0.643*** (43.57)	0.595*** (20.85)	0.597*** (20.81)
观测值	11901	11901	11901	11898
R^2	0.833	0.833	0.833	0.833
企业固定	是	是	是	是
年份固定	是	是	是	是

注:***、**、* 分别表示参数的估计值在 1%、5%、10% 的统计水平上显著,括号内为企业层面聚类稳健的标准误,下同。

从基准回归结果可以看出,对于每一列而言,立案的影响系数为 -0.019,终裁的影响系数为 -0.019,两个核心解释变量都在 1% 的显著性水平上显著为负,意味着美国知识产权调查会使得处理组企业的进口中间品质量相比于对照组企业降低更多,即美国知识产权调查的立案和终裁均会导致我国被诉企业进口中间品质量降低,假设 7-1 成立。

(三) 异质性分析

企业在所有制、贸易方式、自主创新能力等方面也存在显著差异,这些差异可能会对被诉企业进口中间产品质量造成差异化的影响。

1. 考虑不同美国市场依赖度

根据对美依赖程度在中位数的上下将企业分为高依赖度企业和低依赖度企业,从表 7-3 可以看出立案冲击对于对美依赖度低的企业进口中间品质量下降但并不显著,对美依赖度高的企业进口中间品质量在 1% 的显著性水平上显著下降,说明向美国出口量占总出口量比例较高的企业遭受到美国知识产权调查的冲击,其进口中间品的质量将会受到更大影响,进口中间品质量下降更多。

表 7-3　　　　　　　　按对美依赖度划分的异质性检验

变量	(1) 低依赖度	(2) 高依赖度
Not337Period	-0.011 (-0.99)	-0.023*** (-5.43)
Ter337Period	-0.016* (-1.79)	-0.019*** (-3.33)
lnage	0.001 (0.10)	-0.000 (-0.06)
lnsize	-0.004 (-0.46)	0.010** (2.41)
ownership	0.003 (1.11)	-0.004** (-2.23)
常数项	0.628*** (9.89)	0.593*** (17.41)

续表

变量	(1) 低依赖度	(2) 高依赖度
观测值	2999	7496
R^2	0.828	0.840
企业固定效应	是	是
年份固定效应	是	是

这可能是由于对美国市场依赖度高的企业销售额大多集中在美国，对于高依赖度被诉企业而言，在遭受到美国知识产权调查之后被排除出美国市场的损失更大，这些企业在成本升高的同时利润也大幅降低，从而显著降低进口中间品质量。

2. 考虑不同贸易类型

根据不同贸易类型将企业分为一般贸易企业和加工贸易企业。从表7-4可以看出，美国知识产权调查立案显著降低加工贸易企业的进口中间品质量，对一般贸易企业也有负向影响但不显著。这可能是因为加工贸易企业通常处于供应链的低端，从事的是代工加工等劳动密集型产业，这些企业可能更容易受到知识产权侵权的指控。一旦面临知识产权调查，企业可能面临更高的法律风险和法律成本，因此他们倾向于采取较为保守的做法，包括降低进口中间品的质量。同时，加工贸易企业通常依赖于技术供应商提供设计、工艺和生产的技术支持。知识产权调查可能导致技术供应链的不确定性增加，企业可能难以获得和使用高质量的技术支持，这会直接影响进口中间品的质量水平。相比之下，一般贸易企业可能在供应链中处于较高端，拥有更好的技术能力和资金支持。虽然他们也可能受到知识产权调查的负向影响，但由于相对较高的能力和资源，这种影响可能不够显著。

表7-4　　　　　　　按贸易类型划分的异质性分析

变量	(1) 一般贸易	(2) 加工贸易
Not337Period	-0.011 (-0.96)	-0.024 *** (-4.23)

续表

变量	(1) 一般贸易	(2) 加工贸易
Ter337Period	-0.029** (-1.97)	-0.012 (-1.57)
lnage	-0.014 (-1.05)	0.013* (1.67)
lnsize	0.026*** (2.85)	0.002 (0.55)
ownership	-0.005 (-0.50)	-0.006 (-1.07)
常数项	0.459*** (6.55)	0.630*** (19.08)
观测值	1463	4083
R^2	0.838	0.871
企业固定效应	是	是
年份固定效应	是	是

相反，被诉企业在终裁中败诉将会显著降低一般贸易类型的企业的进口中间品质量，对加工贸易企业也有负向影响但不显著，可能是因为一般贸易企业往往涉足更多的知识产权相关产品或技术，因此他们在知识产权调查中败诉的法律风险更高。一旦败诉，企业可能面临更高的法律成本和赔偿责任。知识产权调查的败诉意味着他们在产权保护方面存在缺陷，可能会损害其商誉和声誉，从而使得一般贸易企业进口中间品质量降低更多。

3. 考虑不同企业所有制

根据不同企业所有制将企业分为国有企业，外资企业和民营企业。从表7-5可以看出，美国知识产权调查立案显著降低外资企业的进口中间品质量，对国有企业和内资企业也有负向影响但不显著，这可能是由于外资企业相对于国有企业和民营企业来说更容易受到国际环境与国际政策的影响。

表7-5　　　　　　　　　按不同企业所有制划分的异质性分析

变量	(1) 国有企业	(2) 外资企业	(3) 民营企业
Not337Period	-0.005	-0.019***	-0.018
	(-0.07)	(-4.54)	(-1.37)
Ter337Period	-0.063	-0.017***	-0.031**
	(-0.87)	(-3.44)	(-2.09)
lnage	-0.035	-0.006	0.032*
	(-0.72)	(-0.94)	(1.92)
lnsize	-0.061	0.008*	-0.001
	(-0.25)	(1.74)	(-0.09)
常数项	1.009	0.609***	0.559***
	(0.58)	(18.30)	(7.83)
观测值	42	8741	1735
R^2	0.823	0.842	0.807
企业固定效应	是	是	是
年份固定效应	是	是	是

企业在美国知识产权调查终裁中败诉显著降低外资企业和内资企业的进口中间品质量，对国有企业也有负向影响但不显著，这可能是因为国有企业有相对充裕的资金资源，在面对突发状况时维持稳定，外部政策对其影响相对较小。而民营企业在终裁之后融资约束增加，相对更难获得外援融资导致民营企业的出口参与受到限制（孙灵燕，2011），从而显著降低进口中间品质量。

4. 考虑不同自主创新能力

根据不同自主创新能力强度将企业分为自主创新能力强的企业和自主创新能力弱的企业，从表7-6可以看出，美国知识产权调查立案显著降低自主创新能力弱的企业进口中间品质量，对自主创新能力强的企业进口中间品质量影响不显著，但是当被诉企业在终裁中败诉也会显著降低自主创新能力强的企业的进口中间品质量，说明自主创新能力强的企业在遭受到美国知识产权调查立案初期，能依靠其资金或技术减缓美国知识产权所带来的负向冲击，而这个负向冲击对于自主创新能力低的企业来说在立案之后一直显著存在,说明对于自主创新能力低的企业在遭受到美国知识产权调查立案之初就难以抵御,一旦被立案调查,低自主创新能力的被诉企业就会迅速降低其进口中间品质量。

表7-6　　　　按不同自主创新能力强度划分的异质性分析

变量	(1) 低创新能力	(2) 高创新能力
Not337Period	-0.017*** (-2.70)	-0.003 (-0.31)
Ter337Period	-0.020*** (-3.38)	-0.029*** (-2.98)
lnage	0.001 (0.14)	0.017 (0.84)
lnsize	0.015*** (2.64)	0.001 (0.14)
ownership	-0.002 (-1.03)	-0.002 (-0.52)
常数项	0.565*** (13.78)	0.565*** (6.68)
观测值	7168	2653
R^2	0.852	0.826
企业固定	是	是
年份固定	是	是

六、稳健性检验

由上文可知,美国知识产权调查会显著降低企业进口中间品质量,并且通过异质性分析,发现不同性质的企业遭受到美国知识产权调查对企业进口中间品质量的影响存在差异。为了证明本章实证结果的稳健性,需要进行稳健性检验。

(一) 安慰剂检验

本章采用安慰剂检验以判断美国知识产权调查对被诉企业进口中间品质量的上述影响是否真实存在。从图7-2、图7-3的安慰剂检验可以看出，经过500次随机选择伪处理组与伪处理年份，可以看出真实的政策效

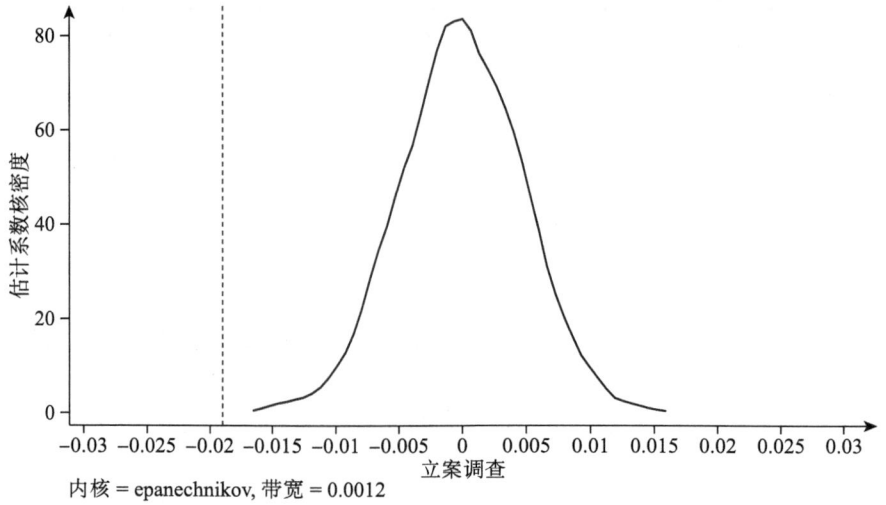

图7-2 立案的安慰剂检验

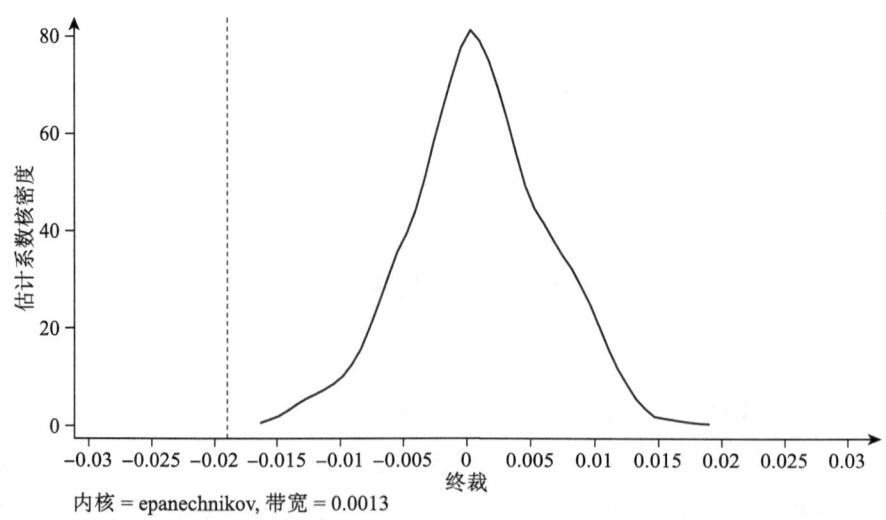

图7-3 终裁安慰剂检验

应与安慰剂检验结果显著不同,可排除其他随机因素对结果的干扰,这表明美国知识产权调查对被诉企业进口中间品质量的负向影响是真实存在的,美国知识产权调查作为外生政策冲击是有效的,被诉企业进口中间品质量的变化确实是由知识产权调查冲击所致,研究结论具有稳健性。

(二) PSM 寻找对照组估计

美国知识产权调查的对象企业的选择通常不具备随机性,容易受到企业市场集中度 (hhi)、企业出口倾向 (exp_expens)、企业规模 (lnsize)、企业所有制 (ownership) 等因素的影响,企业是否被调查可能并不是随机选定的,从而造成选择性偏误。本章用赫芬达尔指数来代表企业市场集中度,用企业出口交货值占企业总销售额之比来代表企业出口倾向,用企业职工数取对数代表企业规模,用虚拟变量来代表企业的国有性质,根据这四个对企业遭受美国对华知识产权调查的概率造成影响的因素计算出倾向得分值,接着根据模型预测值,采用非替代性一比一最近邻匹配,采用逐年匹配的方法,为每个处理组的样本分别找到与其倾向得分值最接近的对照组样本,重构成影响企业是否会遭受美国对华知识产权调查的因素最相近的新的处理组和对照组,降低美国对华知识产权调查的自选择偏误。表 7-7 第 (1) 列表示 PSM-DID 的结果,从中可以看出经过倾向得分匹配之后更换对照组再进行多期 DID 回归,美国知识产权调查的立案和调查确实会显著降低对中国被诉企业进口中间品质量,说明在排除了样本的自选择偏差之后,基准回归的结果依然稳健。

表 7-7　　　　　　　　　稳健性检验

方式	(1) PSM-DID	(2) 剔除离群值	(3) 更换对照组
Not337Period	-0.013*** (-2.77)	-0.019*** (-5.03)	-0.018*** (-3.61)
Ter337Period	-0.022*** (-4.78)	-0.019*** (-4.16)	-0.013*** (-2.75)

续表

方式	(1) PSM-DID	(2) 剔除离群值	(3) 更换对照组
lnage	-0.002	0.001	-0.001
	(-0.25)	(0.14)	(-0.18)
lnsize	0.007*	0.009**	-0.001
	(1.70)	(2.29)	(-0.97)
ownership	-0.000	-0.004	-0.001
	(-0.13)	(-0.94)	(-0.47)
常数项	0.601***	0.585***	0.654***
	(18.31)	(19.03)	(50.46)
观测值	10837	11898	18768
R^2	0.836	0.833	0.791
企业固定	是	是	是
年份固定	是	是	是

(三) 剔除离群值

考虑到离群值会使得本章的估计结果产生偏误, 为了排除离群值的干扰, 本章对进口中间品质量以及企业年龄、企业规模进行了前后1%分位的缩尾处理。从表7-7第(2)列的回归结果可以看出, 美国知识产权调查立案与终裁败诉依然显著降低了被诉企业进口中间品的质量, 说明本章结果受离群值影响很小, 可以忽略不计, 回归结果依然稳健。

(四) 更换对照组样本

考虑到样本选择的合理性, 对照组样本HS4位码选择范围可能较大, 因此本章将替换对照组样本: 由与被诉企业出口被诉产品属于同种HS4分位的产品到美国但未遭受美国知识产权调查的企业, 替换为与被诉企业出口被诉产品属于同种HS6分位的产品到美国但未遭受美国知识产权调查的企业。从表7-7第(3)列可以看出, 更换对照组之后, 美国知识产权调查立案与终裁中败诉依然显著降低了被诉企业进口中间品的质量,本章回归结果依然稳健。

(五) 多期 DID 的纠偏估计

近年来,许多文献发现多时点 DID 存在处理效应异质性的潜在问题,即同样的处理对于不同的个体产生的效果并不一样。Goodman-Bacon (2021) 提出的 DID 系数分解定理表明,多时点 DID 回归系数识别的是每个群组每一时期处理组平均处理效应 (ATT) 的加权平均,而不是受处理个体的平均处理效应。在异质性处理效应下,多时点 DID 估计系数将会产生偏误。

在将早处理组当作控制组、将晚处理组当作处理组的群组里面,此类控制组自身包含随时间增大的处理效应,使得即使所有 ATT 为正,DID 的估计系数也可能为负,即存在负权重的问题,但是如果这一类群组的数量比较少,那么负权重的问题就不会那么严重。

因此本章根据 Callaway 和 Sant'Anna (2021) 的方法解决这个问题,使用从未处理组作为控制组,将样本分为不同的子组,再使用逆概率加权稳健估计来识别不同组别的处理组平均处理效应 (ATT),把各组别在不同时期上的效应进行加总平均,对那些可能存在偏误组的 ATT 降低它们的加总权重,得到各组别受政策影响的平均因果效应。同时也用双向固定效应方法识别 ATT 来作为对比。表 7-8 通过对比可以发现,两种回归结果的回归系数和标准误都比较接近,置信区间基本重合。这说明对于本章来说,双向固定效应估计偏误问题并不严重。

表 7-8　　　　　　　　多期 DID 纠偏估计比较

变量	(1) 进口中间品质量	(2) 进口中间品质量
ATT	-0.023*** (0.004)	

续表

变量	(1) 进口中间品质量	(2) 进口中间品质量
DID		−0.029***
		(0.004)
lnage		−0.002
		(0.006)
lnsize		0.008**
		(0.004)
ownership		−0.001
		(0.001)
常数项		0.597***
		(0.029)
观测值	11020	11898
R^2		0.834
企业固定	是	是
年份固定	是	是

七、机制分析与渠道检验

（一）渠道机制检验

美国知识产权调查会导致被诉企业出口到美国市场受阻，使得企业出口贸易减少引致企业生产规模收缩，相应企业会降低对高质量进口中间品的需求，进而降低进口中间品的质量。同时，遭受美国知识产权调查使被诉企业声誉受损也会增加企业的融资约束。由于进口高质量中间品需要企业投入更多资金，所以企业对进口中间品的需求受限于生产规模以及融资能力（陈雯等，2022）。因此，本章通过构造企业生产规模和企业融资约束的变量来检验美国知识产权调查对被诉企业进口中间品质量影响的渠道机制。

参考王永进等（2017）的做法，将企业销售额增长率来作为企业生产规模（Scale）指标。参考卞泽阳等（2021）的做法，将企业主营业务收入占应收账款的比例来作为企业融资约束（Fincons）指标，这个值越大说明企业受到的融资约束越小。机制检验模型设定如下：

$$\text{channel}_{ft} = \beta_1 \text{DID}_{ft} + \lambda X_{ft} + \delta_f + \delta_t + \epsilon_{ft} \quad (7-11)$$

其中，f 表示企业，t 表示年份，被解释变量 channel_{ft} 为渠道变量，下文分别用生产规模（Scale）和融资约束（Fincons）代替，DID_{ft} 表示企业在 t 年期间是否遭受到美国知识产权调查的虚拟变量，若遭受到美国知识产权调查则取 1，否则取 0，X_{ft} 为和基准回归一致的企业层面控制变量合集，δ_f 表示企业固定效应，δ_t 表示时间固定效应，ϵ_{ft} 为误差项。

将被解释变量替换成企业生产规模，从表 7-9 第（1）列可以看出，被诉企业的企业销售额增长率相比未被诉企业而言降低更多，即美国知识产权调查会显著降低被诉企业的生产规模。这是因为美国知识产权调查期间高额的诉讼费用，以及败诉之后被排除美国市场之后导致企业生产规模收缩，从而假设 7-1 得到验证。

此外，表 7-9 第（2）列报告了将被解释变量替换成企业融资约束的回归结果，解释变量显著为负，表明美国知识产权调查会使得被诉企业收入和应收账款之比显著降低，即融资约束显著增加。这是由于美国知识产权调查一旦公布使得被诉企业的声誉受损，负面信号的释放导致企业融资更加困难，同时被诉企业出口受到阻碍进一步恶化企业的融资能力，导致企业融资约束增加，从而假设 7-2 得到验证。

表 7-9　　　　　　　　　　　　机制检验

变量	(1) 生产规模	(2) 融资约束
DID	-0.570* (-1.70)	-0.037** (-2.48)

续表

变量	(1) 生产规模	(2) 融资约束
lnage	0.056	0.027**
	(0.20)	(2.19)
lnsize	0.086	0.075***
	(0.35)	(4.32)
ownership	0.204**	0.000
	(2.07)	(0.02)
常数项	-0.277	2.006***
	(-0.15)	(15.97)
观测值	11888	9957
R^2	0.334	0.992
企业固定	是	是
年份固定	是	是

通过机制检验可以看出美国知识产权调查通过生产规模收缩、融资约束上升抑制我国被诉企业的中间品进口行为，对我国被诉企业进口中间品质量产生负向影响。

（二）调节效应检验

本章进一步利用企业向美国出口产品种类、企业向美国市场出口额作为调节变量，分别与政策变量相乘作为交互项，连同政策变量、调节变量一起加入回归，构建如下三重差分来检验调节效应：

$$\text{Quality}_{ft} = \beta_1 \text{DID}_{ft} + \beta_2 \text{DID}_{ft} \times \text{USproduct}_{ft} + \beta_3 \text{USproduct}_{ft} + \lambda X_{ft} + \delta_f + \delta_t + \varepsilon_{ft}$$
$$(7-12)$$

$$\text{Quality}_{ft} = \beta_1 \text{DID}_{ft} + \beta_2 \text{DID}_{ft} \times \text{USvalue}_{ft} + \beta_3 \text{USvalue}_{ft} + \lambda X_{ft} + \delta_f + \delta_t + \varepsilon_{ft}$$
$$(7-13)$$

其中，f 表示企业，t 表示年份，被解释变量 Quality_{ft} 是企业进口中间品质量，DID_{ft} 表示企业在 t 年期间是否遭受到美国知识产权调查的虚拟变量,若遭受到美国知识产权调查则取 1,否则取 0,USproduct$_{ft}$ 表示企业向美国出口 HS8 编码产品的种类,USvalue$_{ft}$ 表示企业向美国出口金额。为了便于解释回归系数,本章对 USproduct$_{ft}$ 和 USvalue$_{ft}$ 进行了标准化处理。X$_{ft}$ 为和基准回归一致的企业层面控制变量合集,δ$_f$ 表示企业固定效应,δ$_t$ 表示时间固定效应,ε$_{ft}$ 为误差项。

表 7-10　　　　　　　　　　调节效应分析

变量	(1) 进口中间品质量	(2) 进口中间品质量	(3) 进口中间品质量
DID	-0.027 *** (-5.77)	-0.034 *** (-5.80)	-0.025 *** (-5.18)
DID × USproducts		0.061 * (1.91)	
USproducts		0.029 (0.73)	
DID × USvalue			-0.120 *** (-3.10)
USvalue			-0.100 (-1.59)
lnage	0.003 (0.48)	0.003 (0.51)	0.004 (0.51)
lnsize	0.009 ** (2.05)	0.009 ** (2.01)	0.009 ** (2.07)
ownership	-0.001 (-0.57)	-0.001 (-0.58)	-0.001 (-0.55)
常数项	0.580 *** (17.19)	0.580 *** (17.18)	0.580 *** (17.17)
观测值	10960	10960	10960
R^2	0.836	0.836	0.836
企业固定	是	是	是
年份固定	是	是	是

由表 7-10 第(1)列可以看出政策变量的估计系数显著为负,说明

美国知识产权调查显著降低被诉企业进口中间品质量。表 7-10 第 (2) 列表明，企业遭受美国知识产权调查与企业向美国出口产品种类的交互项系数为正，说明企业向美国出口产品种类越多越会减弱美国知识产权调查对企业进口中间品质量的负向影响，即企业向美国出口产品种类的增加对于美国知识产权调查降低被诉企业进口中间品质量起到了抑制作用。表 7-10 第 (3) 列表明，企业遭受美国知识产权调查与企业向美国出口金额的交互项系数为负，说明企业向美国出口金额越多将会使被诉企业进口中间品质量下降越多。这可能是因为，随着企业向美国出口产品种类增多，美国知识产权调查对企业继续向美国市场出口的影响就会越小，企业在出口被诉产品的同时也可能会向美国出口很多未遭受起诉的产品，因此受到美国知识产权调查的冲击之后企业需要调整进口中间品质量的幅度可能更小。与此同时，企业向美国出口金额增加，意味着企业对美国市场的依赖增大，在遭受到美国知识产权调查的冲击之后，企业被诉产品将会被排除在美国市场之外，伴随而来的还有对企业在美国的声誉影响，因此遭受美国知识产权调查对企业进口中间品质量降低的影响也将会增大。

据此，本章假设 7-3 得到验证。对美出口产品种类减少以及对美出口金额增大会使得企业在遭受美国知识产权调查之后进口中间品质量下降更多。

八、进一步探讨

异质性分析得出自主创新能力强的被诉企业在遭受到美国知识产权调查的立案冲击之后，企业进口中间品质量未发生显著变化，而自主创新能力弱的被诉企业进口中间品质量降低，将会导致企业无法从高质量进口中间品中获得技术溢出。这是否意味着自主创新能力强的企业能更好地抵御美国知识产权调查的冲击？企业进口中间品质量遭受到影响之后出口产品质量又会有怎样的变化呢？因此本章将样本区分为不同自主创新能力的企业，进一步探究在遭受到美国知识产权调查导致的进口中间品质量降低之后，不同自主创新能力的企业会有怎样不同的出口市场表现。

美国知识产权调查对企业进口中间品质量的影响是从立案调查就开始，将被解释变量分别替换为滞后一期的企业出口产品质量（L. Exqualit）、滞后一期的企业向其他市场出口产品质量（L. qtExquality）、滞后一期的企业向美国市场出口产品质量（L. usExquality），并且区分自主创新能力弱的企业（Low – patent）和自主创新能力强的企业（High – patent）分样本进行回归，以此检验不同自主创新能力的企业市场表现。

表7 – 11显示，自主创新能力弱的企业受到美国知识产权调查冲击之后的一年的总出口产品质量以及出口到除美国以外其他国家的产品质量显著降低；而对于自主创新能力强的企业来说却没有显著变化。说明创新能力强的企业能更好地抵御美国知识产权调查带来的冲击。

表7 – 11　　　　不同自主创新能力企业滞后一期出口产品质量变化

变量	滞后一期出口产品质量		滞后一期其他市场出口产品质量		滞后一期美国市场出口产品质量	
	（1）	（2）	（3）	（4）	（5）	（6）
	低创新能力	高创新能力	低创新能力	高创新能力	低创新能力	高创新能力
DID	-0.028**	-0.038	-0.039***	-0.034	-0.002	0.166**
	(-2.39)	(-0.65)	(-2.91)	(-0.54)	(-0.08)	(2.11)
lnage	-0.028	0.049	-0.014	0.060	-0.034	0.127
	(-1.24)	(1.15)	(-0.60)	(1.36)	(-1.00)	(1.20)
lnsize	-0.010	0.048	-0.012	0.005	-0.010	0.030
	(-0.77)	(1.21)	(-0.72)	(0.13)	(-0.60)	(0.43)
ownership	0.013	0.039	0.004	0.056	0.031	0.086
	(1.21)	(0.98)	(0.37)	(1.32)	(1.41)	(1.55)
常数项	0.762***	0.109	0.731***	0.371	0.687***	-0.090
	(7.10)	(0.39)	(5.61)	(1.30)	(5.14)	(-0.18)
观测值	1012	142	995	140	961	131
R^2	0.851	0.880	0.840	0.871	0.822	0.847
企业固定	是	是	是	是	是	是
年份固定	是	是	是	是	是	是

单看企业向美国市场的出口，可以看出自主创新能力强的企业在遭遇到美国知识产权调查导致的进口中间品质量降低之后的一年，出口到美国的产品质量反而提高了，说明尽管与自主创新能力弱的企业一样从进口中间品之中获得的技术溢出受到了限制，但自主创新能力强的企业可以通过自主研发来弥补无法从高质量中间品中获得的技术溢出，这类企业可能本身已经通过研发掌握此项技术，或者可能通过调整产品结构来将被诉产品转为生产同种 HS4 分位码或 HS6 分位码下未受调查但产品质量略有提高的产品。

以上回归结果表明被诉企业在遭受到美国知识产权调查导致的进口中间品质量降低后的一年，自主创新能力强的企业出口到美国的产品质量显著增加，而与此同时自主创新能力弱的企业总体出口产品质量显著降低，可以得出结论自主创新能力强的企业能更好地抵御美国知识产权调查冲击，从长期来看反而促进自主创新能力强的企业的进一步研发，从而假设 7-4 得到验证。

九、结论与启示

本章基于 2008—2013 年中国工业企业数据库、中国海关数据库、USITC "不公平进口调查信息系统库" 数据库，利用多期双重差分方法检验美国知识产权调查对中国被诉企业进口中间品质量的影响，实证结果发现：第一，美国知识产权调查导致被诉企业生产规模收缩、融资约束增大，从而抑制被诉企业进口高质量中间品。第二，企业对美出口产品种类越少、企业对美出口金额越大，遭受到美国知识产权调查会使得被诉企业进口中间品质量降低越多。第三，自主创新能力强的被诉企业的出口产品质量无显著下降，甚至出口到美国市场的产品质量反而显著提升，说明自主创新能力强的企业可以更好地抵御美国知识产权调查的负向冲击。

基于上述实证研究，本章提出如下政策建议：第一，注重技术研发和创新，减少对外依赖。实证研究发现，自主创新能力强的企业能更好抵御美国知识产权调查的负面冲击，所以加强企业创新能力，通过自主研发和拥有核心技术，降低对进口中间品的依赖程度，可以减少知识产权调查对进口中间品质量产生的潜在负面影响。第二，采取措施缓解出口企业特别是民营企业融资约束难题。政府应加强金融生态环境建设，保障债券市场健康发展，增加直接融资比例，采取切实可行方法减轻企业遇到的融资难、融资贵、融资慢的问题。第三，寻找更多替代供应来源，降低企业对美国依赖程度。供应链多元化与出口市场多元化并行，降低我国企业对美国市场的依赖度。寻找来自其他国家和地区的可靠供应商，与具备良好知识产权记录和合规能力的供应商建立长期合作关系，并确保其质量控制体系符合国际标准。第四，加强知识产权意识与管理，强化合规评估和风险管理。企业建立并执行严格的知识产权管理体系，包括合规审查、技术保护和内部培训等措施，以降低知识产权侵权的风险。同时，定期进行合规评估，确保企业在知识产权保护方面持续符合要求；通过风险管理，识别和评估潜在的知识产权风险，并采取相应的控制和预防措施。

第八章

知识产权调查对全球价值链嵌入的影响效应

第八章　知识产权调查对全球价值链嵌入的影响效应

一、引言

随着经济全球化趋势的逐步发展，知识与经济之间的联系不断加深，知识产权问题成为国际贸易中讨论得越来越多的重要议题，知识产权也逐渐成为国家发展所需的重要资源，以及国际竞争中所需的核心要素。而由于美国在技术密集型产业领域处于领先地位，所以美国对于知识产权问题十分重视，并且将知识产权问题摆在事关其核心竞争力的重要位置上，想要借此在国际上持续占据优势地位。因为美国在知识产权方面处于绝对强势，所以知识产权调查在其采取的诸多贸易壁垒中成为很重要的一项手段。美国通过越来越多地对别的国家发起知识产权调查，防止本国市场的产品不遭受国外进口的同种产品侵害。

全球价值链作为国际分工的新常态，也为发展中国家可以更多地参与世界经济、深入参与全球贸易和实现出口多样化提供了新的机会。而美国不断发起的知识产权调查严重地阻碍了我国企业的出口贸易发展，这也会影响中国企业嵌入全球价值链的程度。因此在这种形势下，对于知识产权调查和全球价值链的研究问题需要予以关注和分析研究。全球价值链是国际贸易研究中的一个前沿方向，所以学术界对全球价值链的研究保持着日益增长的态势（Sturgeon T 和 Lee J–R，2001；Koopman，2008；Ponte S 和 Sturgeon T，2014）。目前关于全球价值链的文献，研究了在全球价值链背景下，关于贸易政策的选择、产业升级、前沿问题等方面，以及本章涉及的贸易地位分析与测算等问题。而就全球价值链地位测算方面，目前文献使用的多为产业层面的测算，而使用测算到微观企业层面的研究较少。如果只是使用行业层面的指标，而如本章的知识产权调查这类直接是对企业所产生影响的因子，难以深刻反映到其对全球价值链产生的动态变化，从而容易得出片面的结论。

现有文献中也很少有学者将知识产权调查问题与全球价值链相联系进

行理论与实证分析。基于不同的视角,知识产权保护会对全球价值链位置产生不同的影响。那么中国作为被实施知识产权调查的主要目标国,这种"贸易壁垒"会对中国企业在全球价值链的位置产生不同的影响。知识产权调查通过哪些作用机制来影响企业全球价值链的位置?知识产权调查对企业全球价值链的位置影响具体有多大?进一步来说,这种影响是否会因企业异质性而有所不同?抑或对企业采取的救济措施是否也会不同?

本章将知识产权调查和全球价值链相结合进行探讨,在详细分析知识产权调查对企业嵌入全球价值链的影响机制基础上提出研究假设,进而利用微观企业层面数据对假设进行实证检验。本章研究不仅有助于企业更好地应对知识产权调查,还为中国企业加深嵌入全球价值链提供了相应的微观理论基础。

二、文献综述

(一) 关于全球价值链的测算及影响因素研究

全球价值链与经济全球化的发展趋势休戚相关。Gereffi 等(2012)描述了全球价值链的理论框架,并对全球价值链的治理模式进行了研究分析。随着经济全球化的快速发展,国际分工展现出新的重要特征,即产品的生产过程包含了众多工序,被划分到各个国家分别进行加工,最终对象变成了工序、区段、环节,形成了新的分工体系,分布于世界各地,组成了全球价值链(Koopman 等,2012)。

关于全球价值链的影响因素,有很多因素其中包括国家、行业、企业等多层面的因素都会影响一国参与全球价值链。Costinot 等(2013)通过假定分析,发现生产率差异是影响各国在全球价值链分工中所处地位的决定因素。Brandt 等(2013)发现中间品贸易自由化提高了中国出口国内增加值。Chor 等（2014）研究了效率和资本密集度对中国企业在全球价值链位置的影响。Kee 和 Tang（2016）用模型进行研究，结果表明一国企业的出口增加值率受企业的成本加成、进口中间品相对价格指数及中间投入品在销售额的占比的影响。国内学者也对该问题进行了大量的研究分析，郑丹青（2014）通过实证研究发现使得企业出口贸易增加值率上升的重要因素有 FDI 流入、研发投入、品牌营销、全要素生产率。

影响全球价值链嵌入程度的因素主要有以下几个方面：一是成本因素，Bridgman（2012）研究发现随着世贸组织不断推进关税谈判，成本的降低使得国家对加入全球价值链更积极；二是技术进步因素，王玉燕等（2014）认为，随着国家技术水平不断提高，制造业嵌入全球价值链的程度也在逐渐加深；三是对外投资直接因素，Ozawa 等（1979）以动态比较优势投资理论为基础，论证了对外直接投资可以通过国外分工将处于比较劣势的产业转移到国外以此躲开贸易壁垒，从而降低贸易成本，提高全球价值链嵌入度。此外，Manova 等（2012）发现融资约束会影响企业在全球价值链中的参与模式。吕越等（2015）发现融资约束是决定我国产业在全球价值链中嵌入度的关键因素，融资约束和产业在全球价值链中地位的跃升呈负向关系。

关于全球价值链的测算，Hummels D 等（1998）定义了垂直分工的概念，并进一步研究，在 2001 年通过投入产出数据计算出垂直专业化（VS）指数，从而测算出了各国嵌入全球价值链的程度。这也引发了大量学者对全球价值链嵌入程度测算的研究热潮。对全球价值链嵌入度进行测算的方法主要有两大类。

第一类是基于投入—产出表（即 I-O 表）的宏观测算方法。这类方法主要代表有 Hummels D、Ishii J 和 Yi（2001）的方法（以下简称"HIY 方法"），其结合了测算 VS 的方法，利用 OECD10 个国家的投入—产出表测算出其 VS 指数。另外的主要代表是 Koopman 等（2012）的方法（以下简称"KWW 方法"），其进一步区分了一般贸易出口、加工贸易出口和国内最终使用的投入产出系数，然后重新考察了一国普遍存在加工贸易时，进行出口贸易的国内增加值。接着在 KWW 方法的基础上，王直等

(2015)考虑了不同国家和部门之间存在的异质性问题,并且将此考虑加入投入产出模型之中,分解出总出口到各个部门的价值及结构,形成一套新的核算体系。

第二类则是基于中国工业企业数据库和中国海关贸易数据库的微观测算方法。Upward等(2013)改进了HIY方法,测算了2003—2006年中国制造业企业国内出口增加值。后续Kee和Tang(2016)对该方法进行了改进。国内学者张杰等(2013)借鉴Upward等(2013)的方法,又提出了新的微观层面测量增加值的方法。

(二)贸易救济措施对全球价值链的影响研究

主要贸易救济措施的相关研究(Bustos,2011;刘斌等,2015)都是以关税为主,Baldwin(2006)和Koopman等(2010)的研究发现,关税水平会影响企业参与全球价值链分工的跨境成本,且计算了"关税放大率",认为在考察价值链全部阶段的情况下,关税的有效保护水平会显著上升。段玉婉等(2018)研究发现提高某行业的关税水平对下游国家的关税有效保护率产生负面效应,但美国加征关税对其自身的产业保护有限。

在非关税的贸易救济措施中,当前研究主要集中于反倾销方面。在反倾销影响全球价值链方面,学者们对此观点不一。Krupp和Skeath(2002)证实美国征收反倾销税对上下游产业产生了影响。VonSeth(2012)以欧盟对华三种中间品反倾销为例,计算了受保护行业和使用中间品行业的利润变化,发现反倾销措施对参与全球价值链环节的不同行业产生不同程度的抑制效应。王孝松等(2017)研究发现,国外反倾销会使我国相关行业总出口、最终产品出口和中间产品出口的国内增加值率降低,使相关行业参与GVC地位指数下降,而行业的上游度指数增加。余振等(2018)通过实证分析发现,中国参与全球价值链重构,对它本身遭受的贸易摩擦存在着"催化剂效应"和"润滑剂效应"。黄永明等(2019)发现知识产权调查显著抑制了中国制造业的总出口增加值关联以及中间品和最终品增加值关联。代中强(2020)提出,美国发起的知识产权调查成功地阻碍其他国家行业或企业的价值链攀升进程,那么这些被诉行业或企业会产生"低端锁定效应"。

但是Kang等(2012)发现主动反倾销对国内行业存在正面影响(Pierce, 2011；李春顶等,2013；刘爱东等,2016)。罗胜强和鲍晓华(2018)认为,反倾销措施能够提升整个行业大体上的生产率,那么这时候的反倾销可能会起到一些积极作用。例如,淘汰相对落后产能、净化市场大环境和有效推动产业升级换代。齐俊妍和孙倩(2014)的研究认为出口总额会随着中国遭遇反倾销强度的增大而增大。因此,我国遭受反倾销可以促进国内产业在一定程度上得到升级,并且提高增加值较高产品的出口量,会帮助出口贸易结构得到优化,从而促使我国产业朝全球价值链上游移动。

现有全球价值链文献中各方面研究内容都较为丰富,但在全球价值链嵌入度测算方面,大部分文献选择的都是宏观层面的测算方法,利用投入产出表测算行业的全球价值链嵌入度,使用测算的企业全球价值链嵌入度来进行研究的文献相对较少。而在知识产权方面,与关注知识产权保护的文献不同,现有关于知识产权调查影响的定量分析文献少之又少。此外,在研究贸易壁垒与全球价值链关系的文献中,将知识产权调查贸易壁垒这一论题与全球价值链相结合的文献也寥寥无几。因此本章主要关注的是知识产权调查问题,将尝试考察知识产权调查对我国企业嵌入全球价值链的影响。本章还将参考上述文献有关于全球价值链嵌入度测算的第二类方法,也将借鉴反倾销对全球价值链影响的思路,分析知识产权调查对企业全球价值链嵌入影响的理论机制,并在企业层面上基于不同视角对影响进行实证分析,致力于填补关于知识产权调查对企业全球价值链影响相关研究的空白,为中国应对知识产权调查和加深嵌入全球价值链等相关问题的研究提供微观基础。

三、知识产权调查对企业嵌入全球价值链的影响机制

美国发起知识产权调查的根本目的,就是通过这种手段来防止其国内

市场生产的产品被别国的相同进口产品所侵占,从本质上讲就是一种"贸易壁垒"。从知识产权调查的整个过程来看,原告实际上也是处于十分有利的位置。因此,美国发起的知识产权调查使得别国经营出口业务的企业背负巨大的受诉压力,并且如若败诉,知识产权调查的处罚措施,即实施相关救济手段也相当严厉。而我国早就成为美国发起知识产权调查的最大目标国家,因此知识产权调查势必会对我国企业嵌入全球价值链造成影响。

(一) 知识产权调查对企业嵌入全球价值链的影响渠道

1. "直接效应"

知识产权调查中 ITC 所实施的临时救济措施和救济措施,使得企业产品无法出口至美国。所以企业的出口受到抑制,即企业的出口订单将减少,这必然导致企业相应缩减其产量,进而使得企业减少对上游原材料等中间品的进口,从而使得企业出口中包含的国外增加值减少,本章将此视为知识产权调查的"直接效应"。当仅仅发生该效应时,若出口减少量与中间品进口减少量比例相同时,企业出口的国外增加值率(即 FVAR)保持不变。如若知识产权调查的其他效应联合发生作用时,企业出口的国外增加值率下降,因此降低了我国企业的全球价值链嵌入度。

2. "连带效应"

知识产权调查的应诉过程中,企业会花费大量的时间和精力,并且还需要支付高昂的费用,这必然会影响企业的日常生产经营活动,给企业带来不可估量的损失,也无形中增加了企业的经营成本,使企业负有巨大的经济压力。因此,企业可能会因为资金问题而导致生产率水平下降,使得企业竞争力下降。并且企业可能会因为资金的压力,导致企业用于技术创新研发的费用减少。发展中国家技术水平的提高,会引导发展中国家参与全球价值链更深层次的分工(尹伟华,2016)。所以与之相反,知识产权调查的"连带效应"会影响企业的日常生产经营,并且降低企业的技术创新研发投入,从而使得我国企业的全球价值链嵌入度降低。

3. "贸易转移效应"

逯宇铎等（2017）通过实证分析得出，企业将产品出口到发达国家，会对企业进口的国外增加值率有显著的正向作用，但是如果将产品向东盟国家出口，就会对企业出口的国外增加值率有显著的负向作用。这说明出口至经济水平高且技术先进的国家会促进企业出口的国外增加值率增长，而出口至经济水平低且技术落后的国家会降低企业出口的国外增加值率，对企业的国外增加值率有不同的影响。所以被采取救济措施后，被诉企业可能会因此产生国家间的贸易转移效应，将产品转向发展中国家出口。另外，因为遭受了知识产权调查，部分被诉企业可能会产生行业间的贸易转移效应，转去上游行业。所以知识产权调查使得被诉企业发生国家间的贸易转移和产业间的贸易转移，这种"贸易转移效应"会使得被诉企业的全球价值链嵌入度降低。

4. "逐出效应"

加工贸易类企业本来就大多处于全球价值链的低端环节，大多数的业务来自外国的劳动密集型的外包业务。而其中部分生产率较低的被诉企业，就可能因为无法出口至美国这个主要的出口市场，故而被逐出市场，那么这些被诉企业的中间品进口也将大幅下降。所以知识产权调查使得被诉企业减产甚至退出市场，这种"逐出效应"会使得被诉企业的全球价值链嵌入度降低。

5. "报复效应"

被诉企业在遭受知识产权调查后，可能会因此产生报复心理。进而一方面可能减少从美国进口中间品，这会增加企业的成本，也会减少企业进口的中间投入品数额；另一方面被诉企业有可能减少在美国的对外投资，这会使企业减少从美国学习到先进技术的机会，因此阻碍了企业的技术进步。这种知识产权调查的"报复效应"，也会从两方面降低被诉企业的全球价值链嵌入度。

（二）知识产权调查申请对企业全球价值链嵌入度的影响

1. 申诉人在起诉中国企业后可以向 ITC 申请，或者 ITC 审核决定主动对被诉企业裁定实施临时救济措施,其中主要的措施包括临时禁止令和临时排除令。根据上文对救济措施的介绍,这些救济措施的实行会使得涉案企业在知识产权调查结束之前,中国的被诉企业都无法继续销售已经出口到美国的侵权商品以及无法将侵权商品出口至美国,这严重抑制了被诉企业的出口。所以,知识产权调查申请会通过"直接效应"降低被诉企业的全球价值链嵌入度。

2. 企业被起诉后,一旦我国企业选择应诉,在应诉过程中也将面对诸多困难。首先,在应诉过程中必然耗费企业的时间和精力,可能会对企业的日常生产与经营活动产生一定的影响。其次,不同于原告企业仅需要缴纳150美元的诉讼费,我国企业在应诉过程中需要支付高昂的律师费等相关费用。最后,根据上文对我国企业知识产权调查的应诉情况进行的分析可知,我国企业想要在知识产权调查中胜诉的可能性很低,所以想要在知识产权调查中保护自身利益和争取到一个比较好的判决结果,可能还需要花重金聘请国内外专业人士来协助调查。就算是我国被诉企业与申诉方达成了和解协议或同意令,其前提也是在被诉企业承认侵权事实,并且被迫与申诉方达成各项不平等合约,其中主要包括支付大量的赔偿金和支付给申诉方其提出的所需缴纳的知识产权费用。因此,知识产权调查申请会通过"连带效应"降低被诉企业的全球价值链嵌入度。

综上所述,收到知识产权调查申请通过"直接效应"和"连带效应"分别抑制了被诉企业出口,影响企业生产经营和降低企业研发投入。因此本章提出如下假设:

假设8-1:被诉企业收到知识产权调查申请后,"直接效应"和"连带效应"导致被诉企业嵌入全球价值链程度降低。

(三) 知识产权调查败诉对企业全球价值链嵌入度的影响

1. 被诉企业如果在知识产权调查中败诉,即ITC终裁判定为侵权,则会立刻被采取救济措施,导致企业支付高额赔偿金,还会停止宣传销售之前已经出口至美国的涉案产品,并且禁止该企业的涉案产品,乃至我国相同行业生产的同种产品无法出口至美国,甚至企业的产品被排除在美国市场之外。此外,如果本国被告企业缺席且不与原告进行任何的谈判或是寻求和解,则 ITC 一般也会按照原告的请求颁发救济措施的命令,也相当于败诉。在所有应诉情况中,中国企业多数会选择缺席被告,这直接让 ITC 对企业作出"缺席判决",而剩下选择应诉的本国企业在知识产权调查中也基本以败诉告终,近十年内,在知识产权调查中胜诉的中国企业不超过十家。因此,知识产权调查败诉同样会通过"直接效应"降低被诉企业全球价值链嵌入度。

2. 被诉企业败诉被采取救济措施后,因为失去了美国这一主要发达国家的出口市场,所以有可能因此产生国家间的贸易转移效应,将产品出口至别国,并且因为害怕遭遇发达国家的贸易壁垒,转而向一些发展中国家出口,从而导致被诉企业出口的国外增加值率受到影响。另外,因为遭受了知识产权调查,部分被诉企业会产生行业间的贸易转移效应,放弃涉案产品业务乃至向下游环节的开拓,转去上游行业销售原材料,从而减少企业的进口中间品投入。因此,知识产权调查败诉会通过"贸易转移效应"降低被诉企业全球价值链嵌入度。

3. 败诉的被诉企业中,存在部分生产率较低的、位于全球价值链低端的加工贸易类企业,他们不仅遭受了巨大的经济损失,还会因为无法出口至主要的目标市场,逐渐减少产量最终退出市场。因此,知识产权调查败诉会通过"逐出效应"使得被诉企业的全球价值链嵌入度降低。

4. 知识产权调查中败诉的被诉企业,因为遭受了知识产权调查的贸易壁垒并且受到 ITC 所施加的救济措施后,可能会因此产生报复心理,所以可能会采取报复行动,比如减少从美国进口中间品、降低对美国的对外投资等。因此,知识产权调查败诉还会通过"报复效应"降低被诉企业的全球价值链嵌入度。

综上所述,知识产权调查败诉会通过"直接效应""贸易转移效应""逐出效应"和"报复效应",分别抑制被诉企业出口,使被诉企业发生贸易转移,将被诉企业逐出市场以及采取报复行为(见图 8-1)。因此本章作出如下假设:

假设8-2：被诉企业在知识产权调查中被判定败诉后，ITC会对企业采取严厉的救济措施，"直接效应""贸易转移效应""逐出效应"和"报复效应"等影响渠道会降低被诉企业在全球价值链中的嵌入度。

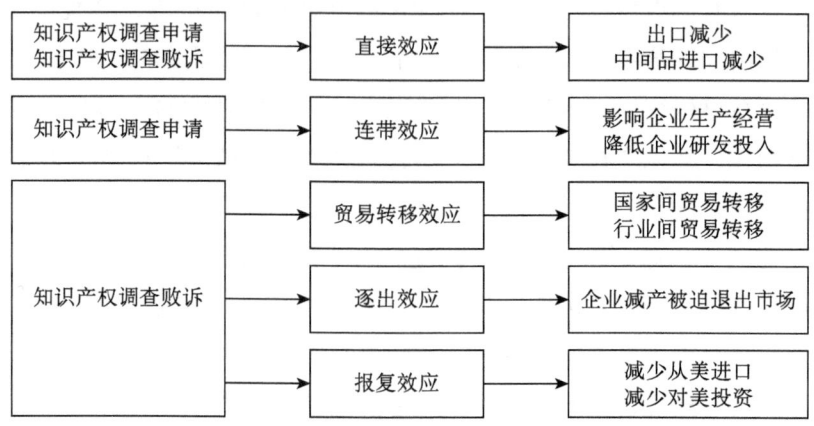

图8-1　知识产权调查对企业嵌入全球价值链的影响机制

四、企业全球价值链嵌入度的指标测算

（一）企业全球价值链嵌入度的测算方法

当前，文献中对全球价值链嵌入度的测算主要分为两部分。而由于利用投入产出表对全球价值链嵌入度进行测算的方法，是从宏观层面出发进行测算的，所以这种方法存在有些无可避免的缺陷。首先，投入产出表存在的潜在设定为投入产出系数（即I-O系数）是固定的，所以这种宏观的测算方法无法反映出微观企业的投入产出决策；其次，投入产出表只落脚于行业层面，无法体现出更微观的行业中存在的企业异质性。因此相对而言，从微观层面对全球价值链嵌入度进行测算，能更好地对企业层面的

异质性进行研究。下文对近年来文献中的有代表性的四种方法，也是对企业 GVC 嵌入度测算方法的调整过程，进行归纳总结，并利用最终方法进行全球价值链嵌入度的测算。

1. Upward 等（2013）的方法

由于 HIY 方法测算国外增加值率的方法中，并没有对一般贸易和加工贸易分别进行测算，所以 Upward（2013）基于 Koopman（2012）的方法，直接将中国工业企业数据库和中国海关贸易数据库进行了匹配，然后测算出中国企业层面出口的 FVAR。这种方法首先假设了企业所有的国外进口产品都被用作中间投入，其中，加工贸易的所有进口全部投入加工贸易出口生产，一般贸易则以 1∶1 的比例分配于一般贸易出口和国内销售。测算公式如下：

$$\text{FVAR} = \frac{\text{FVA}}{X} = \frac{M_1 + X_0[M_0/(D+X_0)]}{X} \quad (8-1)$$

其中，FVAR 代表企业出口的国外增加值率，FVA 代表企业出口的国外增加值，M、X 分别代表企业的进出口总额，下角标的 0 和 1 分别代表一般贸易与加工贸易。D 代表企业在国内的销售额，通过将工业企业数据库中的企业销售产值减去出口交货值得出，如果企业的销售产值比出口交货值小，则假定企业出口的国外增加值等于一般贸易进口额与加工贸易进口额相加；如果企业出口的国外增加值大于出口总额时，则假定企业的国外增加值率为 1。

2. 改进后的 Upward 等（2013）方法

上述方法虽然区分了一般贸易与加工贸易，且上述假定中的所有进口全部被用作中间投入，也适用于加工贸易，但是现实中一般贸易的所有进口可以同时被用作中间投入和最终品使用。所以在上述方法基础上，Upward（2013）将 HS 编码转化为 BEC 产品编码，进一步区分一般贸易进口品中哪部分用作中间投入。测算公式如下：

$$\text{FVAR} = \frac{\text{FVA}}{X} = \frac{M_1 + X_0[M_0^m/(D+X_0)]}{X} \quad (8-2)$$

其中，M_0^m 代表 BEC 产品分类下的一般贸易进口品中的中间投入品。其余变量与上述相同。

3. 张杰等（2013）的方法

张杰等（2013）重点考虑了之前未考虑的贸易代理商的问题，因为我国企业受到一些进出口经营权的行政限制以及企业自身存在的如能力、资金等限制，存在着中间贸易商问题，即帮助其他企业间接进出口。这种现象会影响到测算的准确性，低估企业出口的 FVAR。所以借鉴 Ahnetal（2010）的方法，识别出海关数据库中企业名称含有"科贸""贸易""经贸""进出口"等信息的中间贸易商。测算公式变化如下：

$$\text{FVAR} = \frac{\text{FVA}^a}{X} = \frac{M_1^a + X_0 \left[M_0^{am} / (D + X_0) \right]}{X} \quad (8-3)$$

其中，FVA^a 代表企业实际出口的国外增加值率，M_1^a 和 M_0^{am} 分别代表实际加工贸易和实际一般贸易的中间投入进口额。最后要得到企业实际的加工贸易以及实际一般贸易的中间品投入额，测算公式如下：

$$M_1^a = \sum_k \frac{M_1^k}{1 - m_k} \quad (8-4)$$

$$M_0^{am} = \sum_j \frac{M_0^{mj}}{1 - m_j} \quad (8-5)$$

其中，k、j 分别代表企业通过加工贸易和一般贸易的进口产品。m_k 是通过计算特定 6 位 HS 产品编码下的产品 k 的进口总额中，中间贸易商对该类产品的累计进口总额占总进口的份额，并且假定其他企业进口产品时通过中间贸易商进口的份额都为 m_k。

4. 吕越等（2015）的方法

基于上述方法，再结合 Kee 和 Tang（2016）的考虑，企业之间的产品交易引致的间接进口，包含部分海外附加值。Koopman（2012）提出这部分份额比例在 5%—10% 之间。对此，吕越等（2015）将这部分份额的比例设置为 5%。测算公式变化如下：

$$\text{FVAR} = \frac{\text{FVA}^a}{X} = \frac{M_1^a + X_0 \left[M_0^{am} / (D + X_0) \right] + 0.05 \{ M_T - M_1^a - X_1 \left[M_0^{am} / (D + X_0) \right] \}}{X}$$

$$(8-6)$$

其中，M_T 代表企业的中间品投入额。其余变量与上述相同。

（二）全球价值链嵌入度测算结果分析

本章将《中国工业企业数据库》和《中国海关贸易数据库》进行匹配，并且选取其中2000—2007年的数据，然后利用上文中的第四种测算方法，即吕越等（2015）的方法得出衡量我国企业全球价值链嵌入度的指标，即本章的主要被解释变量——企业出口的国外增加值率（FVAR）。然后本节将测得的数据结果从总体趋势、不同贸易方式企业以及不同所有制类型企业的角度进行分析。

首先，本章将企业国外增加值率（FVAR）大于0的企业定义为嵌入全球价值链的企业。图8-2通过测得的数据，报告了2000—2007年每年嵌入全球价值链的企业数目。从图中可以看出，每年嵌入全球价值链的我国企业数目是逐年增加的，2000年我国工业企业数据库中嵌入全球价值链的企业一共9948家，而2007年我国工业企业数据库中嵌入全球价值链的企业升至28280家。其中，增加幅度最大的是2004年。但是嵌入全球价值链的企业占工业企业数据库内所有企业数目的比例却在逐年下降，其中，2000年嵌入全球价值链的企业数目占工业企业数据库当年企业总数的比例为68.42%，而2007年该占比则降至52.6%。这说明我国整体上参与全球价值链分工的企业规模有所减小。

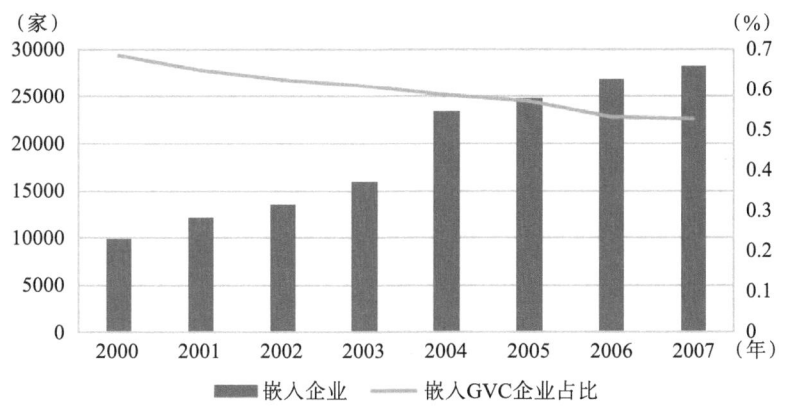

图8-2 2000—2007年嵌入全球价值链的企业数

图8-3显示了2000—2007年我国企业全球价值链嵌入度的变化趋势。从图中可以看出我国企业的全球价值链嵌入度在2000—2007年呈逐年下降的趋势，2000年我国企业平均的全球价值链嵌入度为0.3591，而2007年我国企业平均的全球价值链嵌入度降至0.2030，7年间持续下滑，下滑幅度为0.1561。再结合图8-2分析，这可能是因为我国新加入的企业还没有马上嵌入全球价值链之中，或者是新加入的企业在全球价值链的嵌入度较低。

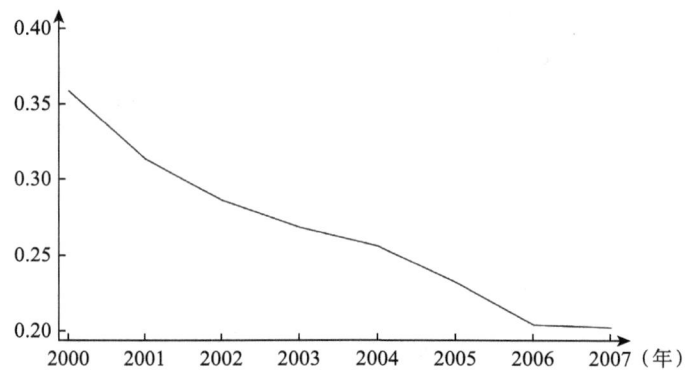

图8-3　我国企业全球价值链嵌入度情况

图8-4显示了2000—2007年不同贸易方式和不同所有制企业的全球价值链嵌入度。从区分不同贸易方式的角度看，加工贸易企业的FVAR明显高于一般贸易企业，但加工贸易企业的FVAR在这几年下降的幅度稍微大于一般贸易企业的FVAR。而从区分所有制企业的角度来看，四种所有制企业的FVAR大体上也是呈下降趋势。其中，外资企业出口的FVAR整体而言最高，其次是港澳台企业，两者明显大幅大于GVC嵌入度较低的国有企业和民营企业，其中民营企业的FVAR最低。下降幅度最大的是外资企业和港澳台企业，而其中港澳台企业的FVAR在2000—2007年下降幅度最大，下降了约10个百分点。由此可知，我国企业出口中较高的FVAR可能多数来源于外资企业和港澳台企业。但我国企业FVAR呈下降趋势，可能主要因为这些企业出口的FVAR的下降。可能因为外资企业和港澳台企业在我国注资的多为劳动密集型的加工贸易类企业，正因其注入资本和带

动生产，所以促进了我国大批的类似生产企业的发展，进而使得我国企业出口中的国内中间品有所增加，从而导致企业出口的 FVAR 有所下降。同时，民营企业也呈现明显的下降趋势。相比之下，虽然国有企业的 GVC 嵌入度较低，但是国有企业的 FVAR 较为平稳，这可能是因为国有企业拥有较多的资源和要素积累，所以能在参与全球价值链分工时处于较为稳定的地位。

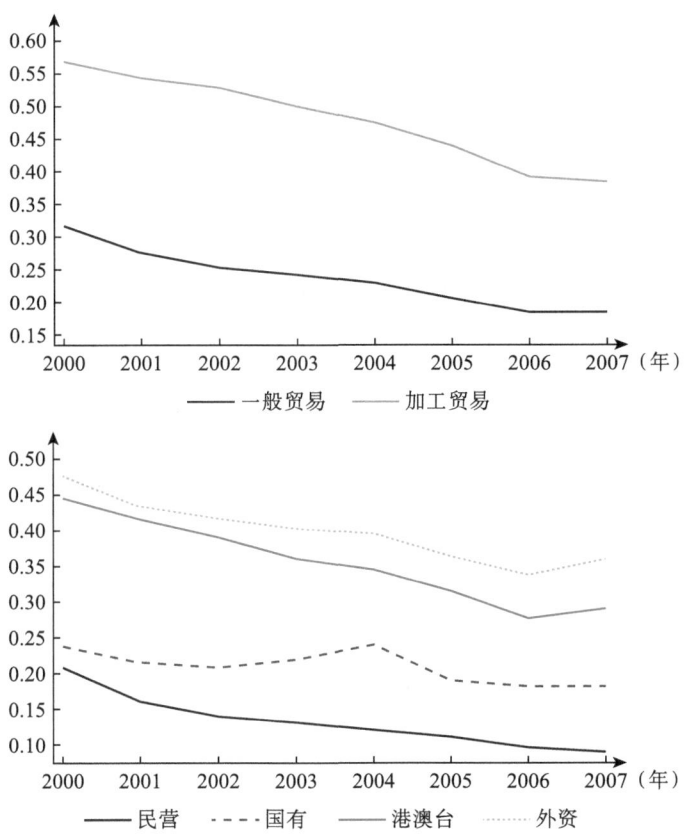

图 8-4 不同贸易方式、所有制企业全球价值链嵌入度

无论是区分贸易方式还是所有制，都可以看到我国企业的 GVC 嵌入度总体呈现下降趋势，这说明虽然我国有越来越多的企业参与进全球价值链分工，并且嵌入全球价值链之中，但是我国企业在嵌入全球价值链的过程中还是面临着很多困难与阻碍。

五、计量模型、数据处理及样本选取

(一) 计量模型设置

知识产权调查对中国企业嵌入全球价值链产生消极影响主要在于两个时段:企业受到知识产权调查时以及最终裁决时。本章参考 Lu Yi 等 (2013) 的模型,利用 DID 方法估计回归模型。同样分为两个时间段进行考察,分别对应知识产权调查中的两个时间点,即收到调查申请的时间和调查结束的时间。同时利用时间变化和横截面变化来探究在知识产权调查过程的相关阶段前后对处理组、对照组的结果进行比较。具体的基准回归模型如下:

$$FVAR_{it} = \alpha_1 Not337_i \times Period_{it}^1 + \beta_1 Ter337_i \times Period_{it}^2 + \lambda X_{it} + \delta_i + \delta_t + \varepsilon_{it}$$

(8-7)

其中,i 表示企业;t 表示时间;$FVAR_{it}$ 表示企业 i 在第 t 年的全球价值链嵌入度;$Not337_{it}$ 表示企业 i 是否遭受美国知识产权调查的虚拟变量,如果企业遭受了知识产权调查,则取值为 1,否则为 0;$Ter337_{it}$ 表示企业 i 是否在美国知识产权调查中败诉的虚拟变量,如果企业败诉,则取值为 1,否则为 0;X_{it} 为控制变量集合;δ_i 表示不随时间变化的企业个体效应;δ_t 则代表控制时间的固定效应;ε_{it} 为随机误差项。两个时间的变量分别对应知识产权调查过程中的两个时间点,设置为虚拟变量,具体设置如下:

$$Period_{it}^1 = \begin{cases} 1 & \text{if } t_0 \leq t < t_1 \\ 0 & \text{otherwise} \end{cases}$$

(8-8)

$$Period_{it}^2 = \begin{cases} 1 & \text{if } t \geq t_1 \\ 0 & \text{otherwise} \end{cases}$$

(8-9)

其中,t_0 表示企业 i 收到美国知识产权调查申请的年份;而 t_1 表示企业 i 在知识产权调查中裁定为败诉的年份。本章主要变量的描述性统计如表 8-1 所示，可以看出选取样本中我国企业的 FVAR 均值只有 0.29，数值较低，说明我国企业嵌入全球价值链的程度普遍较低。

表 8-1　　主要变量的描述性统计

变量	观测值	均值	最小值	最大值	方差
FVAR	5909	0.2903	0	1	0.3711
Not337 × Period1	5909	0.0054	0	1	0.0734
Ter337 × Period2	5909	0.0039	0	1	0.0623

（二）数据处理和匹配

本章的数据来源于：（1）美国对中国发起的知识产权调查的数据。数据是由 USITC "不公平进口调查信息系统库"，再结合中华人民共和国商务部贸易救济调查局公布的信息整理而得。（2）中国工业企业数据库。数据库中统计的对象覆盖了全部国有工业企业，以及规模以上的（主营业务收入大于 500 万元）非国有企业。工业企业数据库中包括了企业所涉及的充足的信息，比如企业的名称、组织机构代码、登记注册类型、注册年份、行业类别、从业人数、主营业务收入、工业总产值、出口交货值、研究开发费用等指标。（3）中国海关数据库。该数据库记录了企业每一笔进出口数据，包括贸易方式、出口目的国、数量和金额等多个指标。本章所使用的企业各类产品的出口数据均来源于中国海关库。

本章对数据进行了以下处理工作：首先对知识产权调查的数据进行了整理，来自中国商务部贸易救济调查局公布的信息中包括所有中国企业涉案的案件，而 USITC "不公平进口调查信息系统库" 中可以根据案件查询到每个案件的相关数据，其中包括案件原告、被告、执行法官、调查开始和结束的时间、判决结果等信息，由于知识产权调查相关的数据不涉及企业信息，所以为了方便进行匹配，利用企业名称和涉案信息通过天眼查等工具，继续整理了企业组织机构代码、电话号码等信息；其次借鉴 Ahnetal（2010）的方法，将海关数据库中的企业名称含有"科贸""贸易""经贸""进出口"等信息的企业辨别出来,这些企业视为中间贸易商;最后对中国工业企业数据库进行处理,去除缺失主要指标的数据,部分缺失数据用均值填充,并且对于明显不符合会计准则的数据进行了剔除,如总资产小于固定资产、总资产小于固定资产净值、累计折旧小于本年折旧等,以及剔除了职工人数小于 8 人等不合理样本。

接下来本章对数据库进行了匹配,首先依次利用企业名称、企业组织代码和企业电话号码,对知识产权调查数据和中国工业企业数据库进行匹配;其次参考了田巍和余淼杰(2013)的做法,先利用企业名称和年份进行匹配,然后对没有匹配成功的企业,再利用企业所在地的邮政编码和企业电话的后 7 位进行匹配,从而完成对中国工业企业数据库和中国海关数据库的合并工作。

(三) 样本选取

通过上述对数据的整理发现,2000—2007 年,在美国对别的国家发起的知识产权调查案件中,包含了具体调查企业信息的共有 202 起,其中对中国发起的含有具体调查企业信息的知识产权调查案件共 38 起,占比为 18.8%。因为同一个案件可以对多家企业发起诉讼,所以与中国工业企业数据库匹配后,能成功与之匹配的知识产权调查案件数目为 23 起,其中涉及被调查企业共有 60 家。具体情况如表 8-2 所示。

表 8-2　　　　　　　　知识产权发起调查及匹配数目

年份	调查总数(起)	中国涉案数(起)	匹配案件数(起)	匹配企业(家)
2000	17	1	1	1
2001	24	1	0	0
2002	18	3	1	3
2003	17	5	3	9
2004	26	6	4	7
2005	31	5	2	10
2006	33	8	7	14

续表

年份	调查总数(起)	中国涉案数(起)	匹配案件数(起)	匹配企业(家)
2007	36	9	6	16
合计	202	38	23	60

根据世界海关组织的 HS2002 编码标准对遭受调查企业的产品进行分类，在匹配后得到的 23 起案件中，包含机电类产品涉案 13 起，占比为 56.5%。在遭受知识产权调查的机电类产品案件中，涉及的企业共有 29 家。从中可以发现机电行业是遭受知识产权调查最多的行业。另外，从调查的结果来看，在遭受调查的 60 家企业中，仅有 5 家企业胜诉（或者原告撤诉），剩下的企业或因缺席或因败诉，都遭受了美国贸易委员会的救济措施，其中部分判决结果虽然显示为和解，但其实是"被迫和解"。因为和解的条件是与原告达成各项不平等合约，还要支付原告高昂的和解费用，其本质上也达到了美国实施该种贸易壁垒的目的，所以还是败诉。

根据双重差分（即 DID）模型的基本思想，本章需要根据中国企业是否遭受了美国知识产权调查来对样本进行分组，其中遭受了知识产权调查的中国企业为处理组，而未遭受知识产权调查的中国企业则为对照组。所以上述匹配成功后，在 2000—2007 年遭受知识产权调查的 60 家企业划分为处理组，样本观测值为 185。

由于中国工业企业数据库中样本观测值与处理组相比实在是过多，所以本章参照了 Blonigen 和 Park（2004）、Lu Yi 等（2013）的做法，利用倾向得分匹配（PSM）思想来寻找对照组。利用一些会对企业遭受知识产权调查造成影响的变量，来构建 Logit 模型进行回归，得到倾向值得分，即预测企业是否会遭受知识产权调查的可能性。

用于估测企业遭受知识产权调查可能性的变量包括：（1）企业年龄（age）：用企业研究年份与企业成立年份之差来表示；（2）企业规模（ln_cyrs）：用企业职员人数的对数来表示；（3）人力资本（pwage）：利用人均工资的对数作为替代指标来衡量；（4）资本密集度（zbmjd）：利用出口交货值和工业总产值的比值来衡量；（5）企业生产率（tfp_lp）：利用 lp 方法求得的企业生产率；（6）行业集中度（hhi_yysr）：利用营业收入计算得

到赫芬达尔指数,这是一种测量行业集中度的综合指数,可以衡量企业面临的竞争程度,该指数越大则企业面临的该行业垄断程度越高。这些变量的描述性统计如表8-3所示。

表8-3 其他变量的描述性统计

变量	观测值	均值	最小值	最大值	方差
age	5909	6.7566	1	10	2.2901
ln_cyrs	5909	5.1341	2.1972	9.8408	1.1627
pwage	5784	2.6648	-4.4427	6.6832	0.8820
zbmjd	5909	2.4568	-3.29	8.6167	1.8199
tfp_lp	5909	1.1673	0	10.1446	2.4704
hhi_yysr	5909	0.0235	0	0.5622	0.0787

以行业两位数代码对数据进行拆分,在每一个行业内,仅保留预测可能性大于75%的企业样本,再将各行业保留下的样本进行汇总,最终形成对照组。利用倾向得分匹配方法,使得遭受知识产权调查的企业(处理组)和未遭受知识产权调查的企业(对照组)差距尽可能小,也便于排除其他因素导致企业遭受知识产权调查的影响,从而避免样本选择性偏误的问题。最终得到的对照组包括1967家企业,共5724个观测样本。

本章使用的是2000—2007年中国工业企业数据库的数据,其中也存在部分企业不是每年都被收录进工业企业数据库中,或者部分企业有些年份的数据,在上文对工业企业数据库进行数据处理时,由于不符合筛选条件而被剔除,所以本章最终形成的是非平衡面板数据。最终将对照组与处理组的数据汇总,共得到5909个观测样本值,其中包含2027家企业。

六、实证结果分析

本章通过上文设置的基准回归模型进行了实证分析,采用2000—2007年的企业数据来检验知识产权调查对于中国企业嵌入全球价值链的影响,验证了上文提出的研究假设,然后本章控制了企业所在行业,区分了企业贸易方式和所有制类型作进一步讨论,最后进行了相关稳健性分析。

(一) 基准回归

表 8-4 是对整理后的全部样本利用上述回归模型进行基准回归的结果。所有列中的被解释变量都是衡量企业全球价值链嵌入度的指标——企业出口的国外增加值率(FVAR),第(1)列和第(2)列主要考察企业受到知识产权调查时对其全球价值链嵌入度的影响,第(3)列和第(4)列则主要考察企业在知识产权调查中败诉对其全球价值链嵌入度的影响,其中第(2)列和第(4)列是加入了企业年龄、企业生产率等控制变量的回归结果。第(1)列中解释变量的系数在1%的水平上显著为负,第(2)列加入控制变量后,系数依然十分显著,在1%的水平上显著为负。企业遭受知识产权调查对其在全球价值链的嵌入有明显的负向作用,这说明企业受到知识产权调查后其全球价值链嵌入度降低,验证了假设8-1。第(3)列和第(4)列中企业在知识产权调查中败诉的变量的系数同样显著为负,但影响效果比受到调查要稍小一些,其中未加入控制变量时,显著度稍差。企业在知识产权调查中败诉同样会使得企业全球价值链嵌入度降低,这说明企业在知识产权调查中败诉后,明显阻碍了企业嵌入全球价值链,这个结果同样验证了本章的假设8-2。以上结果都表明,知识产权调查会对我国企业嵌入全球价值链产生消极的影响。

另外,控制变量在模型中的回归结果也可以从表中看出,企业年龄越大,其全球价值链嵌入度越高;企业职工人数、人力资本、资本密集度、企业的生产率往往都在一定程度上反映了企业的规模与生产能力,企业规模越大、生产能力越强,越能克服贸易活动中所遇到的经营风险等问题,越能适应国际市场参与全球价值链的分工;赫芬达尔指数反映了企业所在行业的竞争程度,回归结果反映了赫芬达尔指数越高,即行业竞争越激烈,企业的全球价值链嵌入度越低,并且赫芬达尔指数对企业全球价值链嵌入度的负向影响很大。

表 8-4　　　　　　　　　　基准回归结果

变量	(1) FVAR	(2) FVAR	(3) FVAR	(4) FVAR
Not337 × Period[1]	-0.1538***	-0.3334***	-0.1547***	-0.3693***
	(0.0352)	(0.0380)	(0.0353)	(0.0391)
Ter337 × Period[2]			-0.0876*	-0.2954***
			(0.0487)	(0.0484)
age		0.0106**		0.0106**
		(0.0054)		(0.0054)
ln_cyrs		0.0148*		0.0162***
		(0.0042)		(0.0083)
pwage		0.0611***		0.0620***
		(0.0127)		(0.0127)
zbmjd		0.0104*		0.0124**
		(0.0059)		(0.0059)
tfp_lp		0.0022***		0.0260***
		(0.0042)		(0.0043)
hhi_yysr		-0.3065***		-0.3054**
		(0.0639)		(0.0639)
常数项	0.4819***	0.2414***	0.4834***	0.2269***
	(0.0409)	(0.0663)	(0.0405)	(0.0661)
个体固定	Yes	Yes	Yes	Yes
年份固定	Yes	Yes	Yes	Yes
样本量	5909	5784	5909	5784
R^2	0.0295	0.0752	0.0300	0.0800

注：括号内聚类稳健标准误。*、**、*** 表示在10%、5%、1%的统计水平上显著，下同。

（二）进一步拓展研究

1. 对机电类回归

因为机电类产品在遭受知识产权调查的产品中涉案最多，所以本章将生产机电类产品的企业挑选出来,单独进行回归分析,看结果与基准回归结果是否相同。结果如表 8-5 所示,从第(1)列、第(2)列回归结果可以看出,未加控制变量和加入控制变量,被诉企业受到知识产权调查,对它的全球价值链嵌入度都有显著的阻碍作用。第(3)列、第(4)列的回归结果中,企业在知识产权调查中败诉同样对企业嵌入全球价值链有阻碍作用,该结果与上述基准回归基本相同,符合本章假设。

表 8-5 机电类样本回归结果

变量	(1) FVAR	(2) FVAR	(3) FVAR	(4) FVAR
Not337 × Period[1]	-0.1864*** (0.0406)	-0.2413*** (0.0489)	-0.1884** (0.0409)	-0.2759*** (0.0530)
Ter337 × Period[2]			-0.1305* (0.0687)	-0.2405*** (0.0673)
age		-0.0008 (0.0138)		-0.0003 (0.0138)
ln_cyrs		0.0197 (0.0164)		0.0210 (0.0164)
pwage		0.0449** (0.0234)		0.0457** (0.0235)
zbmjd		0.0046 (0.0117)		0.0068 (0.0118)
tfp_lp		0.0057* (0.0076)		0.0100* (0.0080)
hhi_yysr		0.6777** (0.9231)		0.4693** (0.9018)
常数项	0.4567*** (0.0995)	0.2470*** (0.1418)	0.4615*** (0.0998)	0.2376** (0.1411)
个体固定	Yes	Yes	Yes	Yes
年份固定	Yes	Yes	Yes	Yes
样本量	1757	1723	1757	1723
R^2	0.0253	0.0446	0.0267	0.0489

控制变量的回归结果表明，对于机电类产品而言，企业规模对企业的全球价值链嵌入度有影响但并不显著，其中企业的年龄、规模以及资本密集度得到的结果都不显著。而企业的生产率和企业全球价值链嵌入度呈正相关关系，但是显著性比全样本要差。机电类产品的赫芬达尔指数对企业全球价值链嵌入度的影响很大，但与上述基准回归结果呈负相关不同，机电类产品的赫芬达尔指数与全球价值链嵌入度呈明显的正向关系，并且系数较大，可能机电类行业的竞争程度越激烈，在竞争中每个企业在生产经营活动中都充分利用了自身的比较优势，从而技术得到进步成本降低，使得全球价值链嵌入程度变深。

2. 区分贸易方式回归

将企业区分贸易方式进行回归，来分析不同贸易方式的企业在遭受知识产权调查时对全球价值链嵌入度造成的影响。回归结果如表8-6所示，第（1）列和第（2）列的结果表明一般贸易企业受到知识产权调查和在调查中败诉都会对全球价值链嵌入度造成负向影响，并且都在1%的水平上显著。在加入控制变量后的第（3）列、第（4）列中，加工贸易企业受到知识产权调查对全球价值链嵌入度同样造成负向影响，但是比一般贸易企业造成的影响程度要小，这可能首先因为本国的加工贸易企业大部分位于全球价值链的末端位置，其主要产品来源于非研发类、劳动密集型的低附加值的外包业务，企业多数生产劳动密集型类产品，技术含量不高且创新能力低下。因为加工贸易拥有"两头在外"的主要特征，承接的也多是来源于外国的加工产品业务，所以加工贸易企业遭受知识产权调查的概率就比较小。与一般贸易的样本相比，加工贸易样本较少，所以影响效果较低。其次因为加工贸易企业本身就缺乏创新能力，本来从事的就是一些知识科技含量比较低的产品生产工作，所以其被起诉后对其企业的创新研发投入影响也不是特别大。但是加工贸易企业较一般贸易企业而言，关于控制变量的实证结果的显著性略差。这可能同样因为遭受知识产权调查的加工贸易企业少于一般贸易企业，这从样本数量的对比也可以看出。总体而言，不同贸易方式企业的回归结果与基准回归结果基本相同，验证了本章的假设。

表 8-6　　　　　　　　　区分贸易方式回归结果

变量	一般贸易		加工贸易	
	(1)	(2)	(1)	(2)
	FVAR	FVAR	FVAR	FVAR
Not337 × Period[1]	-0.3284 ***	-0.3583 ***	-0.2733 **	-0.2927 ***
	(0.0402)	(0.0415)	(0.1073)	(0.1056)
Ter337 × Period[2]		-0.2749 ***		-0.3610 ***
		(0.0550)		(0.1809)
age	0.0057	0.0057	-0.0085	-0.0078
	(0.0056)	(0.0056)	(0.0149)	(0.0149)
ln_cyrs	0.0171 **	0.0183 **	-0.0360 *	0.0334
	(0.0085)	(0.0085)	(0.0115)	(0.0206)
pwage	0.0677 ***	0.0685 ***	0.0300	0.0304
	(0.0139)	(0.0061)	(0.0252)	(0.0251)
zbmjd	0.0170 ***	0.0212 ***	0.0184	0.0196
	(0.0059)	(0.0139)	(0.0138)	(0.0138)
tfplp	0.0235 ***	0.0274 ***	0.0224 ***	0.0247 ***
	(0.0046)	(0.0047)	(0.0094)	(0.0091)
hhi_yysr	-0.2490 ***	-0.2476 ***	-0.2563	-0.2700
	(0.0618)	(0.0618)	(0.2185)	(0.3968)
常数项	0.1605	0.1450	0.7321 ***	0.7177 ***
	(0.0733)	(0.0728)	(0.1446)	(0.1437)
个体固定	Yes	Yes	Yes	Yes
年份固定	Yes	Yes	Yes	Yes
样本量	4798	4798	986	986
R^2	0.0818	0.0866	0.0660	0.0698

3. 区分企业所有制类型回归

由于不同所有制类型的企业受到知识产权调查,对企业嵌入全球价值链的影响会有所不同,本章将观测样本按照企业所有制类型区分为本土企业和外资企业,然后依次对两个样本数据进行了回归。回归结果如表 8-7

所示,第(1)列、第(2)列表明遭受知识产权调查以及败诉对于本土企业有消极影响,并在1%的水平上显著,加入了控制变量的第(3)列、第(4)列反映了受到知识产权调查以及败诉对于外资企业嵌入全球价值链的程度有显著的负向影响,且影响明显大于本土企业。这可能因为本土企业中还包含了部分的国有企业,从图8-4也可以看出,2000—2007年我国的国有企业GVC嵌入度相比其他所有制企业处于较为平稳的状态。主要因为相比其他所有制企业,国有企业有其独特优势,它受到的融资约束少,而且国有企业在其行业内具有一定垄断性,实力雄厚。即使遭受知识产权调查,也有足够的能力以及充足的资金,继续进行生产经营活动。而本国的外资企业的投资者大多数来自发达国家,通常会从发达国家引入新技术,技术水平较高,更容易遭受知识产权调查。但是外国在我国注资的企业从事的生产活动往往是属于位于全球价值链低端的劳动密集型的,其通过这种途径获得廉价的劳动力从而降低生产成本。所以一旦这些企业遭受知识产权调查失去出口市场,其生产必然遭受影响,势必对其全球价值链嵌入程度造成一定的消极影响。

表8-7　　　　　　　　　区分企业所有制类型回归结果

变量	本土企业		外资企业	
	(1)	(2)	(1)	(2)
	FVAR	FVAR	FVAR	FVAR
Not337 × Period^1	-0.1672***	-0.1808***	-0.3635***	-0.3939***
	(0.0402)	(0.0438)	(0.0592)	(0.0581)
Ter337 × Period^2		-0.1002**		-0.3812***
		(0.0495)		(0.0751)
age	0.0110*	0.0110*	0.0053	0.0054
	(0.0066)	(0.0066)	(0.0080)	(0.0079)
ln_cyrs	0.0021	0.0025	0.0275***	0.0294***
	(0.0105)	(0.0106)	(0.0105)	(0.0104)
pwage	0.0479***	0.0484***	0.0396***	0.0410***
	(0.0162)	(0.0162)	(0.0159)	(0.0159)

续表

变量	本土企业		外资企业	
	(1)	(2)	(1)	(2)
	FVAR	FVAR	FVAR	FVAR
zbmjd	-0.0069 (0.0079)	-0.0060 (0.0079)	0.0295 *** (0.0076)	0.0314 *** (0.0076)
tfplp	0.0103 ** (0.0054)	0.0122 ** (0.0058)	0.0299 *** (0.0058)	0.0331 *** (0.0056)
hhi_yysr	-0.1406 ** (0.0803)	-0.1405 ** (0.0802)	-0.4542 *** (0.0978)	-0.4516 *** (0.0979)
常数项	0.2446 (0.1055)	0.2391 (0.1053)	0.2388 (0.0778)	0.2222 (0.0768)
个体固定	Yes	Yes	Yes	Yes
年份固定	Yes	Yes	Yes	Yes
样本量	2246	2246	1639	1639
R^2	0.0431	0.0442	0.1002	0.1048

(三) 稳健性检验

1. 平行趋势检验

为了保证本章利用双重差分思想进行回归的有效性，需要识别在遭受知识产权调查之前，对照组和处理组的 FVAR 是否呈现相同的变化趋势，因此本章采取了平行趋势检验的方法。但由于本章选用的样本数据是非平衡面板数据，无法有效进行平行趋势检验，所以首先在样本中截取了较为完整的企业数据，形成面板数据，其次进行检验。具体检验的时间为企业遭受知识产权调查的前三年，以及遭受知识产权调查之后的两年。具体检验结果如图 8-5 所示，在遭受知识产权调查之前，对照组与处理组中企业出口的 FVAR 的时间趋势大致相同，在遭受知识产权调查之后，处理组的 FVAR 则大幅下降。平行趋势检验的结果也使本章假设得到了论证，并且保证了本章实证回归方法的有效性。

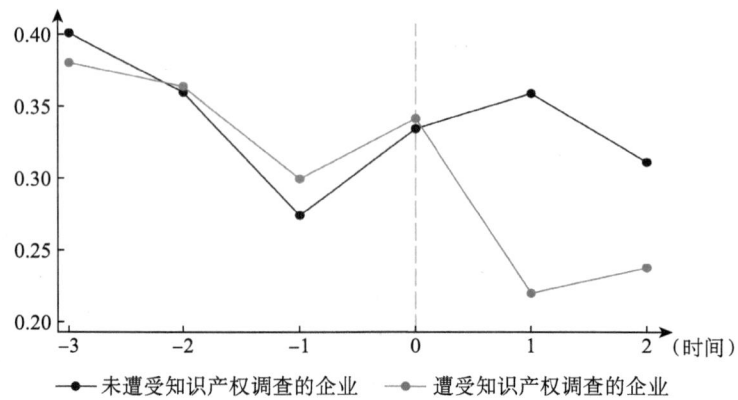

图 8-5 知识产权调查对企业 FVAR 的平行趋势检验

2. 考虑误差的稳健性检验

为了进一步检验本章模型设定以及假定结论的稳健性,本章更换被解释变量进行检验,利用上文介绍的其他两种方法,对全球价值链嵌入度(即 FVAR)进行测算,然后代入回归。上文总结了四种测算 FVAR 的方法,现在采用其中的第二种改进后的 Upward 等(2013)方法,以及第三种张杰等(2013)的方法对全球价值链嵌入度进行重新测算。利用替换的新被解释变量进行回归后的结果如表 8-8 所示,无论是方法二还是方法三测算的企业全球价值链嵌入度,都显著受到知识产权调查以及在调查中败诉的负向影响,并且与基准回归的结果差距较小,说明本章的结论基本稳健。

表 8-8   更换指标检验回归结果

变量	方法二		方法三	
	(1)	(2)	(1)	(2)
	FVAR	FVAR	FVAR	FVAR
Not337 × Period[1]	-0.3493***	-0.3795***	-0.3580***	-0.3881***
	(0.0600)	(0.0590)	(0.0590)	(0.0579)
Ter337 × Period[2]		-0.3779**		-0.3763***
		(0.0650)		(0.0750)
age	0.0038	0.0039	0.0061	0.0062
	(0.0077)	(0.0077)	(0.0079)	(0.0079)

续表

变量	方法二		方法三	
	(1)	(2)	(1)	(2)
	FVAR	FVAR	FVAR	FVAR
ln_cyrs	0.0259***	0.0277***	0.0271***	0.0289***
	(0.0101)	(0.0100)	(0.0104)	(0.0104)
pwage	0.0421***	0.0435***	0.0380***	0.0394***
	(0.0156)	(0.0155)	(0.0158)	(0.0158)
zbmjd	0.0288***	0.0306***	0.0289***	0.0307***
	(0.0073)	(0.0073)	(0.0077)	(0.0076)
tfplp	0.0285***	0.0316***	0.0300***	0.0332***
	(0.0055)	(0.0054)	(0.0057)	(0.0056)
hhi_yysr	-0.4331***	-0.4305***	-0.4478***	-0.4452***
	(0.0932)	(0.0933)	(0.0975)	(0.0976)
常数项	0.2093***	0.1928***	0.2424***	0.2259***
	(0.0760)	(0.0750)	(0.0776)	(0.0797)
个体固定	Yes	Yes	Yes	Yes
年份固定	Yes	Yes	Yes	Yes
样本量	5784	5784	5784	5784
R^2	0.0958	0.1008	0.1003	0.1048

3. 机制检验

本章已经通过上述实证结果验证了提出的假设，得出结论，知识产权调查会降低中国企业的全球价值链嵌入度。而根据上述关于知识产权调查对中国企业嵌入全球价值链的影响机制分析，在知识产权调查会对企业全球价值链嵌入度产生的"连带效应"中，知识产权调查会通过给企业造成经济压力，进而使企业创新研发投入减少，最终导致企业的全球价值链嵌入度降低。所以本节将检验企业的创新研发投入在影响渠道中是否产生中介作用。另外，"连带效应"在本章的理论分析中是发生在知识产权调查的申请阶段，但是也会对知识产权调查败诉阶段，是否存在"连带效应"一并进行检验。

本章利用上述的基本回归公式（8-7），选取了中国工业企业数据库中的企业研究开发费用作为衡量企业的创新研发投入的指标，代替了衡量企业全球价值链嵌入度的国外附加值率（即 FVAR）作为新的被解释变量。公式变换如下：

$$INNO_{it} = \alpha_1 Not337_i \times Period_{it}^1 + \beta_1 Ter337_i \times Period_{it}^2 + \lambda X_i + \delta_i + \delta_t + \varepsilon_{it}$$

$$(8-10)$$

其中，$INNO_{it}$ 为企业的研究开发费用，其余变量保持不变。

回归结果如表 8 – 9 所示，从第（1）列中可以看出，知识产权调查申请对企业研究开发费用有明显的负向作用，这与本章上述影响机制分析相同，即企业收到知识产权调查申请会使企业的创新研发投入减少，进而使得企业的全球价值链嵌入度降低。而第（2）列中，知识产权调查败诉对企业的研究开发费用为正向作用，但不显著。这与理论分析中知识产权调查败诉阶段并未存在"连带效应"相符合，可见在知识产权调查败诉影响过程中，对创新研发投入并无显著的负向影响。这首先有可能是因为企业在应诉过程中所花费的资金较多，所以此过程中对企业创新研发投入造成了显著的影响，而败诉后对企业创新研发投入影响并不大。其次是企业在申诉之后就立刻对其创新研发投入产生了影响，而申诉到败诉的过程中也有较长的时间间隔，这给企业带来了一定的缓冲时间，所以最终的败诉对其创新研发投入并未产生明显的效果，即知识产权的"连带效应"并未影响败诉后企业的全球价值链嵌入度。

表 8 – 9　　　　　　　　　影响机制检验回归结果

变量	(1)	(2)
	INNO	INNO
$Not337 \times Period^1$	– 0.6008 **	– 0.5776 **
	(0.3127)	(0.2942)
$Ter337 \times Period^2$		0.2296
		(0.4984)
age	– 0.0118	– 0.0118
	(0.0091)	(0.0091)
ln_cyrs	0.2140 *	0.2129 *
	(0.1253)	(0.1258)

续表

变量	(1) INNO	(2) INNO
pwage	0.1389*	0.1382
	(0.0916)	(0.0920)
zbmjd	0.0764**	0.0748**
	(0.0344)	(0.0110)
tfplp	0.0436	0.0407
	(0.0334)	(0.0286)
hhi_yysr	0.0755	0.0745
	(0.1063)	(0.1058)
常数项	-0.5746***	-0.5634***
	(0.8419)	(-0.8447)
个体固定	Yes	Yes
年份固定	Yes	Yes
样本量	5784	5784
R^2	0.0518	0.0520

4. 内生性检验

根据本章的分析，知识产权调查会影响企业的全球价值链嵌入度，但是反过来，企业的全球价值链嵌入度也会是企业遭受知识产权调查的原因之一。所以回归模型中可能会存在问题，即全球价值链嵌入度与知识产权调查的互为因果问题。为了克服该问题对回归结果造成的误差，本章借鉴王孝松等（2017）的做法，将知识产权调查的时间变量滞后一期，以得到的滞后一期的数值作为新的解释变量，代入模型进行回归。这主要是因为本年度的全球价值链嵌入度并不会对滞后一期的知识产权调查状况产生影响。另外，由于申诉方对我国企业发起知识产权调查，知识产权调查中各环节的实施可能会因为存在相应的时间间隔，进而造成滞后的情况，所以选择滞后一期作为解释变量来回归也比较恰当。回归结果如表8-10所示，加入控制变量前后的回归结果都与上文大致相同，系数与上文相比略小，但依然显著。这说明本章的结论得到了进一步的检验与论证，即知识产权调查降低了企业全球价值链嵌入度，阻碍了企业嵌入全球价值链。

表 8-10　内生性检验回归结果

变量	(1) FVAR	(2) FVAR
Not337 × Period^1	-0.2822***	-0.2849***
	(0.0496)	(0.0495)
Ter337 × Period^2		-0.2743***
		(0.0606)
age	0.0107**	-0.0108**
	(0.0054)	(0.0054)
ln_cyrs	0.0145*	0.0151***
	(0.0083)	(0.0083)
pwage	0.0608***	0.0611***
	(0.0126)	(0.0126)
zbmjd	0.0099*	0.0106*
	(0.0059)	(0.0059)
tfplp	0.0210***	0.0225***
	(0.0042)	(0.0043)
hhi_yysr	-0.3073***	-0.3070***
	(0.0640)	(0.0639)
常数项	0.2425***	0.2351***
	(0.0662)	(0.0662)
个体固定	Yes	Yes
年份固定	Yes	Yes
样本量	5784	5784
R^2	0.0733	0.0751

七、结论与启示

本章聚焦于微观企业层面，选取了 2000—2007 年中国工业企业数据库的数据，并将其与中国海关贸易数据库进行匹配，测算出企业的全球价值链嵌入度（即 FVAR）。进而和同样年份的美国 337 知识产权调查数据进行匹配，选取出处理组，再利用 Logit 模型进行倾向得分匹配，得出对照组，最后通过建立一个修正的双重差分模型，对知识产权调查是否会对中国企业嵌入全球价值链产生影响进行实证研究。研究发现，当企业受到知识产权调查时，ITC 所执行的临时救济措施和被诉过程中所需花费费用过多，严重影响了企业的出口数量和企业的生产能力，从而降低了企业的全球价值链嵌入度；当企业在知识产权调查中败诉后，ITC 对本国企业采取的救济措施和高额赔偿金，不仅使企业出口数量降低，还因失去美国这一主要的发达国家出口市场发生贸易转移效应，可能转向经济水平和技术水平较低的一些国家出口，也可能转向上游行业销售原材料，致使企业的全球价值链嵌入度降低，而企业因为经济负担过重，进而导致企业生产水平变低，技术创新能力下降，也会使得企业全球价值链嵌入度降低。这些实证结果证明了知识产权调查会对中国企业嵌入全球价值链产生明显的阻碍作用。同时，本章还选取了机电类企业、区分了企业贸易方式和企业所有制类型，从企业异质性角度分析了知识产权调查对企业嵌入全球价值链的影响。受到知识产权调查和在调查中败诉同样都会对机电类企业产生负向影响。区分企业贸易方式来看，一般贸易企业和加工贸易企业对知识产权调查所受到的负向影响基本相同。区分企业所有制类型看，本地企业受到的负向影响较小，而知识产权调查对外资企业全球价值链嵌入度有较大且显著的阻碍作用。基于以上实证结果，本章提出如下政策建议。

首先，我国企业要尽量避免遭受到来自美国的知识产权调查，我国企业要加强知识产权调查防范工作，避免走入知识产权"调查陷阱"。我国企业在出口产品到美国时，应多加了解美国市场的情况，包括产品在美国的知识产权情况。在做好准备工作后，将产品进口至美国市场，降低其能够对我国企业发出知识产权调查的可能性。企业还需加强自身的知识产权意识，注重知识产权的保护，充分了解知识产权的开发、申请过程。企业还需熟悉国际贸易中的关于知识产权方面的法律法规，包括熟悉知识产权的调查机制，政府需要建立完善知识产权相关制度，在知识产权文化宣传方面，不仅要扩大宣传范围也要提高宣传力度，提高我国企业的知识产权意识。并且加大对知识产权调查相关预警机制的宣传，使企业充分了解知识产权调查相关信息。并且在我国平台上丰富美国产品知识产权及市场方面的相关信息，便于我国企业了解和收集，做好做足准备工作。我国企业需要提高自身创新实力，自主研发，从而避免遭受美国的知识产权调查。我国企业要积极吸收先进技术，不断加强创新能力，需要加强在技术研发创新上的资金投入，一旦拥有自主创新的能力，即可避免侵犯知识产权。另外政府更应注重加强本国企业的技术创新，提供相关政策补贴，营造更好的创新环境，积极引进具有先进技术水平的外商投资。

其次，一旦我国企业遭受了知识产权调查，被诉企业应当积极应诉。因为我国企业如果缺席知识产权调查审判，就立即会被ITC采取救济措施，后果严重。而企业选择应诉的话，则还有回旋之地，在判决出来之前可以与申诉企业协商，或者在审判过程中为自己辩护，可以有机会获得相对有利的结果。另外，行业和政府需要给我国被诉企业给予帮助和增强底气，促进我国企业积极应诉，提高我国企业胜诉概率。知识产权调查救济措施中的普遍排除令不仅会影响涉案企业，还会影响包含涉案产品的整个行业出口。行业更应联合起来，在遭受知识产权调查时积极应对，捍卫自身权利。行业也可以以彼之道还施彼身，主动对美国或他国企业发起知识产权调查，并且建立起我国行业内产品的知识产权制度，分散风险。行业还应协调政府、行业及企业的关系，搭建桥梁，充分发挥联动作用，建立知识产权调查相关平台，使企业能够便捷且充分了解知识产权调查的信息，增加胜诉可能性，从而来保护本国企业，维护本国利益。政府也应当鼓励遭受知识产权调查的企业积极应诉，并且提供知识产权调查方面的免费的咨询与服务，为遭受知识产权调查的本国企业提供一定帮助。

最后，为了降低我国企业在知识产权调查中败诉对其的影响，企业应当积极拓展出口市场，积极开发新产品。企业不能过于依赖美国市场，一旦企业在美国市场贸易顺差过大，则企业越容易遭受知识产权调查，并且企业如果过于依赖美国市场，遭受知识产权调查所受影响更大。生产单种产品的企业一旦败诉，该涉案产品就无法出口至美国，那么这类企业必然会遭受巨大打击。所以企业应该多开发出口市场，提高自身创新研发能力，多开发新产品，从而分散风险，减小在知识产权调查中败诉导致自身一蹶不振的可能性。

第九章

知识产权调查对企业出口产品种类的影响效应

一、引言

近年来，中美之间的贸易不平衡一直是美国的"心头之痛"，美国频繁利用知识产权调查来限制中国产品对美出口。代中强等（2020）发现，美国贸易赤字增长率与对外发起知识产权调查数量之间存在紧密关联，因此，声称维护"公平贸易"的知识产权调查，实质上已经异化为贸易壁垒。与传统的反倾销类限制性贸易措施相比，知识产权调查具有程序便捷、使用标准较低、限制性更强、总体符合 WTO 原则等特点，因此相比于传统的贸易壁垒而言具有更加明显的贸易限制效果。

自 Melitz（2003）开创新新贸易理论以来，关于企业异质性的研究一直是学术界研究的热点。随着微观数据可获得性的提升，学者们将研究聚焦于考察外部冲击对企业产品生产决策的影响。多产品企业一直是国际贸易活动中最重要的主体，并且会经常根据经济环境和政策的变化调整他们的产品范围（Bernard 等，2010），而企业内部的产品转换作为企业资源配置的重要方式，在多产品企业面对经济环境和政策的变化时，便会根据外界环境的不同变化来进行自身产品范围的调整。多产品企业的出现，意味着企业进入与退出不再是唯一的资源配置方式，企业可以通过内部资源配置对产品种类进行调整，应对企业面临的外部冲击。面对限制性极强的知识产权调查，被诉企业作为最直接的影响对象，在遭受美国知识产权调查的外部冲击后，被诉企业是否会调整产品范围？如果调整，又是通过何种方式进行产品转换？这是本章研究的核心问题。

本章将 USITC 对中国企业发起知识产权调查视为外生冲击，利用双重差分模型首次研究知识产权调查立案和终裁两个时间点对中国被诉企业产品范围调整及产品转换方式的影响。本章边际贡献在于：（1）与以往文献不同的是，本章首次研究美国知识产权调查对微观企业生产和出口行为决策的影响，且发现被诉企业主要是通过调整产品种类而不是退出美国市场来应对知识产权调查；（2）从产品转换方式来看，我国企业主要是通过"既增加又减少产品种类"进行内部产品结构调整来应对美国知识产权调查。

二、文献综述

（一）贸易自由化对企业出口产品范围影响研究

贸易自由化带来的贸易成本降低会使得企业舍弃那些不具有竞争力的产品，而是专注于生产具有竞争力的产品，进而导致企业出口产品范围下降（Bernard 等，2010；Mayer 等，2011；Nocke 和 Yeaple，2014）。也有部分学者认为贸易自由化提升企业的出口机会从而增加企业的出口产品范围（Freenstra 和 Ma，2008）。Iacovone 和 Javorcik（2010）利用墨西哥企业的数据也证实贸易自由化会扩大企业产品范围。还有文献从企业异质性角度出发，认为不同企业在面临贸易自由化时所作出的出口产品范围的调整不同。他们认为，规模较小的企业会扩大生产产品的范围，而规模较大的企业则会减少产品范围（Nocke 和 Yeaple，2014）。高效率企业面对诸如进口国关税下降等冲击时，能够在全球竞争中具有优势，会选择增加出口范围，而低效率企业则减少出口产品范围（Qui 和 Yu，2014；Berthou 和 Fontagne，2013）。

（二）典型贸易壁垒对企业出口产品范围影响研究

贸易自由化是经济全球化的重要表现，但是近些年来逆全球化趋势愈发明显，各国并不像之前致力于关税减免，而是愈发频繁采用反倾销等贸易救济措施。Lu 等（2018）发现美国对中国企业的反倾销调查使得市场中存续企业的出口产品范围缩小。胡贝贝等（2020）研究了包括反倾销在内的限制性贸易壁垒对中国企业出口产品范围的影响，发现限制性贸易壁垒会使企业出口产品范围下降,这一研究结论与 Lu 等（2018）基本一致。

基于以上文献可知,产品范围是一种企业内部资源配置的重要方式,但外部冲击对企业产品范围的影响研究主要集中在贸易自由化措施及反倾销壁垒两个领域,还未有文献从知识产权调查冲击角度出发,研究美国知识产权调查对微观企业出口产品范围的影响。因此,本章与以往研究不同的是,本章从理论上阐述知识产权调查对企业出口产品范围的影响机制,并检验美国知识产权调查对我国被诉企业出口产品范围的影响。

三、美国知识产权调查对企业出口产品范围的影响机制分析

由于知识产权调查由 USITC 发起,首当其冲影响被诉企业对美出口范围,进而对被诉企业非美市场和全球市场出口范围也产生影响。

（一）知识产权调查对被诉企业美国市场出口产品范围的影响

中国企业在遭受美国知识产权调查之后,会面临不能继续将被调查的产品出口到美国市场的境遇,企业有这个预期之后会作出应对决策,即面向美国市场的出口产品范围的决策会进行一定的调整。如果企业仍想继续从事美国市场贸易活动,需要舍弃掉被调查的产品种类,同时新增产品出口到美国市场,这都会导致企业向美国市场出口产品转换的行为。

1. 贸易替代效应

企业在遭受知识产权调查后,被调查的产品很可能无法继续向美国市场出口。但是由于企业一直在美国开展贸易活动,一般被诉产品无法继续出口到美国市场,被调查企业为了维持自己在美国市场份额,有可能会增加新的产品种类销往美国市场,从而保障企业能够一直在美国市场开展贸易活动。

2. "倒逼"效应

出口企业往往拥有更高的生产效率优势（Melitz 等, 2008）,而创新能够

提高企业的生产效率，生产效率更高的企业出口规模也会扩大（陈晓华，2012），因此知识产权调查会"倒逼"企业加大自身研发，不断开发新产品，以便企业在卷入知识产权调查时，还能通过新产品继续向美国市场出口。

3. 成本决策效应

从成本角度进行分析，企业在遭受知识产权调查之后，也可能会增加新的产品向美国市场出口。企业将产品出口到美国市场面临两种成本："生产成本"和"经营成本"，由于出口企业本身已经在美国市场开展了贸易活动，意味着在美国有比较完善的销售和分销渠道，此时在美国市场销售新产品只会面临一个较小的"经营成本"，因此当出口新的产品到美国市场获得的利润能够覆盖增加新产品出口带来的"生产成本"和"经营成本"时，企业也会选择扩大自身的美国市场出口产品范围。

综上所述，"贸易替代效应""'倒逼'效应"以及"成本决策效应"都会使中国企业在遭受美国知识产权调查之后扩大其美国市场的出口产品范围，据此本章提出假设9-1。

假设9-1：中国企业在遭受美国知识产权调查之后，在"贸易替代效应""倒逼效应"以及"成本决策效应"的共同作用下，会扩大其对美国市场的出口产品范围。

（二）知识产权调查对被诉企业非美国市场出口产品范围的影响

1. 贸易转移效应

一旦企业遭受知识产权调查，该企业被调查的产品很可能面临不能继续出口美国市场的窘境。出于回收成本的需要，被诉企业将被调查的产品继续出口到其他国家和地区，从而一定程度上弥补在美国市场的损失，这样会使得被诉企业扩大对非美国市场的出口产品范围。

2. 市场准入成本效应

由于知识产权调查本身的特殊性，企业在美国遭受到知识产权调查之后不仅会使得企业无法继续出口被调查产品，可能还会影响到企业的声誉，从而会对未来产品在美国的销售产生一定的负面影响，被诉企业可能会寻求新市场。一旦企业付出一定销售成本进入一个新市场后，此后企业在该市场新增出口产品种类就无须或少付市场准入成本，即新市场存在潜在的品种规模效应。由于美国知识产权调查的限制效应，被调查企业"被迫"将自身产品出口往非美国市场，一旦企业进入了非美国市场，企业后续会更加倾向于继续向这些非美国市场扩大其出口产品范围。

基于以上分析，美国知识产权调查引致的"贸易转移效应"和"市场准入成本效应"会导致被诉企业扩大其非美市场的出口产品范围，据此提出假设9-2。

假设9-2：美国知识产权调查会使得中国被诉企业扩大其非美国市场出口产品范围。

（三）知识产权调查对被诉企业全球市场出口产品范围的影响

基于以上知识产权调查对中国涉案企业对美国和非美市场出口产品范围影响的分析，针对被诉企业，不管是美国市场还是非美市场，企业在遭受知识产权调查都会扩大其出口产品范围。那么，对于全球市场而言，美国知识产权调查将显著提升中国企业在全球市场的出口产品范围，据此提出本章假设9-3。

假设9-3：中国企业在遭受美国知识产权调查后，会扩大其全球市场的出口产品范围。

四、特征性事实分析

知识产权调查作为一种新型的贸易壁垒，由于其良好的贸易限制效果，近年来被 USITC 频繁使用。表9-1统计了2008—2013年[①]中国遭受

---

① 这与本章样本研究的时间范围一致。

美国知识产权调查的案件总量、具体应诉情况、最终判决结果以及调查所涉及的产品种类数目情况。

表9-1　　　　2008—2013年中国企业遭受知识产权调查情况

年份	案件数目	和解	同意令	败诉	未应诉	产品数目
2008	11	1	2	0	8	26
2009	8	3	0	5	0	22
2010	19	5	4	8	2	35
2011	16	4	4	6	4	121
2012	13	2	1	6	4	63
2013	14	5	2	4	2	23

注：根据USITC"不公平进口调查信息系统库"整理而得。

如表9-2所示，在遭受知识产权调查的中国企业中，多产品出口企业的数量远远超过单产品出口企业。表9-3和表9-4分别统计了2008—2013年遭受知识产权调查冲击后企业向全球市场以及向美国市场出口产品范围情况。其中"仅增加"表示相对于上一年，企业当年的出口产品种类只增加了；"仅减少"表示相对于上一年，企业当年的出口产品种类只减少了；"既增加又减少"表示相对于上一年，企业当年不仅增加了新的出口产品种类，还减少了原有的出口产品种类；"不变"表示相对于上一年，企业当年的出口产品种类并未发生变化。不论是面对全球市场还是美国市场，在遭受知识产权调查后，企业选择调整（既增加又减少）自身出口产品范围的比重明显高于其他三种类型产品范围调整的比重。同时必须指出的是，由于本章采用非平衡面板数据，因此在考虑企业相对于上一年产品范围调整时，将企业的进入和退出排除在外。

表9-2　　　　　　　　　　被调查企业中的企业类型

年份	多产品出口企业	单产品出口企业	比值
2008	921	58	16∶1
2009	899	42	21∶1
2010	832	32	26∶1
2011	905	30	30∶1

续表

年份	多产品出口企业	单产品出口企业	比值
2012	1118	34	33∶1
2013	1076	22	49∶1

注：根据 USITC"不公平进口调查信息系统库"、中国海关数据库和中国工业企业数据库匹配而得，下同。

表9－3　　被调查企业的全球市场出口产品范围情况　　单位:%

年份	仅增加	仅减少	既增加又减少	不变
2008	7.22	18.18	58.73	15.85
2009	15.41	9.56	53.45	12.86
2010	16.32	14.70	51.04	13.54
2011	14.87	12.30	52.83	14.12
2012	11.02	9.03	48.43	10.01
2013	14.30	15.03	56.92	12.39

表9－4　　被调查企业的美国市场出口产品范围情况　　单位:%

年份	增加	减少	既增加又减少	不变
2008	3.16	16.13	74.36	1.43
2009	11.26	7.22	70.67	7.97
2010	10.53	8.80	71.30	8.22
2011	12.41	8.13	71.12	6.84
2012	7.47	7.20	61.20	4.94
2013	10.11	10.29	74.32	5.28

五、模型设定和数据来源

（一）模型设定

考虑到数据的可获得性，本章研究的时间范围为2008—2013年。由于美国知识产权调查对中国企业来说是一个外生冲击，本章选用双重差分法（DID）来研究美国知识产权调查对中国企业产品转换的影响。参照 Lu 等（2013）的方法，本章实证模型设定如下：

$$Y_{it} = \beta_1 \text{Not337}_{it} \times \text{Period}^1_{it} + \beta_2 \text{Ter337}_{it} \times \text{Period}^2_{it} + \lambda X_{it} + \delta_i + \delta_t + \varepsilon_{it}$$

(9-1)

式（9-1）中，i 表示企业，t 表示年份，Y_{it} 为结果变量在 t 年的观测值，Not337_{it} 表示 i 企业在 t 年是否遭受美国知识产权立案调查的虚拟变量，如果企业遭受知识产权立案调查，则取值为 1，否则为 0；Ter337_{it} 表示企业 i 在 t 年是否完成知识产权调查终裁的虚拟变量，如果企业在该年份完成终裁，则取值为 1，否则为 0；X_{it} 为控制变量合集，δ_i 表示个体固定效应，δ_t 表示时间固定效应，ε_{it} 表示误差项。两个时间虚拟变量分别对应知识产权调查过程中的两个关键时点，具体设置如下：

$$\text{period}^1_{it} = \begin{cases} 1, & \text{if } t_0 \leq t < t_1 \\ 0, & \text{otherwise} \end{cases}$$

(9-2)

$$\text{period}^2_{it} = \begin{cases} 1, & \text{if } t \geq t_1 \\ 0, & \text{otherwise} \end{cases}$$

(9-3)

其中，t_0 表示企业 i 受到美国知识产权立案调查的年份，而 t_1 表示企业 i 在知识产权调查中受到终裁的年份。

对于企业出口产品范围的衡量，本章采用企业当年在《中国海关数据库》中 HS8 分位出口产品种类数，即企业当年出口的 HS8 分位产品的数量表示企业当年总的出口产品范围。

为了更加精确刻画出企业内部的资源再分配情况，我们还借鉴 Bernard 等（2010）的方法，将企业当年的产品组合同上一年进行比较，并将企业的产品范围分为：仅增加出口产品种类（increase）、仅减少出口产品种类（decrease）、既增加又减少出口产品种类（in_de）以及不变化出口产品种类（unchanged），并将这四种情况作为四个被解释变量纳入回归模型中。在计算企业的产品范围情况时，本章只考虑存在超过一期及以上的企业，并将该企业进入样本期的第一年与后面的年份进行比较从而计算其产品转换情况。

被解释变量 Y_{it} 在计量模型中的含义如下：企业 i 在 t 年的全球市场出口产品范围、美国市场出口产品范围、非美市场出口产品范围、企业 i 在 t 年是否为仅增加出口产品种类型企业（increase）、企业 i 在 t 年是否为仅减少出口产品种类型企业（decrease）、企业 i 在 t 年是否为既增加又减少出口产品种类型企业（in_de）、企业 i 在 t 年是否为不变化出口产品种类型企业（unchanged）。

控制变量包括：企业年龄（age），利用当年年份减去企业初始设立年加上1，然后再取对数；企业规模（lnsize），采用企业职工人数取对数衡量；企业所有制（ownership），企业所有制（owner），根据中国工业企业数据库对于企业所有制类型的统计，将企业是否为国有企业作为控制变量；企业资本密集度（lncapital），利用固定资产价格指数进行平减的固定资产总额与企业从业人数的比值取对数来衡量，企业在遭遇知识产权调查后，自身出口产品范围的调整能力会受到自身资本的影响，当企业资本密集度更高时，企业的出口产品范围调整可能会更加灵活；企业出口倾向（exp_expens），用企业的出口交货值占企业总销售额的比重来衡量，企业出口倾向越高，遭受知识产权调查的可能性就越大。其中表9-5为各变量名称及含义。

表 9-5　　　　　　　　　　变量名称及含义

变量	变量含义
all_scope	全球市场出口产品范围
us_scope	美国市场出口产品范围
others	非美市场出口产品范围
Not337Period	立案的交乘项
Ter337Period	终裁的交乘项
age	企业年龄
lnsize	企业规模
owner	企业所有制
exp_expens	企业的出口倾向
ln_capital	经过指数平减后的企业资本密集度对数值
hhi	赫芬达尔指数

续表

变量	变量含义
increase	企业当年是否为仅增加出口产品种类的企业
decrease	企业当年是否为仅减少出口产品种类的企业
in_de	企业当年是否为既增加又减少出口产品种类的企业
unchanged	企业当年是否为不改变出口产品种类的企业

（二）数据的来源与处理

研究数据主要来源于 USITC "不公平进口调查信息系统库"、《中国海关数据库》以及《中国工业企业数据库》，本章通过对这三个数据库 2008—2013 年的数据进行整理匹配成形成高度细化的微观企业样本。

本章对数据处理如下：首先是对美国知识产权调查案件信息进行整理，得到 2008—2013 年美国对中国发起知识产权调查案件的相关信息，其中包括案件立案时间、终裁时间、判决结果、所涉及的 HS8 分位产品编码；其次在海关数据库和中国工业企业数据库进行匹配时，根据企业名称进行匹配，不能匹配的样本再根据邮政编码和电话号码后 7 位进行匹配，在匹配过程中对一些不合理的数据样本进行了删除，如总资产小于固定资产、总资产小于固定资产净值、累计折旧小于本年折旧等，以及剔除了职工人数小于 8 人等。

关于实验组和对照组的选取，本章处理过程如下：首先，为了保证所设立的两个冲击时间点都处于研究的样本期，本章只保留了立案时间不早于 2008 年并且终裁时间不晚于 2013 年的案件；其次，由于知识产权调查是针对产品展开的，并且遭受调查之后其制裁效果会影响到所有同类型的出口企业，因此本章对实验组的甄别是选取中国涉案的 HS8 分位产品，在海关库中筛选出所有向美国市场出口同种 HS8 分位产品的企业作为实验组。最后是对照组企业的选取，本章选取的对照组是与遭受调查的产品属于同一个 HS4 分位，但是没有遭受调查的企业。各变量描述性统计如表 9-6 所示。

表 9-6　　　　　　　　　变量的描述性统计

变量名称	处理组					对照组				
	观测值	均值	标准差	最小值	最大值	观测值	均值	标准差	最小值	最大值
all_scope	5969	22.193	32.729	1	607	62573	11.714	16.098	1	694
us_scope	5969	10.978	15.489	1	189	62573	5.466	6.633	1	136
others	5969	11.215	22.962	0	464	62573	6.248	12.829	0	623
Not337Period	5969	0.225	0.418	0	1	62573	0	0	0	0
Ter337Period	5969	0.358	0.480	0	1	62573	0	0	0	0
age	5969	2.211	0.614	0	4.369	62573	2.186	0.620	0	4.997
lnsize	5969	6.105	1.308	0.693	11.366	62115	5.729	1.125	0	11.739
owner	5969	0.026	0.158	0	1	62573	0.021	0.144	0	1
exp_expens	5869	0.733	0.729	0	4.368	61003	0.623	0.635	0	4.368
lncapital	5969	0.591	0.639	0	7.213	62573	0.498	0.555	0	8.813
hhi	5969	0.007	0.018	0.001	0.395	62573	0.006	0.011	0.001	0.501
increase	5969	0.131	0.337	0	1	62573	0.156	0.363	0	1
decrease	5969	0.535	0.499	0	1	62573	0.389	0.487	0	1
in_de	5969	0.115	0.319	0	1	62573	0.181	0.385	0	1

六、基准回归分析

在基准回归分析之前，为保证双重差分法（DID）的有效性，本章进行了平行趋势检验，即在遭受知识产权调查之前，处理组和对照组企业的全球市场出口产品范围和美国市场出口产品范围是否具有共同趋势。平行趋势检验结果如图9-1所示，可以发现，在遭遇知识产权调查之前，不论是全球市场出口产品范围还是美国市场出口产品范围，对照组和处理组的回归系数并没有很大差异，表明处理组和对照组在知识产权调查之前呈现相同的出口产品范围变化趋势，但是在遭受知识产权调查之后，两者的差异是非常显著的，表明通过了平行趋势检验。

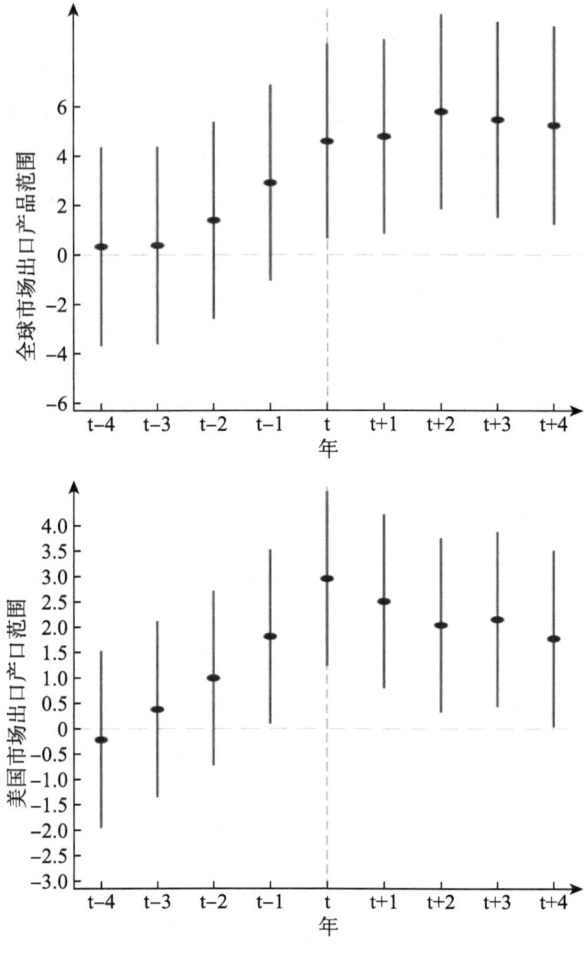

图 9-1 平行趋势检验

(一) 出口产品范围影响的基准回归结果

企业遭受知识产权调查后,对其全球市场出口产品范围、美国市场出口产品范围以及非美市场出口产品范围的实证结果如表 9-7 所示。表 9-7 中的第 (1) 列、第 (2) 列是知识产权调查对企业全球市场出口产品范围影响的回归结果,第 (3) 列、第 (4) 列是知识产权调查对美国市场出口产品范围影响的回归结果,第 (5) 列、第 (6) 列是知识产权调查对非美市场出口产品范围影响的回归结果。回归结果显示，知识产权立案调查和终裁对被诉中国企业的出口产品范围呈现正向影响，即美国知识产权调查会使被诉中国企业扩大向全球市场、美国市场和非美市场的出口产品范围，故上文3个理论假设均得到验证。

表9-7第（2）列显示，对于企业全球市场出口产品范围的影响，立案调查的回归系数是2.454，终裁的回归系数是3.105，并且均在1%的水平上显著，可见知识产权调查终裁对被诉企业全球市场出口产品范围促进作用更高。第（4）列显示，对于被诉企业美国市场出口产品范围的影响，立案调查的回归系数是1.620，终裁的回归系数是1.222，这一回归结果也在1%的水平上显著，这意味着对美国市场出口产品范围而言，立案调查的促进作用大于终裁的促进作用。第（6）列显示，对于非美国市场出口产品范围的影响，立案调查的回归系数是0.834，终裁的回归系数是1.883，并且在1%的水平上显著。

表9-7　　　　　　　出口产品范围影响的基准回归结果

出口产品范围	(1) 全球市场	(2) 全球市场	(3) 美国市场	(4) 美国市场	(5) 非美市场	(6) 非美市场
Not337Period	2.369*** (0.344)	2.454*** (0.334)	1.585*** (0.213)	1.620*** (0.211)	0.784*** (0.254)	0.834*** (0.244)
Ter337Period	3.017*** (0.568)	3.105*** (0.587)	1.161*** (0.271)	1.222*** (0.269)	1.856*** (0.444)	1.883*** (0.457)
age		0.616*** (0.156)		0.405*** (0.082)		0.211* (0.121)
lnsize		0.603*** (0.114)		0.397*** (0.045)		0.206** (0.097)
owner		-0.294 (1.458)		0.697 (0.505)		-0.991 (1.326)
exp_expens		0.119** (0.061)		0.071*** (0.027)		0.048 (0.052)
lncapital		0.446** (0.185)		0.278*** (0.072)		0.168 (0.160)

续表

出口产品范围	(1) 全球市场	(2) 全球市场	(3) 美国市场	(4) 美国市场	(5) 非美市场	(6) 非美市场
hhi		-1.135 (9.183)		1.548 (13.50)		-2.683 (12.10)
Constant	12.58*** (0.026)	7.541*** (0.788)	5.951*** (0.011)	2.598*** (0.351)	6.631*** (0.017)	4.943*** (0.648)
企业固定效应	Yes	Yes	Yes	Yes	Yes	Yes
年份固定效应	Yes	Yes	Yes	Yes	Yes	Yes
观测值	65717	63482	65717	63482	65717	63548
R^2	0.863	0.874	0.874	0.876	0.821	0.837

注：*、**、***分别表示在10%、5%、1%的统计水平上显著，括号内数值为聚类稳健的标准误。下同。

美国知识产权调查针对的是涉案企业向美国市场的出口产品，如果美国并不是涉案企业唯一的出口目的地，则企业在遭受知识产权调查之后会对自己出口结构和范围进行一定的调整，由于调整成本的差异，企业对不同出口目的国产品范围的调整也是不同的。首先，对于被诉企业而言，受到知识产权调查之后最先调整的就是美国市场的出口产品范围。直观上看，美国知识产权调查会限制涉案企业向美国市场出口被调查的产品，因此立案调查会使涉案企业对美国市场出口形成如下预期：即可能丧失被调查产品的美国市场份额，在"倒逼效应""贸易替代效应"以及"成本决策效应"的综合影响下，企业在遭受知识产权调查之后将扩大美国市场的出口产品范围。但与立案不同的是，终裁之后企业如果面临的是肯定性裁决（被告败诉），那么企业就彻底不能向美国市场出口该产品，因此相对于立案而言，遭受肯定性终裁企业的涉案产品被美国市场排除，这会减少在美国市场出口产品种类。

其次，被调查企业也会调整对整个全球市场的出口产品范围。从表中的回归结果可以看出，知识产权调查对被诉企业非美国市场的出口产品范围和全球市场的出口产品范围的影响为正，并且终裁的回归系数更大。即相比于立案调查，终裁会使涉案中国企业增加更多的非美市场和全球市场的出口产品范围。这是因为，立案之后，企业向美国市场出口的产品种类可能会转移到其他非美市场，导致其非美市场的出口产品范围扩大；终裁之后，由于企业已经将部分产品转移到非美市场开展贸易活动，此时由于"准入成本效应"的作用，企业会向新市场继续扩大出口产品范围，进而扩大全球市场出口产品范围。

（二）出口产品转换方式的回归结果

基准回归结果表明，涉案企业在遭受知识产权调查之后将扩大其出口产品范围。既然企业会扩大其出口产品范围，那么企业又是通过什么方式对自身的出口产品范围进行调整的呢？表9－8和表9－9的实证结果呈现了被调查企业通过何种产品转换方式来进行全球市场出口产品范围和美国市场出口产品范围的调整。

表9－8　　　　　　　全球市场出口产品转换方式回归结果

出口产品转换方式	（1）仅增加	（2）仅减少	（3）既增加又减少	（4）不变
Not337Period	－0.014 （0.010）	－0.012 （0.009）	0.041 *** （0.014）	－0.015 ** （0.006）
Ter337Period	－0.024 *** （0.009）	－0.008 （0.010）	0.055 *** （0.014）	－0.019 *** （0.006）
age	－0.023 *** （0.007）	0.013 * （0.007）	0.056 *** （0.009）	0.006 （0.005）
lnsize	－0.005 （0.003）	0.003 （0.004）	0.022 *** （0.005）	－0.007 ** （0.003）
owner	－0.012 （0.029）	0.009 （0.027）	－0.011 （0.039）	－0.012 （0.021）
exp_expens	0.005 （0.003）	－0.006 * （0.003）	－0.004 （0.004）	0.007 *** （0.002）
lncapital	－0.001 ** （0.006）	－0.004 （0.006）	0.015 ** （0.008）	－0.005 （0.004）

续表

出口产品转换方式	(1) 仅增加	(2) 仅减少	(3) 既增加又减少	(4) 不变
hhi	0.167	-0.111	-0.392*	-0.130
	(0.192)	(0.164)	(0.212)	(0.103)
Constant	0.188***	0.076***	0.379***	0.101***
	(0.026)	(0.026)	(0.035)	(0.019)
企业固定效应	Yes	Yes	Yes	Yes
年份固定效应	Yes	Yes	Yes	Yes
观测值	63482	63482	63482	63482
R^2	0.294	0.287	0.532	0.499

首先，表9-8中第（1）列和第（2）列分别表示知识产权调查对全球市场仅增加产品种类和仅减少产品种类方式的影响，相对于其他产品转换方式而言，立案对仅增加出口产品种类方式并没有显著的影响，但是终裁对仅增加出口产品种类方式的影响是负向的。不论是立案调查还是终裁对企业面向全球市场仅减少出口产品种类的影响是不太显著的。表9-8中第（3）列展示了知识产权调查对既增加又减少产品种类企业影响的实证结果，从回归结果可以看出，相对于其他方式的产品转换，无论是立案还是终裁，都会对企业同时增加和减少出口产品种类产生正且显著的影响。表9-8中第（4）列展示了知识产权调查对全球市场不改变出口产品种类方式的企业的影响，立案调查和终裁系数均是负的并且是显著的，表明知识产权调查会抑制不改变全球市场出口产品种类方式企业调整。基于表9-7和表9-8的回归结果，可以看出企业遭受知识产权调查之后会增加其全球市场的出口产品范围，并且企业主要是通过"既增加又减少出口产品种类"这一方式来对自身内部的产品结构进行调整的。

表9-9　　　　　　美国市场出口产品转换方式

美国市场出口产品转换	(1) 仅增加	(2) 仅减少	(3) 既增加又减少	(4) 不变
Not337Period	0.021*	-0.031***	0.029**	-0.031***
	(0.012)	(0.011)	(0.014)	(0.009)

续表

美国市场出口产品转换	(1) 仅增加	(2) 仅减少	(3) 既增加又减少	(4) 不变
Ter337Period	-0.029**	0.001	0.055***	-0.035***
	(0.011)	(0.012)	(0.015)	(0.010)
age	0.002	0.019**	0.037***	0.007
	(0.008)	(0.008)	(0.009)	(0.007)
lnsize	-0.001	0.008*	0.033***	-0.005
	(0.004)	(0.005)	(0.005)	(0.004)
owner	0.010	0.003	-0.020	-0.030
	(0.031)	(0.037)	(0.045)	(0.030)
exp_expens	0.0003	-0.003	0.001	0.009***
	(0.003)	(0.003)	(0.004)	(0.003)
lncapital	0.002	0.013**	0.024***	-0.010*
	(0.007)	(0.007)	(0.008)	(0.006)
hhi	0.245	0.204	-0.591**	0.114
	(0.220)	(0.213)	(0.261)	(0.191)
Constant	0.154***	0.063**	0.131***	0.190***
	(0.030)	(0.030)	(0.035)	(0.027)
企业固定效应	Yes	Yes	Yes	Yes
年份固定效应	Yes	Yes	Yes	Yes
观测值	63482	63482	63482	63482
R^2	0.247	0.248	0.514	0.487

表9-9展示了企业遭受知识产权调查后对美国市场产品转换方式的影响。首先第（1）列和第（2）列分别表示知识产权调查对仅增加产品种类和仅减少产品种类企业的影响，相对于其他类型的产品转换，立案对仅增加出口产品种类企业的影响是正的，而终裁却对仅增加产品种类企业的影响是负的且统计显著。其原因在于立案之后企业并不会直接被禁止将产品出口到美国市场，但是终裁败诉的后果会是直接禁止被调查产品对美出口，所以企业会缩小自己的出口产品范围，因此终裁对仅扩大出口产品范围企业起到抑制作用。而对于仅减少出口产品种类企业，立案调查的系数是负且显著，终裁系数为正但不显著，这说明企业遭受立案调查之后，相

对其产品转换的方式，企业更不愿意减少自身对美国市场出口产品种类，也就是说企业在遭受立案冲击之后，预测到自己将来可能会有部分产品不能出口美国市场，此时企业更加不愿意缩小自己的美国市场出口产品范围。第（3）列展示了知识产权调查对既增加又减少产品种类企业影响的实证结果，相对于其他方式的产品转换，无论是立案还是终裁，都会对既增加又减少出口产品种类企业产生正向并且显著的影响。企业在立案之后，预测到自己将来会有部分产品无法出口到美国市场，此时企业就要对美国市场出口产品种类进行调整，将可能无法继续出口美国市场的产品退出，新增产品继续向美国市场出口从而维持企业自身的美国市场份额；企业在终裁之后，也会进行同样的产品种类增减来规避这一冲击所带来的影响。但是相比于立案时候的预期，终裁是更为直接的冲击，即直接禁止企业被调查产品对美出口，因此相对于立案来说，企业在终裁之后更加迫切需要进行产品转换，而回归结果也显示终裁的系数比立案要大，也就是说终裁对既增加又减少产品种类企业的影响更大。从最后一列可以看出，相对其他产品变换方式，遭受知识产权调查对不改变出口产品种类企业的影响是负的且在1%的水平上显著，这表明企业在遭受知识产权调查后，不管是立案还是终裁，都会对该类型企业产品转换产生负向影响，即企业在遭受知识产权调查后，会倾向于改变对美国市场的出口产品范围。

从表9-8和表9-9回归结果可以看出，被诉企业主要是通过"既增加又减少出口产品种类"来进行调节的，这一研究结果也与Bernard等（2010）一致，即企业遇到外部冲击后主要是通过既增加又减少产品种类来进行内部资源配置。

（三）安慰剂检验

企业遭受知识产权调查是一个外生冲击，使用双重差分模型一个十分重要的问题是我们的结果是否由设定的外生冲击造成，而不是由于其他的冲击或者随机因素所造成的，因此我们需要对双重差分模型进行安慰剂检验。为了排除处理组和对照组的出口产品种类转换是由于其他同期的政策冲击所引起的这一可能性，我们可以进行随机生成处理组和对照组的安慰剂检验，即将处理组和对照组混在一起，采取随机抽样的方式来确定某个企业是否遭受到冲击，并且随机生成企业遭受知识产权调查的立案和终裁这两个冲击时间点，这样生成的样本所受到的冲击就具有随机性，在理论上是不会出现基准回归结果中的处理效应。

因此，我们将样本中的处理组和控制组进行混合，再采取随机抽样的方法来生成新的处理组和对照组，按照基准回归模型进行回归，并且将这一步骤重复500次，得到的估计系数分布如图9-2和图9-3所示。在基准回归结果中，全球市场出口产品范围立案和终裁的系数分别是2.454和3.105，在安慰剂检验结果的图9-2中表现为虚线部分，通过随机生成处理组的对照组并且重复500次之后，可以看到立案和终裁冲击的回归系数服从正态分布，并且和实际回归系数之间存在显著差异，由此可见知识产权调查对企业全球市场出口产品范围的影响是发生在立案和终裁之后的。在基准回归结果中，美国市场出口产品范围立案和终裁的系数分别是1.620和1.222，表现为图9-3中的虚线部分，通过随机生成处理组的对照组并且重复500次之后，可以看到立案和终裁冲击的回归系数服从正态分布，且和实际回归系数相差非常大，证实知识产权调查对企业美国市场出口产品范围的影响发生在立案和终裁之后。

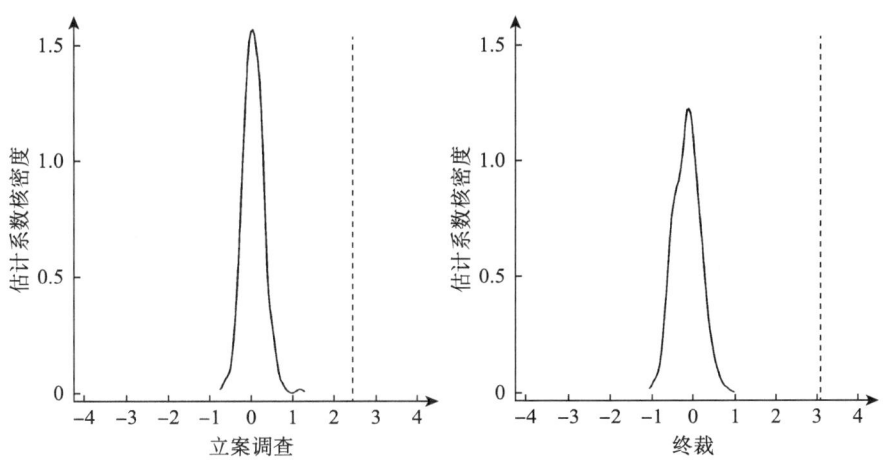

图9-2　全球市场出口产品范围安慰剂检验

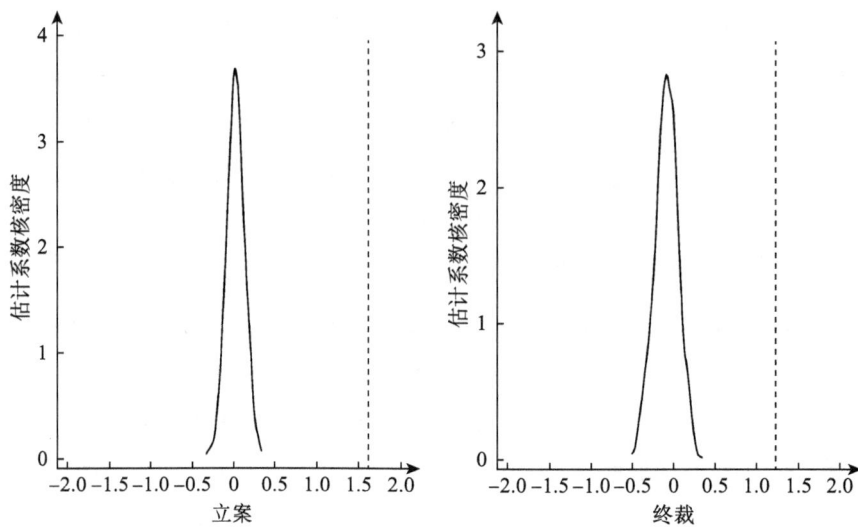

图9-3 美国市场出口产品范围安慰剂检验

七、稳健性分析和机制检验

（一）稳健性检验

1. PSM 稳健性检验

在基准回归当中，对照组的选取标准是与被调查产品属于同一个 HS4 分位但没有被调查的产品，为了使本章结果更加稳健，我们采取 PSM 方法寻找对照组，参照 Blonigen 和 Park（2004）与 Lu 等（2013）的方法，利用 Logit 模型估计美国对中国产品发起知识产权调查的概率来选取控制组。本章采用 1∶1 邻近匹配方法为每个控制组企业选取在同一时间可能会被美国知识产权调查的企业作为对照组。

PSM 匹配对照组的回归结果如表 9-10 所示，从回归结果可以看出，立案和终裁对企业出口产品范围的影响依然是正的并且在 1% 的水平上显著,且对企业各个市场出口产品范围的影响系数变化不大,这表明本章基准回归结果是可靠的。

表 9-10　　　　　　　　　　PSM 回归结果

变量	(1) 全球市场	(2) 全球市场	(3) 美国市场	(4) 美国市场	(5) 非美市场	(6) 非美市场
Not337Period	2.229*** (0.343)	2.340*** (0.332)	1.609*** (0.212)	1.647*** (0.211)	0.620** (0.253)	0.692*** (0.242)
Ter337Period	2.905*** (0.561)	3.010*** (0.580)	1.218*** (0.267)	1.280*** (0.273)	1.687*** (0.440)	1.731*** (0.454)
age		0.567** (0.224)		0.296** (0.121)		0.271 (0.171)
lnsize		0.684*** (0.142)		0.376*** (0.0604)		0.309** (0.122)
owner		1.427 (0.892)		0.901* (0.524)		0.526 (0.857)
exp_expens		0.103 (0.0682)		0.0738* (0.0399)		0.0290 (0.0522)
lncapital		0.664*** (0.249)		0.308*** (0.0947)		0.356 (0.223)
hhi		1.719 (9.523)		-1.031 (4.909)		2.750 (10.06)
Constant	12.10*** (0.0460)	6.224*** (1.058)	5.460*** (0.0232)	2.299*** (0.490)	6.645*** (0.0349)	3.924*** (0.871)
企业固定效应	Yes	Yes	Yes	Yes	Yes	Yes
年份固定效应	Yes	Yes	Yes	Yes	Yes	Yes
观测值	31836	31629	31836	31629	31836	31629
R^2	0.917	0.917	0.891	0.892	0.894	0.895

2. 所有被调查企业样本的稳健性检验

在基准回归分析中,我们将中国海关数据库和中国工业企业数据库进行匹配,得到企业层面的相关变量,并将这些变量作为控制变量纳入回归中,为了检验所有遭受知识产权调查冲击的企业是否都会对自身市场出口产品范围进行调整，我们仅考虑海关数据库中的企业，不控制企业特征来进行考察。表9-11展示了仅考虑海关库企业样本的回归结果，从回归结果中可以看出，知识产权调查对企业出口产品种类的影响仍然是正向的促进作用，并且影响方向和显著性水平仍然是与基准回归结果一致，这表明本章基准结果不受样本选择的影响。

表9-11　　　　　　　　　被调查企业的海关总样本

变量	(1) 全球市场	(2) 美国市场	(3) 非美市场
Not337Period	11.21***	4.207***	7.004***
	(0.600)	(0.161)	(0.512)
Ter337Period	3.824***	1.134***	2.689***
	(0.602)	(0.162)	(0.514)
Constant	21.73***	7.099***	14.64***
	(0.076)	(0.020)	(0.065)
企业固定效应	Yes	Yes	Yes
年份固定效应	Yes	Yes	Yes
观测值	148228	148228	148228
R^2	0.857	0.874	0.840

3. 剔除离群值的稳健性检验

样本的异常值可能会影响回归结果，导致回归结果产生偏误，因此我们将可能存在的异常值进行剔除来进行稳健性检验。我们将样本中高于99%和低于1%的样本从总样本中剔除之后再进行回归，回归结果如表9-12所示，所得到的回归结果与我们的基准回归结果仍然一致，由此可以看出本章结论并不受异常值的影响。

表9-12　　　　　　　　　　剔除离群值

变量	(1) 全球市场	(2) 美国市场	(3) 非美市场
Not337Period	1.603***	0.783***	0.552***
	(0.243)	(0.127)	(0.184)

续表

变量	(1) 全球市场	(2) 美国市场	(3) 非美市场
Ter337Period	1.893*** (0.326)	0.459*** (0.159)	1.105*** (0.228)
age	0.854*** (0.128)	0.362*** (0.061)	0.358*** (0.092)
size	0.478*** (0.072)	0.287*** (0.032)	0.188*** (0.053)
owner	0.190 (0.775)	-0.123 (0.220)	-0.101 (0.659)
exp_expens	0.103** (0.042)	0.0575*** (0.021)	0.0571* (0.032)
lncapital	0.275** (0.124)	0.189*** (0.051)	0.107 (0.094)
hhi	7.682 (8.314)	-0.394 (2.734)	0.156 (4.301)
Constant	6.665*** (0.544)	2.439*** (0.244)	3.869*** (0.401)
企业固定效应	Yes	Yes	Yes
年份固定效应	Yes	Yes	Yes
观测值	62805	59960	62820
R^2	0.873	0.832	0.842

4. 更改产品转换测度方式的稳健性检验

在基准回归当中，我们将"仅增加产品种类""仅减少产品种类""既增加又减少产品种类"以及"不改变产品种类"这四种产品转换方式作为虚拟变量纳入模型中。进一步地，我们将企业在样本期内每年生产的产品种类数分为"新增出口产品数量""减少出口产品数量"以及"持续存在的出口产品数量"来进行稳健性分析。新增出口产品为企业t-1年未出口，t年出口了的HS8分位产品；减少出口产品为企业t-1年出口了的，t年未出口的HS8分位产品；持续存在的出口产品表示t年和t-1年均出口了的HS8分位产品。

我们基于基准回归模型,将原被解释变量更换为"新增出口产品数量""减少出口产品数量"和"持续存在的出口产品数量"。表 9-13 中前 3 列是全球市场回归结果,后 3 列是美国市场回归结果。从中可以看出,企业遭受知识产权调查会促进企业增加向全球市场和美国市场的出口种类,并且抑制企业减少向全球市场和美国市场出口的产品种类,对于企业持续存在的出口产品种类,知识产权调查的影响也是正向的。从整体的回归结果来看,知识产权调查影响涉案企业出口产品转换,这一结果与基准回归结论保持一致。

表 9-13 更改产品转换测度方式

变量	(1) 新增	(2) 减少	(3) 持续存在	(4) 新增	(5) 减少	(6) 持续存在
Not337Period	2.829*** (0.784)	-4.136*** (0.721)	4.834*** (0.841)	1.044*** (0.187)	-1.382*** (0.301)	0.576*** (0.182)
Ter337Period	1.003 (0.711)	-5.486*** (0.881)	7.530*** (1.461)	0.114 (0.157)	-2.063*** (0.385)	1.108*** (0.215)
age	-0.220 (0.313)	2.413*** (0.331)	1.360*** (0.283)	0.008 (0.0629)	0.504*** (0.093)	0.396*** (0.056)
size	-0.0367 (0.206)	3.699*** (0.224)	1.629*** (0.222)	0.106*** (0.036)	0.620*** (0.060)	0.291*** (0.032)
owner	1.033 (1.943)	-1.847 (1.973)	-1.972 (2.901)	0.343 (0.271)	0.213 (0.705)	0.354 (0.406)
exp_expens	-0.020 (0.144)	0.053 (0.148)	0.267*** (0.099)	-0.028 (0.023)	0.021 (0.038)	0.099*** (0.019)
lncapital	-0.135 (0.350)	4.386*** (0.449)	1.695*** (0.372)	0.094 (0.059)	0.887*** (0.122)	0.184*** (0.055)
hhi	-11.34 (29.33)	-21.54 (14.42)	24.08 (21.75)	-1.564 (9.330)	1.638 (6.101)	3.116 (6.375)
Constant	13.28*** (1.449)	-19.84*** (1.596)	11.38*** (1.542)	1.630*** (0.271)	-2.739*** (0.442)	0.968*** (0.239)
企业固定效应	Yes	Yes	Yes	Yes	Yes	Yes
年份固定效应	Yes	Yes	Yes	Yes	Yes	Yes

续表

变量	(1) 新增	(2) 减少	(3) 持续存在	(4) 新增	(5) 减少	(6) 持续存在
观测值	49115	45229	58211	63482	63482	63482
R^2	0.613	0.457	0.910	0.616	0.393	0.849

5. 特殊年份处理

样本期间，2008年在美国爆发并蔓延至全球的金融危机对企业出口行为影响很大，这期间企业产品的出口变动可能具有特殊性，据此我们剔除2008年的数据进行稳健性检验，其结果如表9-14所示。可以发现，对于涉案企业而言，知识产权调查对其全球市场、美国市场和非美市场的出口产品范围的影响与基准回归结果保持一致。

表9-14　　　　　　出口产品范围影响的回归结果（剔除2008年）

出口产品范围	(1) 全球市场	(2) 全球市场	(3) 美国市场	(4) 美国市场	(5) 非美市场	(6) 非美市场
Not337Period	1.918*** (0.354)	1.971*** (0.349)	1.440*** (0.216)	1.470*** (0.217)	0.478* (0.273)	0.501* (0.267)
Ter337Period	2.743*** (0.584)	2.795*** (0.603)	1.183*** (0.290)	1.236*** (0.286)	1.560*** (0.463)	1.558*** (0.474)
age		0.277* (0.158)		0.233*** (0.080)		0.044 (0.127)
size		0.471*** (0.130)		0.306*** (0.046)		0.165 (0.113)
owner		-0.379 (1.851)		0.932 (0.601)		-1.311 (1.689)
exp_expens		0.064 (0.065)		0.040 (0.028)		0.024 (0.057)
lncapital		0.471** (0.196)		0.281*** (0.073)		0.189 (0.172)
hhi		0.913 (8.885)		2.582 (14.25)		-1.668 (12.24)

续表

出口产品范围	(1) 全球市场	(2) 全球市场	(3) 美国市场	(4) 美国市场	(5) 非美市场	(6) 非美市场
Constant	13.07*** (0.029)	9.554*** (0.902)	6.128*** (0.015)	3.670*** (0.366)	6.944*** (0.022)	5.885*** (0.767)
企业固定效应	Yes	Yes	Yes	Yes	Yes	Yes
年份固定效应	Yes	Yes	Yes	Yes	Yes	Yes
观测值	52929	50587	52929	50587	52929	50587
R^2	0.881	0.895	0.898	0.900	0.838	0.859

陈林 (2018) 提出，中国工业企业数据库的 2010 年数据的准确度、指标健全程度均出现一定程度的下滑，可能会影响实证模型的结果。出于稳健性考虑，我们剔除 2010 年的数据进行检验，其结果如表 9 – 15 所示。可以发现知识产权调查对出口产品范围的影响与基准回归结果保持一致。

表 9 – 15   出口产品范围影响的回归结果（剔除 2010 年）

出口产品范围	(1) 全球市场	(2) 全球市场	(3) 美国市场	(4) 美国市场	(5) 非美市场	(6) 非美市场
Not337Period	2.643*** (0.398)	2.753*** (0.393)	1.740*** (0.243)	1.787*** (0.242)	0.903*** (0.293)	0.966*** (0.286)
Ter337Period	3.359*** (0.603)	3.520*** (0.623)	1.334*** (0.284)	1.440*** (0.285)	2.025*** (0.466)	2.080*** (0.481)
age		1.631*** (0.322)		1.049*** (0.166)		0.582** (0.241)
size		0.755*** (0.154)		0.506*** (0.059)		0.249* (0.130)
owner		−0.544 (2.245)		0.439 (0.542)		−0.983 (1.970)
exp_expens		0.981*** (0.225)		0.533*** (0.098)		0.448** (0.188)
lncapital		0.812*** (0.265)		0.423*** (0.101)		0.390* (0.229)

续表

出口产品范围	(1) 全球市场	(2) 全球市场	(3) 美国市场	(4) 美国市场	(5) 非美市场	(6) 非美市场
hhi		-1.398 (9.685)		-0.782 (11.75)		-0.616 (11.77)
Constant	12.64*** (0.026)	3.647*** (1.178)	5.968*** (0.013)	0.137 (0.521)	6.675*** (0.020)	3.510*** (0.945)
企业固定效应	Yes	Yes	Yes	Yes	Yes	Yes
年份固定效应	Yes	Yes	Yes	Yes	Yes	Yes
观测值	55737	53505	55737	53505	55737	53505
R^2	0.856	0.869	0.873	0.875	0.813	0.832

（二）影响机制检验

从前面的影响机制分析来看，知识产权调查将通过贸易替代效应、倒逼效应、成本决策效应、贸易转移效应以及市场准入效应影响被诉企业的出口产品范围。参照孙浦阳等（2018）的做法，为了更完整佐证本章影响机制的存在，本章构建代理变量进行影响机制分析。其中，企业新产品对美出口额作为贸易替代效应的代理变量，企业全要素生产率（TFP）作为倒逼效应代理变量，管理费用作为成本决策效应代理变量，企业对非美市场出口额作为贸易转移效应的代理变量，产品销售费用作为市场准入成本效应的代理变量。同时，考虑到前文分析中指出，上述影响机制在被诉企业立案调查后就将起到作用，因此机制检验中我们仅考虑立案调查，并以系数 DID_337 表示。在企业未立案调查之前赋值为0，一旦受到调查则赋值为1。

表9-16的影响机制检验结果显示，知识产权调查所有代理变量的影响系数均显著为正，表明知识产权调查确实通过贸易替代效应、倒逼效应、成本决策效应、贸易转移效应以及市场准入效应对被诉企业出口产品范围产生影响。

表 9-16　　　　　　　　　　影响机制检验结果

被解释变量	(1) 贸易替代效应	(2) 倒逼效应	(3) 成本决策效应	(4) 贸易转移效应	(5) 市场准入效应
DID_337	0.481 ***	0.024 ***	0.379 ***	0.726 ***	0.343 ***
	(0.074)	(0.007)	(0.020)	(0.0548)	(0.042)
控制变量	Yes	Yes	Yes	Yes	Yes
企业固定效应	Yes	Yes	Yes	Yes	Yes
年份固定效应	Yes	Yes	Yes	Yes	Yes
样本量	36953	39166	66392	64833	66242
R^2	0.097	0.044	0.553	0.180	0.181

八、结论与启示

本章基于 2008—2013 年的 USITC "不公平进口调查信息系统库"、中国海关数据库和中国工业企业数据库，匹配构建微观层面数据，实证考察美国知识产权调查对中国涉案企业出口产品范围以及产品转换方式的影响，经过一系列稳健性检验之后，基准回归结果仍然稳健可靠。研究表明：第一，美国知识产权调查会使中国涉案企业扩大对全球市场、美国市场以及非美国市场的出口产品范围，这一研究结论与反倾销的相关研究结论有所不同。第二，本章基于 Bernard 等 (2010) 的方法，将企业产品转换的方式进行具体量化。实证研究表明，相对于"仅增加出口产品种类"和"仅减少出口产品种类"，遭受调查企业主要是通过"既增加又减少产品种类"的转换方式来进行出口产品范围的调节。第三，本章还进行大量的异质性分析。结果表明，美国知识产权调查对涉案企业美国市场出口产品范围的影响程度，受到判决结果、美国市场依赖度、是否为本土企业、贸易方式以及管理效率高低的影响。

基于以上结论，本章提出如下政策建议：首先，沉着应对美国知识产权调查，积极进行产品结构调整。从本章研究结果可以看出，我国被诉企业可以通过自身产品结构调整,增加非美市场出口产品种类和调整美国市场出口产品种类来应对知识产权调查冲击。因此,在应对知识产权调查时,只要企业冷静应对,还是能够在美国市场生存的。

其次,出口企业应当更加积极地拓展市场,加大创新开发新产品力度。产品转换是企业实现资源配置的重要途径,对于多产品企业而言,产品转换行为更容易发生,如果是单产品企业,那么企业在重新配置资源时候所面临的难度就会更大。因此,需要企业不断提升自身创新水平,开发更多具有自主知识产权的新产品向国外市场出口,同时积极开拓新市场,不断降低对美市场依赖程度。

最后,要加强知识产权调查防范工作,避免陷入"知识产权调查陷阱"。我国企业在出口产品到美国时,应做好美国市场调研,包括竞争企业在美国的知识产权情况。同时,企业还需加强自身知识产权意识,注重知识产权保护,熟悉美国知识产权调查机制。对于政府而言,需要加大知识产权调查预警机制建设,通过平台建设,收集美国知识产权调查和规则相关信息,帮助企业充分了解美国知识产权调查,让企业做好应对工作。

第十章

知识产权调查对企业出口持续时间的影响效应

一、引言

自中国加入WTO以来，进出口贸易量持续增长，根据2016年WTO贸易数据统计报告，中国就已经是出口量位居世界第一的国家[①]。根据我国海关总署统计，2024年我国外贸进出口总值43.85万亿元，其中出口25.45万亿元，比2023年增长7.1%[②]，实现新突破。毋庸置疑的是我国出口地位位列全球第一，但是出口额快速增长的背后也反映出我国对国际贸易市场的依赖程度愈发提高，高度依赖性势必会给企业带来高出口风险与高生存风险（陈勇兵，2012）。除了内部环境决定出口高风险，外部大环境同样预示企业生存环境逐渐恶化。近年来，在全球经济增速放缓，贸易摩擦不断加剧，外部经济环境波动通过出口贸易渠道时刻影响着中国企业的经济效益。自2008年金融危机以来，我国已经逐渐停止单一地追求贸易额高速增长的经济目标，转而从出口贸易平稳发展的角度出发追求出口平稳增长。Besedeš和Prusa（2011）针对发展中国家提出提高出口持续时间可以显著提高出口额。"出口稳"的要求在政府工作报告中被多次提出，不可否认的是出口贸易稳定已经成为出口额稳步增长、出口结构优化、出口转型的关键。从微观角度分析，出口持续时间的延长也有利于企业从出口中学习、提升生产率与竞争力、促进出口增长（赵春明，2016）。然而，已有研究已经证实，中国贸易持续时间平均较短，大部分贸易关系只能持续1—3年（陈勇兵，2012），短期在某个出口市场存活不利于企业稳定发展，不断变更市场的企业更会面临重复的市场准入成本。因此，面对复杂的国际贸易大环境，改善企业生存环境与增加贸易持续时间成为继出口贸易高速增长后新的探讨话题。

近年来，中国与美国已经成为经济增长最快的发展中与发达国家，作为重要的贸易伙伴，中美贸易关系对两国经济和全球形势也是牵一发而动全身

[①] WTO | Trade Statistics – World Trade Statistical Review 2016.
[②] https：//www.gov.cn/lianbo/bumen/202501/content_6998223.htm.

的。随着中美贸易的深入和近年来贸易保护主义重新被提及，中美双方的贸易摩擦日益加剧，除了一系列贸易救济措施，例如"两反一保"，美国通过宣称"公平贸易"的新贸易壁垒——美国知识产权调查，旨在保护美国国内经济，实则对我国国际贸易出口产生了巨大的冲击，这种冲击已经被学者研究并揭示为出口抑制效应（代中强，2019；冯伟业，2017；杨荣珍，2020）。

由于美国知识产权调查涉案对象中中国企业占比大，考虑到数据可获得性，故本章选择2007—2013年的中国出口企业作为研究对象，根据美国对中国发起的知识产权调查案件的立案时间、终裁时间进行分阶段研究。在生存分析中，定义企业生存结局变量，处理数据左删失与右删失问题，测算2008—2013年企业出口持续时间，利用Kaplan–Meier生存曲线研究企业生存概率与风险概率，运用生存分析法中的离散时间模型研究美国知识产权调查对于中国被诉企业生存风险、出口持续时间的影响。本章拓展了美国知识产权调查与出口持续时间的研究领域。本章基于生存分析法，测算中国企业的出口持续时间与出口状态，运用Kaplan–Meier生存曲线分析比较被诉企业与未被诉企业的生存概率与风险概率差异，本章采用Cloglog模型研究调查立案与终裁两个时间节点对企业出口持续时间的影响。在立案阶段从决策成本与人力成本角度，终裁阶段从贸易转移、倒逼效应与融资约束角度探讨影响机制。本章验证了在知识产权调查冲击下，保障市场多样性、缓解融资约束与资金补助对被诉企业生存的重要性，揭示不同企业、贸易类型在受到美国知识产权调查时的敏感程度，为我国各行业、企业如何应对美国知识产权调查，以及调查后应对出口决策作出哪些调整与策略反应提供措施。

二、文献综述

（一）国内外关于美国知识产权调查对企业出口影响的研究

首先，从传统贸易保护手段出发探究其对于企业出口的影响，主要集中在贸易壁垒、反倾销技术性贸易壁垒角度。例如，反倾销显著抑制了中国出口增长的二元边际，并使中国的出口额减少2—3.2个百分点，且贸易伙伴中发达国家发起反倾销的贸易抑制效应高于平均水平（王孝松，2014；2015）。同样是关注反倾销，Lu（2013）与Lu（2018）研究发现反倾销显著减少了出口企业数量因而减少了出口额，幸存的出口企业也会缩小出口范围从而集中出口核心产品。鲍晓华（2014）根据105个国家产业层面的数据发现，技术性贸易壁垒通过影响贸易国出口的各项成本从而影响一国的出口量和出口概率。Elisabeth（2022）探讨了印度尼西亚技术性贸易壁垒对制造业出口的影响，发现限制了化学品和运输的出口，但增加了金属和纺织品的出口。

其次，针对美国知识产权调查对于企业在国际市场贸易出口的影响。杨荣珍（2020）基于我国制造业企业发现"337调查"抑制了企业出口，调查使企业强制退出市场、融资约束提高、名誉损失，抑制效应对于积极应诉、受到政补贴的企业抑制效应较低，而且企业会增加对于非美国市场的出口。同样地，代中强（2019）利用美国同48个贸易伙伴的数据研究发现美国知识产权调查对贸易国家存在显著的出口抑制效应，且我国在所有贸易伙伴中遭受的贸易抑制效应最大。另外，从出口产品范围分析，代中强（2022）研究发现美国知识产权调查对于美国市场、非美国市场的出口范围皆存在正向效应，不论是立案还是终裁都会扩大我国企业出口产品的范围。

最后，从出口创新视角看，庄子银（2018）运用PSM-DID发现知识产权调查对具有较强创新能力的出口企业存在激励作用并强化企业出口，而对于缺乏创新能力的企业会抑制出口创新活动。

（二）国内外关于企业出口持续时间的研究

1. 国内外关于企业出口持续时间的定义及测算研究

企业出口持续时间定义为某企业从进入某一国外市场到退出该市场，且中间没有间隔所经历的时间。根据进出口数据的特征，出口持续时间的单位为年。目前在出口持续时间相关的研究中，对于该变量的测定，多用企业—目的地出口关系中测算某企业从开始出口至某国家到停止出口，且中间没有间隔所经历的年数（Besedeš，2006a；陈勇兵，2012；于娇，2015；李宏宾，2016），或者某企业某一产品出口至某国家到停止出口，且中间未间断所经历的年数（Besedeš，2006b；蒋灵多，2015），出口持续时间在定义中也被称作"出口片段"，又称 spell。除了提出重复进入市场的准入效应，Besedeš 和 Prusa（2006a）在讨论产品异质性与企业出口持续时间的研究中，表明贸易关系中将若干个持续时间段视为独立出口片段，与将第一段出口持续时间视为唯一出口片段，对于贸易关系持续时间的影响因素研究并无影响。

对于贸易持续时间的分布估计研究，最早运用生存分析法研究的是 Besedeš 和 Prusa（2006b），他们使用2001年之前29年的微观数据，发现美国出口持续时间较短，中位数至多4年甚至少的只有2年，且具有负的时间依赖性。随后，Besedeš 和 Prusa（2008）将研究扩展到全球的国别层面，对于46个国家的出口持续时间展开研究，只有25%的出口关系能够持续超过5年，平均出口持续时间为1—2年，且出口增长来自集约边际而不是外延边际。Hess 与 Persson（2010a）研究发现欧盟国家与非欧盟国家的贸易关系持续仅为1年左右，60%的贸易关系维持时间不足1年，仅有10%的贸易关系持续10年以上。国内学者陈勇兵（2012）最早利用中国企业微观数据研究出口持续问题，发现平均出口持续时间少于2年，且随着贸易时间推进，出口风险降低。除此之外，何树全（2011）聚焦中美贸易的农产品稳定性，发现其出口持续时间平均不足4年，且贸易额越大出口时间越长。林常青（2014）研究中美之间的贸易存续问题，发现贸易平均持续时间短，也具有负的时间依存性。总体来说，各国企业出口持续时间普遍较短，且具有负的时间依存性（陈勇兵，2012；林常青，2014；Besedeš 和 Prusa，2006a；Esteve – Pérez 等，2013）。

2. 国内外对于企业出口持续时间的研究方法与影响因素

针对企业出口持续时间的研究方法，将生存分析模型（Survival Analysis）运用到企业生存研究领域最早源于 Lane（1986），他率先运用 Cox 比例风险模型分析金融系统破产倒闭的概率。最早在国际贸易领域中使用生存分析模型的是 Besedeš 和 Prusa（2006），他们使用 Cox 比例风险模型分析进口贸易持续时间的影响因素。同样，Boyer（2013）运用 Cox 生存模型分析法国创新型和非创新型企业的生存决定因素之间的差异。国内学者同样使用 Cox 模型分析企业生存分析（邵军，2011；于娇，2015；马佳羽，2018），但是该模型存在一定使用限制条件。Hess（2010b）对 Cox 比例风险模型提出三点质疑：相同的贸易持续时间导致有偏差的系数估计、难以控制未观察到的异质性、数据需要满足 Cox 模型的限制性假设，因此他提出离散时间模型分析企业生存问题。陈勇兵（2012）运用离散时间模型替代 Cox 模型，来解决数据右删失和基本风险函数的非参数估计，通过三个离散时间模型发现传统引力模型中的变量同样对贸易关系的持续时间产生影响，并分析在贸易中普遍使用互补对数模型的原因。蒋灵多（2015）运用 Cloglog 模型探讨多产品出口企业异质产品出口时间的差异，发现核心产品出口持续时间长于边缘企业，企业通过产品组合的改变可以应对复杂的出口市场。

针对企业出口持续时间的影响因素。首先，多产品企业的出口行为对出口生存与出口贸易时间存在正向作用，但是过度依赖出口或者完全出口则会产生负面作用，没有出口的企业应当选择出口时机抵御风险（于娇，2015），且该结论存在企业异质性（逯宇铎，2013）。其次，影响生存的因素与影响出口额的因素相似，邵军（2011）总结包括初始贸易额、产品类型、出口目的地规模，在此基础上，陈勇兵（2012）补充因素包括出口目的市场数目、出口企业的生产规模、生产效率、出口产品种类数目和企业成立时间。相同地，FU（2014）发现规模大、生产效率高、出口导向更强的大型企业更有可能进行更长时间的出口。从融资约束角度，李宏兵（2016）研究发现企业融资约束与企业出口持续时间负相关，且这种负面影响对国有企业最显著，对外资企业的影响次之。从贸易协定与贸易自由角度看，Štefan（2012）发现增加欧盟新成员国会使农产品出口持续时间更长。Besedeš（2013）认为北美自由贸易协定增加了墨西哥和美国在协定内出口的风险。毛其淋（2013）认为贸易自由化可以促使企业出口参与决策，并且投入品关税减让可以加快企业进入市场，并且延长出口持续时间。周定根（2019）认为贸易政策不确定性的下降有助于企业出口生存概率上升。从产业关联角度看，孙浦阳（2019）研究发现较强的产业关联效应显著提升了上游的综合外商投资开放和下游企业出口生存。从福利效益角度看，赵瑞丽（2016）研究最低工资上涨对于出口持续时间影响，发现其对出口持续时间有正向作用，且提高了企业的生存概率。

（三）文献总结与评述

综上所述，目前大部分国内外文献对于美国知识产权的性质意义、成因、对策及出口等研究较多，对于出口持续时间的研究方法和影响因素同样较为成熟。通过对于国内外文献的梳理分析，发现上述文献为本章的研究提供了研究背景、理论、方法、模型设立等多方面的支持，具有较高的参考价值，因此在本章研究中将从文献中借鉴实证研究对于变量的设定与选取。但是，对比以上文献与本章的研究内容，发现本章有一定的边际贡献。

第一，对于贸易壁垒、技术性贸易壁垒对企业的出口抑制效应的研究较多，但是以美国知识产权调查为视角的研究较少，由于数据受限，大部分研究以定性研究或者事实研究为主。具体来说，国外的学者主要针对美国知识产权的"公平正义"性展开论述，而国内学者对其调查原因、影响、对策等进行事实论述，极少出现知识产权调查的量化实证研究。针对已有的量化研究，只简单对出口额或者企业数量进行实证分析，而本章希望从贸易高质量持续发展的角度探究出口持续时间以及企业出口生存进行分析。

第二，以往的文献中出口持续时间方面的研究方法单一，多用比例风险模型。出口持续时间影响因素的研究角度较为宏观，更多的是探究企业和行业层面对于出口持续时间的影响因素有哪些，较少关注到近年来贸易摩擦、非关税贸易壁垒相关事件对于出口持续时间的冲击。此外，针对中美微妙复杂的贸易关系及其带来的影响，目前的国内外文献仅有贸易壁垒、技术性贸易摩擦等对出口及出口边际抑制效应的影响研究，本章希望对被诉企业和其他企业的生存概率作出估计和比较，分析调查立案与终裁对企业生存的影响，直观考察美国知识产权调查对于被诉企业是否存在冲击，这对行业企业如何应对知识产权调查具有重大意义。

三、美国知识产权调查对企业出口持续时间影响的机制分析

根据国内外文献整理的结果可知，美国知识产权调查会对中国被诉企业产生有形与无形的负面影响，无论是企业经济效益还是声誉信用都会受到一定影响。一旦调查立案，企业将面临巨额和解金或者应诉费。如果败诉，产品将无法再销售至美国市场，企业将被迫进行生产线改进、产品结构升级。由此可以看出，成本提升会影响企业自身的经营情况从而改变所有国际贸易市场的出口境况，知识产权调查在短期内对企业贸易造成阻碍。在中长期，调查终裁会促进企业进行技术创新从而选择替代产品重新投入国际出口市场，调查后企业声誉情况改善，内外部金融压力缓解。因此，机制分析部分将美国知识产权调查对于企业出口持续时间的分析分为短期与长期，即调查立案与调查终裁两部分，分别探讨美国与非美国市场的影响路径，最终发现知识产权调查的作用机制为成本决策效应、人力成本效应、融资约束效应、贸易转移效应。

（一）美国知识产权调查立案对企业出口持续时间的影响

1. 成本决策效应

美国知识产权调查通过成本决策效应影响被诉企业在美国与非美国市场的生存风险。企业一旦受到起诉，将面临高昂的律师费、应诉费，等等。立案后国际贸易委员会开始研究和审议公司的申诉，调查是否符合侵

权事实，调查周期长、应诉流程烦琐，要求被诉企业在短时间内应诉。如知识产权不是联邦登记注册的，法官还需进一步调查国内产业是否受到损害，因此调查周期与应诉费用相应增加。除此之外，虽然被诉企业涉嫌侵权产品在临时排除令签发后依然可以进入美国市场的前提是被诉企业缴纳保证金，如果侵权，保证金归申请人所有。综上，被诉企业在调查立案后面临高昂的费用支出，企业的管理成本上升，导致企业进出口贸易风险加剧，最终企业出口持续时间减少。据此本章提出假设 10-1。

假设 10-1：美国知识产权调查通过增加企业管理费用，即通过成本决策效应减少我国被诉企业的出口持续时间。

2. 人力成本效应

美国知识产权调查通过人力成本效应影响被诉企业在美国与非美国市场的生存风险。被诉企业在立案后，将面临特定产品出口受限或未来禁止出口美国的境况，企业技术创新升级、产品结构调整与升级是被诉企业保障继续出口、保证出口份额的选择之一（代中强，2022），而企业产品线的改革创新需要一定高技术人员的投入，因此企业的应付人均工资在立案后会出现上升，从而导致企业出口风险加剧，出口持续时间减少。据此本章提出假设 10-2。

假设 10-2：美国知识产权调查通过增加企业应付人均工资，即通过人力成本效应减少我国被诉企业的出口持续时间。

（二）美国知识产权调查终裁对企业出口持续时间的影响

1. 贸易转移效应

美国知识产权调查通过贸易转移效应影响被诉企业在非美国市场的生存风险。知识产权调查终裁的结果可能为禁止所有企业向美国出口被诉产品，但由于该产品在国际贸易市场已经持续出口一段时间，企业积攒一定的声誉与知名度，并且由于研发与生产的固定成本企业不会轻易停止生产该产品，所以选择向其他非美国市场出口该产品来弥补美国市场丢失的份额也是企业的选择之一。因此，调查终裁会通过贸易转移效应，使得被诉企业持续出口时间增加。据此本章提出假设10-3。

假设10-3：美国知识产权调查终裁会通过增加非美出口额，即贸易转移效应，增加我国被诉企业的出口持续时间。

2. 融资约束效应

美国知识产权调查通过融资约束效应影响被诉企业在美国与非美国市场的生存风险。调查终裁代表美国贸易委员会结束对被诉企业的调查，终裁后被诉企业产品侵权或否的结果公示，相较于立案阶段企业声誉受到负面影响，终裁阶段企业声誉得到恢复，融资压力有所改善，在出口市场生存环境比立案阶段更加乐观。由于金融机构或政府的资金补贴，无论是内部还是外部的融资约束压力的缓解，企业愈发能够保障自身的出口稳定性。而融资约束的缓解能够提高企业的出口持续时间，阳佳余（2012）认为，企业融资约束的改善可以覆盖企业出口国际市场所需的固定成本，他发现融资约束缓解一个测度单位，企业出口概率增长大约1.29%。同样地，李宏兵（2016）提出融资约束压力越小，企业出口风险越小，平均出口持续时间越长。因此，调查终裁通过融资约束效应使得被诉企业出口持续时间增加。据此本章提出假设10-4。

假设10-4：美国知识产权调查终裁通过降低企业融资约束，增加我国被诉企业的出口持续时间。

四、企业出口持续时间的处理、估计及特征事实

（一）出口持续时间的数据处理

生存模型中的一个关键是定义样本的生存结局变量。本章使用2007—2013年工业企业数据库与海关数据库匹配后的企业—目的地层面的出口贸易数据，借鉴陈勇兵（2012）的定义方式，将某企业进入某一国外市场直

至退出该市场,且中间没有间隔所经历的时间定义为企业出口持续时间。在影响因素分析中,需要定义的是每一个时间段的个体结局变量,即一个企业出口事件为"失败"(failure),如果企业停止向某个出口市场出口,则出口的最后一年赋结局变量"失败"(failure)为1,其他赋值为0,如果是观测期限的最后一年仍旧保持出口,则该企业最后出口时间段内所有结局变量均赋值为0。关于企业生存数据需要说明的是:(1)数据删失问题。一是左删失问题(left censoring),样本时间为2007—2013年,但由于无法知晓在2007年之前企业已经出口了多久,无法测算出口时间,所以本章只保留2007年不出口而2008—2013年出口的企业样本,因此样本中最长持续出口时间为6年。二是右删失问题(right censoring),如果在样本的观测期内无法观测企业是否退出市场,即2013年仍在出口的企业出口持续时间无法衡量,而本章选择的生存分析法中的离散时间Cloglog模型可以处理数据右删失的问题。(2)关于多个持续时间的问题(multiple shells),企业可能频繁、重复地进入美国或非美国市场,本章参考Besedeš和Prusa(2006)与陈勇兵(2012)的研究,将其视为相互独立的贸易片段进行处理与研究。

(二)企业出口生存函数估计

与出口持续时间或企业生存有关分析均采用生存函数和危险函数。本章定义T为样本期间内出口企业在特定出口市场的出口持续时间,可取值范围有t=1,2,3…。另外,定义概率密度函数为$f_{(t)}$,累积分布函数为$F_{(t)}$,也称为"失效函数"(failure function),而"生存函数"(survivor function)定义为企业存活时间超过t的概率:

$$S(t) = \Pr(T>t) = 1 - F_{(t)}, \quad \forall t \neq 0, t>0, S(0) = 1 \quad (10-1)$$

生存函数表示观测对象生存时间大于t的概率,若观测对象已经存活t时期,在t+1期停止出口的概率为:

$$\Pr(t \leq T < t+\Delta t | T \geq t) = \frac{\Pr(t \leq T < t+\Delta t)}{\Pr(T \geq t)} = \frac{F(t+\Delta t) - F(t)}{S(t)}$$

$$(10-2)$$

另外，观测对象在 t 时刻瞬间死亡（退出）的概率，以及风险函数为：

$$\lambda(t) \equiv \lim_{\Delta t \to 0^+} \frac{\Pr(t \leq T < t + \Delta t | T \geq t)}{\Delta t} = \lim_{\Delta t \to 0^+} \frac{F(t + \Delta t) - F(t)}{\Delta t S(t)}$$

$$= \frac{1}{S(t)} \lim_{\Delta t \to 0^+} \frac{F(t + \Delta t) - F(t)}{\Delta t} = \frac{f(t)}{S(t)} \qquad (10-3)$$

对于生存函数常见的非参数估计一般使用 Kaplan – Meier 乘积限法。该方法是记 $t_1 < t_2 < \cdots < t_j < \cdots < t_K$ 为样本中观测到的死亡时间，在区间 $[t_{j-1}, t_j)$ 仍然存活但是面临危险的个体数为 n_j，在 t_j 时刻 n_j 个体可能发生存活、死亡或者归并。

本章将利用 Kaplan – Meier 生存曲线对企业在美国与非美国市场的出口持续时间进行估计，并比较被诉与其他企业生存时间的差异。

（三）企业出口持续时间的特征事实

对于我国企业出口持续时间的典型特征事实描述，本章运用 Kaplan – Meier 生存分析法进行企业—目的地层面总体估计，首先对数据整理结果进行统计描述，根据企业实收资本性质、知识产权调查立案与终裁、美国与非美国市场、地区进行分组，比较企业生存差异；其次将样本分美国市场与非美国市场，观察知识产权调查立案、终裁分别对企业生存风险差异。

1. 总体情况

根据表 10 – 1 所示的贸易关系持续时间统计，有不到 20% 的企业出口持续时间不超过 1 年，且仅有不到 6% 的贸易关系持续时间超过 5 年。基于上文中给出的生存函数的分参数估计式，本章从总体层面、分地区、分企业性质、分立案与终裁、分市场估计我国企业出口持续时间与生存函数概率，结果如表 10 – 2 所示。

表 10 – 1　　　　　中国出口企业贸易关系持续时间统计

出口关系持续时间	观测值个数	所占百分比（%）	累计百分比（%）
持续时间为 6 年的出口关系	25260	5.77	5.77
持续时间为 5 年的出口关系	68993	15.75	21.52

续表

出口关系持续时间	观测值个数	所占百分比（%）	累计百分比（%）
持续时间为 4 年的出口关系	53577	12.23	33.76
持续时间为 3 年的出口关系	111496	25.46	59.22
持续时间为 2 年的出口关系	94144	21.50	80.71
持续时间为 1 年的出口关系	84459	19.29	100.00
总计	437929	100.00	—

注：资料来源为 2007—2013 年企业—目的地层面的匹配数据。为处理左删失问题，删去 2007 年出口企业，保留从 2008 年开始出口的企业，因此最长的出口持续时间为 6 年，而非 7 年。下同。

表 10-2　　　　　　　　　　我国企业出口生存统计

		生存时间		以 KM 生存函数估计生存率						出口关系数量
		平均值	中位数	1 年	2 年	3 年	4 年	5 年	6 年	
总体	企业—目的地	3.010	3	0.874	0.792	0.744	0.672	0.588	0.588	437929
地区	东部	3.034	3	0.876	0.794	0.746	0.676	0.591	0.591	415126
	中部	2.622	3	0.858	0.769	0.725	0.608	0.522	0.522	16543
	西部	2.443	2	0.813	0.720	0.659	0.559	0.471	0.471	6260
企业性质	国有	2.989	3	0.856	0.783	0.756	0.721	0.715	0.715	3591
	外资	3.288	3	0.873	0.773	0.711	0.625	0.501	0.501	199771
	民营	2.773	3	0.875	0.809	0.775	0.727	0.718	0.718	234514
市场	美国市场	3.709	4	0.957	0.894	0.856	0.801	0.711	0.711	27840
	非美国市场	2.962	3	0.868	0.785	0.736	0.662	0.578	0.578	410089
全球立案	起诉立案	3.078	2	0.830	0.736	0.688	0.633	0.575	0.575	8887
	未起诉立案	3.008	2	0.875	0.793	0.745	0.673	0.588	0.588	429042
全球终裁	受到终裁	2.986	2	0.927	0.874	0.847	0.810	0.782	0.782	17097
	立案但未终裁	3.011	2	0.872	0.788	0.740	0.667	0.581	0.581	420832

根据表 10-2 所示的全样本的生存概率的估计结果，可以观测到我国向全球出口持续时间平均较短，总体样本显示我国企业平均出口持续时间为 3 年。从生存概率方面看，其中有 87.4% 的概率企业的生存时间超过 1 年，企业生存超过 6 年的概率仅占 58.8%。除此之外，我国东部地区的出口企业相较于中部、西部地区的出口状况更稳定，平均出口时间达到 3 年，观测期间内的企业生存概率均高于中部与西部地区。根据企业性质分组进

行估计，外资企业（包括港澳台企业）的平均出口持续时间最长，但生存超过5年的企业仅占50.1%，低于国有企业与民营企业，说明在出口后期外资企业出口稳定性较差。另外，中国企业在美国出口市场的生存时间明显高于其在非美国出口市场，可能的原因是美国贸易额占比高、外贸需求稳定等。最后，受到美国知识产权调查起诉的中国企业的出口生存概率比未被起诉的企业的出口生存概率低，而起诉且受到终裁企业的生存概率略高于受到起诉但未被终裁的企业。

但是，数据删失的问题可能会让平均值的计算结果不准确，因此下文使用生存分析工具对生存概率和风险概率进行进一步估计并绘制生存概率曲线与风险函数曲线。如图10-1所示，横轴表示企业出口持续时间，由于本章样本期间为2007—2013年，又因为左删失去除2007年存在出口的企业，因此横轴显示样本的最长出口持续时间为6年，纵轴为企业的生存概率。从图10-1可以看出，企业生存概率随着出口时间的增加逐渐减少，其中企业生存概率在出口初期下降程度明显，在出口中期出口失败的概率趋于稳定，但总体呈下降趋势。另外，由图10-2可知，企业出口风险随着贸易时间上升，且在出口初期和末期风险上升幅度较大。

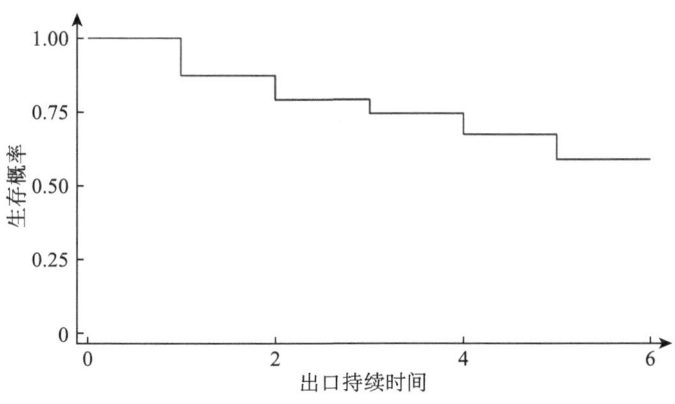

图10-1　全样本Kaplan-Meier生存曲线

2. 美国市场出口持续时间的特征事实

利用生存曲线分析美国知识产权调查对于企业在美国市场的生存差异。对于美国知识产权调查的立案环节，从图10-3可以看到，在出口的

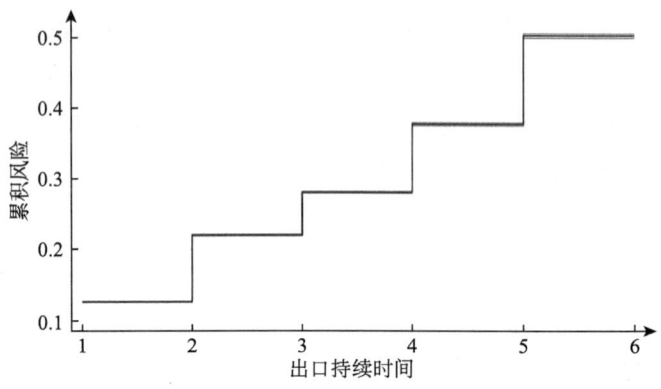

图 10 - 2　全样本风险累积曲线

第一年受到知识产权调查立案的企业在美国的生存概率基本一致,随后被诉企业的生存概率明显低于未受到调查立案的企业,且在出口持续第二年之后,两组的生存差异越来越大。图 10 - 4 则是将样本分组为立案但未被宣布终裁和立案后终裁两组,可以看立案但是经历终裁的企业在美国市场的出口生存概率略高于立案但是还未终裁的企业,但是这种差异在出口持续前四年并不明显,第五年开始两组的生存差异明显变大。终裁环节对于企业生存的影响是否显著存在有待在下一章节进行估计与检验,但出现这种现象的原因可能是贸易壁垒使得企业在美国市场的出口环境受限,但随着调查终裁,企业会选择新的产品重新进入美国市场,企业新产品在贸易初期生存环境仍充满未知,但后期随着市场需求重新产生,出口风险逐渐降低。

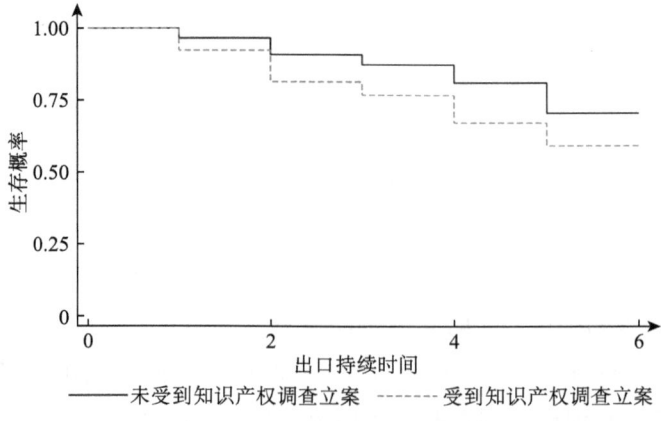

图 10 - 3　美国市场是否受到知识产权调查立案分组估计

第十章　知识产权调查对企业出口持续时间的影响效应　257

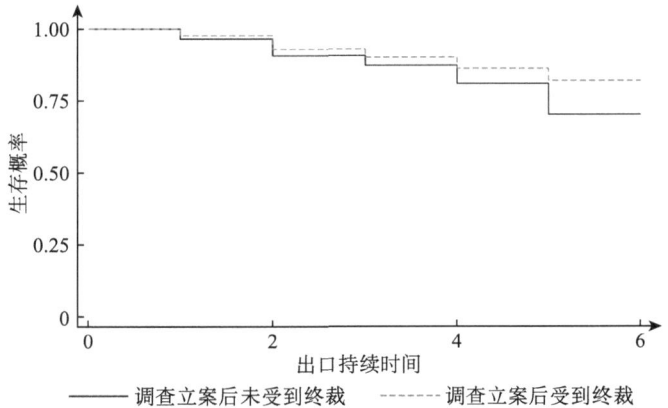

图 10-4　美国市场是否受到知识产权调查终裁分组估计

3. 非美国市场出口持续时间的特征事实

分析美国知识产权调查在对于中国企业在非美国市场的生存差异。从图 10-5 可以看到，在非美国市场的出口第一年受到知识产权调查立案的企业与在美国市场出口的生存概率一致，随后受到调查的企业的生存概率明显低于未受到调查的企业，不同的是，两组之间的生存差异没有因为贸易时间的延长而增大。图 10-6 显示了终裁对企业在非美国市场生存概率的影响，同样可以看到，立案但是经历终裁的企业在非美国市场的出口生存概率明显高于立案但是还未受到终裁的企业，生存差异随着贸易时间推移愈发明显。除此之外，受到美国知识产权调查终裁的企业在非美国市场的出口生存概率在贸易初期下降后，在贸易中后期生存概率基本趋于平稳。

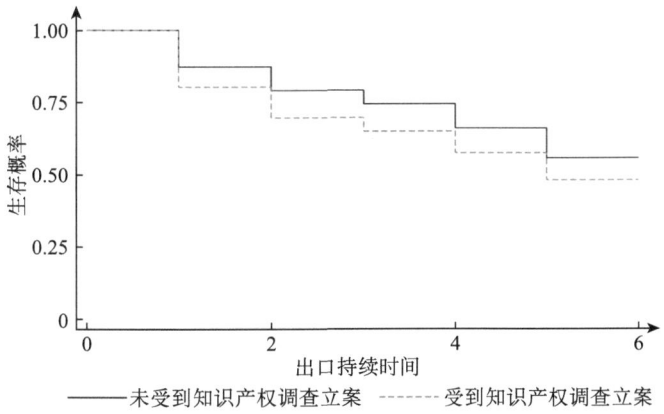

图 10-5　非美国市场是否受到知识产权调查立案分组估计

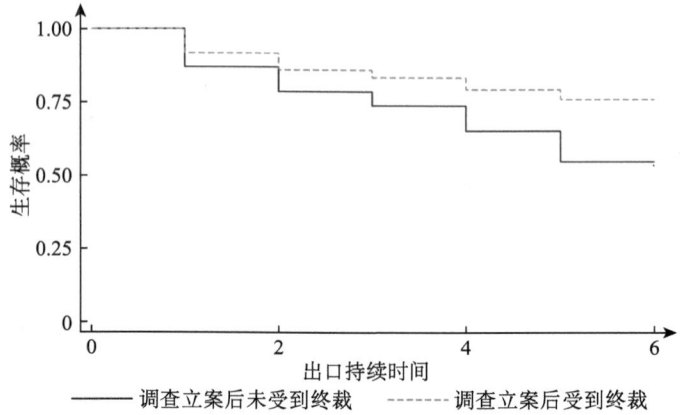

图 10-6 非美国市场是否受到知识产权调查终裁分组估计

五、模型设定及回归分析

（一）模型设定与变量设定

1. 计量模型设定

目前针对进出口贸易持续时间影响的实证研究主要采用生存分析模型，包括连续时间生存分析模型和离散时间生存分析模型。其中，Cox 比例风险模型普遍被用于分析企业生存，但是 Hess 和 Persson（2010b）发现贸易持续时间存在结点现象，即贸易关系终止是一年中的某一时间点，而因记录单位为"年"，导致终止时间点无论是年初还是年末，本应该存在差异的持续时间结果却相同，因此同一时间大量的企业至某一目的地可能存在相同的生存时间，使用 Cox 模型就会产生较大的偏误。此外，满足比例风险的假定是 Cox 模型使用的前提，即参数估计的过程中解释变量对风险概率的作用是不随时间变化而发生变化的，虽然扩展 Cox 模型可以解决这个问题但是需要大量的参数估计。因此，本章使用常用于离散数据的

Cloglog 模型估计美国知识产权调查对被诉企业产生的生存风险,即对出口持续时间的影响,不仅可以解决时间节点问题,还可以进行扩展解决不可观测的异质性以及数据右删失的问题。参考陈勇兵(2012)与 Esteve Perez(2013)的做法,假设离散风险函数遵循余对数—对数分布,建立 Cloglog 离散时间模型为:

$$\text{cloglog}[h(j,X)] = \beta X + \gamma_j + \mu \quad (10-4)$$

其中,$h(j,X) = 1 - \exp[-\exp(\beta X + \gamma_j)]$ 表示离散时间风险,因此被解释变量越大,表示企业出口风险率越高、存活概率越低、出口持续时间越短。γ_j 表示基准风险,第一种假定认为基准风险率随时间变化,可以通过控制时间区间控制风险概率,第二种假定认为其服从 Weibull 分布。本章在基准回归中采用第一种假定。

参考 Lu(2013)与李丹(2022)的做法,最终对模型进行以下设定:

$$\text{cloglog}[1 - h(t)_{ft}] = \beta_1 \cdot \text{Not337}_{ft} \cdot \text{Period}_{ft}^1 + \beta_2 \cdot \text{Ter337}_{ft} \cdot \text{Period}_{ft}^2$$
$$+ \eta \cdot X_{ft} + \alpha_f + \alpha_t + \alpha_i + \alpha_p + \mu_{ft} \quad (10-5)$$

其中,f 表示企业,t 表示年份,h(t) 表示危险率,X_{ft} 表示一系列企业层面的控制变量,α_f 表示企业固定效应,α_t 表示时间固定效应,α_i 表示行业固定效应,α_p 表示地区固定效应,μ_f 表示误差项,包括无法观测的企业异质性,它服从正态分布。

2. 指标选取与说明

(1)被解释变量。在本章的离散时间模型中,被解释变量(failure)是一个二值虚拟变量,该变量主要观测一段出口的贸易关系是否完整。具体地,将每一年的出口数据看作一个观测值,然后判断一段贸易关系是否完整。若贸易关系持续且完整,且在观测期间贸易发生失败(出口中断),则被解释变量(failure)在出口中断前最后一年赋值为 1,其余年份赋值为 0。对于存在右删失的贸易关系,则每一年的被解释变量(failure)都赋值为 0。

(2)核心解释变量。本章的核心解释变量为 $\text{Not337}_{ft} \times \text{Period}_{ft}^1$ 和 $\text{Ter337}_{ft} \times \text{Period}_{ft}^2$。其中 Not337_{ft} 为某企业在 t 年是否遭受美国知识产权调查立案的虚拟变量,若遭受调查立案则取值为 1,否则取值为 0;Ter337_{ft} 为某企业在

遭受立案后,是否在 t 年遭受美国知识产权调查终裁的虚拟变量,若立案且遭受终裁则取值为 1,否则取值为 0;另外,t_0 表示企业 f 遭受知识产权调查立案的年份,t_1 表示企业在知识产权调查受到最终裁决的年份,对时间虚拟变量的设定如下:

$$\text{period}_{ft}^1 = \begin{cases} 1, & \text{if } t_0 < t < t_1 \\ 0, & \text{otherwise} \end{cases} \quad (10-6)$$

$$\text{period}_{ft}^2 = \begin{cases} 1, & \text{if } t < t_1 \\ 0, & \text{otherwise} \end{cases} \quad (10-7)$$

(3)控制变量。本章选取的控制变量包括:企业年龄的对数(lnAge):当年年份减去企业成立年份后取对数。由于成立年份较长的企业制度管理与消费者口碑方面在出口市场更加成熟,抵御出口风险能力可能更高,出口持续时间可能更长,因此预期成立时间越长的企业出口持续时间越长。企业资本密集度(lnCap):利用企业固定资产净值年平均余额除以年末从业人数后取对数。资本密集度衡量了企业要素禀赋差异程度,张伯伟(2000)认为资本密集度高的产品比较优势更大,且出口竞争优势更大,因此预期企业资本密集度越大,出口风险越小。企业主营业务利润率(Profit):企业营业利润与企业工业总产值的比值。主营业务利润率代表企业的经营效率,该指标越高说明企业生产成本越低或销售收入越高,因此预期企业主营业务利润率对与出口持续时间的影响为正。企业规模(Scale):企业固定资产的对数,一般企业固定资产规模越大,企业抵御出口风险能力越强,出口持续时间越长。企业出口强度(Exp):出口交货值与出口工业销售产值的比值。企业出口强度是说明企业出口与内销决策重心的重要指标,出口强度越大代表一定的出口能力与风险抵御能力,能够反映企业稳定出口的期望。企业流动比率(Liqui):采用流动资产与流动负债的比值,衡量企业短期还债能力,抗贸易风险能力高的企业需要较高的短期还债能力。

本章研究数据来源于中国工业企业数据库以及海关进出口数据库中的匹配数据。其中,中国工业企业数据库记录了销售额在 500 万元以上规模企业的信息,另包含其生产与财务状况等信息,针对 2011 年企业规模更改问题,本章将在稳健性检验中讨论,海关数据库包括产品 HS8 分位信息、贸易方式、目的地国家等数据。此外,对与美国知识产权调查相关的数据,本章通过美国贸易委员会的"不公平进口调查信息系统库"整理所得,其中包括被诉企业的立案时间与终裁时间。通过清洗与整理数据,本章构建 2007—2013 年"企业—目的地—年份"层面的面板数据,由于数据左删失问题,清洗留下的数据样本观测时间为 2008—2013 年,并将数据分类为中国企业出口美国市场与其出口至非美国市场两组进行后续分析。表 10-3 与表 10-4 汇报了主要变量的含义与描述性统计,统计按照企业出口美国市场与企业出口至非美国市场出口进行划分。可以看出,出口美国市场的样本量为 22125 个,涉及知识产权调查的样本量为 337 个,出口非美国市场的样本量为 330750 个,涉及知识产权调查的样本量为 5929 个。

表 10-3　　　　　　描述性统计(美国市场)

变量	含义	样本量	均值	标准误	最小值	最大值
Failure	企业生存结局变量	22125	0.198	0.399	0	1
Not337Period	是否立案虚拟变量	22125	0.017	0.128	0	1
Ter337Period	是否终裁虚拟变量	22125	0.031	0.172	0	1
lnAge	企业年龄对数	22125	2.995	0.254	2.303	4.585
Profit	主营业务利润率	22125	0.042	0.182	-4.898	12.952
Scale	企业规模	22125	9.154	1.918	0	16.766
lnCap	企业资本密集度	22125	3.659	1.445	0	12.436
Exp	企业出口强度	22125	0.517	0.455	0	4.368
Liqui	企业流动比率	22125	2.332	29.764	-42.514	3987.5

表 10-4　　　　　　描述性统计(非美国市场)

变量	含义	样本量	均值	标准误	最小值	最大值
Failure	企业生存结局变量	330750	0.296	0.457	0	1
Not337Period	是否立案虚拟变量	330750	0.017	0.131	0	1
Ter337Period	是否终裁虚拟变量	330750	0.037	0.189	0	1
lnAge	企业年龄对数	330750	3.004	0.263	2.303	4.585
Profit	企业主营业务利润率	330750	0.048	0.172	-4.898	12.952
Scale	企业规模	330750	9.582	1.966	0	16.855

续表

变量	含义	样本量	均值	标准误	最小值	最大值
lnCap	企业资本密集度	330750	3.785	1.480	0	12.436
Exp	企业出口强度	330750	0.577	0.415	0	4.368
Liqui	企业流动比率	330750	2.175	15.025	-26.537	3987.5

(二) 实证分析

1. 基准回归

本章控制了企业年龄、企业规模、企业主营业务利润率、企业资本密集度、出口强度和企业流动比率,并且以加入虚拟变量的方式控制了企业个体、地区、行业及时间固定效应。表10-5报告了基准回归的结果,其中,第一、第二列为知识产权调查对出口企业在美国市场的生存影响,第三、第四列为知识产权调查对出口企业在非美国市场的生存影响,且第一和第三列未加入任何控制变量。从实证结果可以看出,首先,对于中国出口企业在美国市场与非美国市场的生存情况,核心解释变量 Not337Period 的系数均显著为正,说明美国知识产权调查立案显著增加了被诉企业在所有市场的生存风险,即企业的平均出口持续时间显著减少。其次,对于第二个核心解释变量 Ter337Period,在非美国市场的系数均在1%的水平上显著为负,说明企业在经历知识产权调查立案以后,经历终裁的企业比立案但是没有经历终裁的企业在非美国市场的生存风险少,即受到终裁的企业在非美国出口市场的平均出口持续时间显著增加。可能的原因是立案后企业成本上升,面临技术创新与产品结构调整,因此在全球出口市场的风险加剧,企业出口稳定性下降。而在终裁后的非美国市场因企业自身完成产品调整,不再向金融机构释放负面信息,融资约束压力减小,在非美国市场的出口环境逐渐稳定,因此出口风险减小,出口持续时间增加。

此外,在美国市场,终裁后这些企业的生存情况也同样得到改善,出口持续时间增加,但是结果并不显著,可能的原因是调查终裁结果所致。如果是侵权,终裁措施又分为有限限制令与普通限制令等,因此终裁后被诉企业在非美国市场的生存境况多样复杂,可能因调查结束原产品重新进入美国市场,可能产品升级再次进入美国市场,也可能企业完全退出美国出口市场,因此调查终裁对于被诉企业在美国市场的出口持续时间的影响并不显著。对于以上实证结果的稳健性及其影响路径将在下文进行检验。

表 10-5　　　　　　　　　　　　基准回归结果

变量	美国市场		非美国市场	
	failure	failure	failure	failure
Not337Period	0.670***	0.667***	0.516***	0.538***
	(0.097)	(0.098)	(0.022)	(0.022)
Ter337Period	-0.002	0.006	-0.250***	-0.234***
	(0.108)	(0.108)	(0.023)	(0.023)
lnAge		-0.102		-0.067***
		(0.068)		(0.014)
Scale		-0.188***		-0.136***
		(0.012)		(0.003)
Profit		-0.213*		-0.132***
		(0.111)		(0.032)
lnCap		0.229***		0.158***
		(0.017)		(0.003)
Exp		-0.146***		-0.168***
		(0.039)		(0.008)
Liqui		0.003***		0.002***
		(0.001)		(0.000)
_cons	877.624***	825.780***	825.474***	803.851***
	(15.193)	(16.325)	(3.353)	(3.509)
企业固定效应	Yes	Yes	Yes	Yes
时间固定效应	Yes	Yes	Yes	Yes
地区固定效应	Yes	Yes	Yes	Yes
行业固定效应	Yes	Yes	Yes	Yes
N	22125	22125	330750	330750

注:*、**、***分别表示参数的估计值在1%、5%、10%的统计水平上显著。Yes表示控制了企业个体、时间、地区、行业虚拟变量。本章下文所有表格注释同。

第二、第四列加入了企业年龄、企业资本密集度、企业主营业务利润率和企业规模，立案阶段的解释变量在美国市场的影响系数为 0.667，在非美国市场的影响系数为 0.538，而在非美国市场调查终裁的系数为 -0.234，三个影响系数均在 1% 的水平上显著。因此，美国知识产权调查立案会显著加剧中国企业在美国市场和非美国市场的生存风险，减少企业平均出口持续时间。同时，立案后终裁会降低中国企业在非美国市场的生存风险，增加其平均出口持续时间，但是终裁其在美国市场的影响并不显著。在所选的控制变量中，企业年龄（lnAge）、出口强度（Exp）、企业主营业务利润率（Profit）和企业规模（Scale）的回归系数均为负，说明企业年龄越大、企业出口强度越大、企业规模越大且企业主营业务利润越大，企业在全球市场的生存风险越小，即平均出口持续时间越长，这一结论与预期相同。但是企业资本密集度（lnCap）的回归系数为正与预期相反，即企业资本密集度越大，企业在出口市场的出口风险越大，出口持续时间越短。一个可能的解释是，对于资本密集型企业，相对于已有的员工数量拥较多的固定资产，固定成本所占比重就较大，外部政策冲击使得产品需求数量发生变动时，生产每单位产品需要的固定成本变动增大，成本升高企业利润减少，因此企业经营与出口风险较高。企业流动比率（Liqui）的回归系数显著为正，说明企业流动比例越低，企业出口持续时间越长。企业流动比率较低的企业在国际出口市场更可能通过降低产品价格的方式来增加短息收益、缓解暂时的企业资金问题，而低价格产品在出口市场的出口持续时间更长。

2. 稳健性检验

（1）倾向得分匹配法。由于调查选择的对象不是随机的，是根据中国企业自身特征与出口表现而变化的，为了解决实证研究中因为可能存在的选择偏误问题而引起的内生性问题，本章通过倾向得分匹配法（PSM）进行检验。具体而言，美国知识产权调查选择的对象受到企业性质、企业规模、企业盈利能力、市场竞争程度及资本密集程度的影响。因此，本章使用企业所有制变量（Ownership）、企业固定资产对数衡量企业规模（Scale）、企业主营业务利润率衡量企业盈利能力（Profit）、赫芬达尔指数衡量市场竞争程度（HHI）、企业固定资产净值年平均余额除以年末从业人数后取对数衡量资本密集度（lnCap）。本章使用 Logit 模型根据五个影响因素计算倾向得分，采用不放回的 1∶10 的最近邻匹配，为每个立案或终裁企业匹配倾向得分最近的非调查企业作为对照组样本，并根据重新获得的样本检验调查立案、调查终裁对于被诉企业在美国与非美国市场出口持续时间的影响。表 10-6 汇报了基于倾向得分匹配法后样本的 Cloglog 模型回归结果，两个主要解释变量在美国与非美国市场的回归结果与基准回归结果一致，即调查立案显著减少被诉企业在所有市场的出口持续时间，而调查终裁仅仅显著增加被诉企业在非美国市场的出口持续时间。

表 10-6　　　　　　　　倾向得分匹配法与剔除离群值回归

变量	PSM		剔除离群值	
	美国市场	非美国市场	美国市场	非美国市场
	failure	failure	failure	failure
Not337Period	0.670***	0.685***	0.638***	0.520***
	(0.102)	(0.028)	(0.100)	(0.023)
Ter337Period	0.022	-0.058**	0.040	-0.226***
	(0.112)	(0.029)	(0.108)	(0.023)
lnAge	-0.028	0.015	-0.098	-0.078***
	(0.113)	(0.046)	(0.071)	(0.014)
Scale	-0.226***	-0.168***	-0.220***	-0.148***
	(0.021)	(0.008)	(0.015)	(0.003)
Profit	-0.328**	-0.391***	-0.759***	-0.641***
	(0.142)	(0.070)	(0.184)	(0.045)
lnCap	0.301***	0.234***	0.246***	0.165***
	(0.029)	(0.012)	(0.018)	(0.004)
Exp	-0.166**	-0.017	-0.246***	-0.218***
	(0.067)	(0.031)	(0.040)	(0.009)
Liqui	0.002**	-0.001	0.058***	0.046***
	(0.001)	(0.001)	(0.005)	(0.001)
_cons	856.770***	905.045***	832.964***	818.044***
	(27.192)	(13.692)	(17.841)	(3.690)

续表

变量	PSM		剔除离群值	
	美国市场	非美国市场	美国市场	非美国市场
	failure	failure	failure	failure
企业固定效应	Yes	Yes	Yes	Yes
时间固定效应	Yes	Yes	Yes	Yes
地区固定效应	Yes	Yes	Yes	Yes
行业固定效应	Yes	Yes	Yes	Yes
N	8390	34166	22125	330750

（2）剔除离群值。由于变量的离群值会对回归结果造成一定的偏误，本章对除虚拟变量以外的解释变量进行前后1%的缩尾处理，即对企业年龄、企业规模、企业主营业务利润率、企业资本密集度、企业出口强度与企业流动比率进行前后1%的缩尾处理，参照基准模型使用Cloglog模型进行回归。从表10-7第3列、第4列的回归结果表明，基准回归的结果依旧稳健。

（3）其他计量方法。为了检验基准回归结果的稳健性，使用离散时间模型中的Logit模型与Probit模型对基准回归进行稳健性检验。如表10-7所示，两个主要解释变量的回归结果仍然在1%的水平上显著，说明上文中美国知识产权调查立案使中国企业在全球市场出口持续时间减少，而调查的终裁使得中国企业在非美国市场出口持续时间增加的结论是稳健的。

表10-7　　其他计量方法回归结果

变量	美国市场		非美国市场	
	Logit	Probit	Logit	Probit
	failure	failure	failure	failure
Not337Period	0.756***	0.434***	0.631***	0.379***
	(0.121)	(0.072)	(0.029)	(0.017)
Ter337Period	-0.001	0.006	-0.231***	-0.127***
	(0.122)	(0.066)	(0.026)	(0.014)

续表

变量	美国市场		非美国市场	
	Logit	Probit	Logit	Probit
	failure	failure	failure	failure
lnAge	-0.097	-0.043	-0.086***	-0.049***
	(0.079)	(0.044)	(0.017)	(0.010)
Scale	-0.244***	-0.143***	-0.186***	-0.111***
	(0.015)	(0.009)	(0.003)	(0.002)
Profit	-0.298**	-0.162**	-0.172***	-0.084***
	(0.141)	(0.081)	(0.043)	(0.020)
lnCap	0.293***	0.173***	0.214***	0.128***
	(0.020)	(0.011)	(0.004)	(0.003)
Exp	-0.176***	-0.105***	-0.204***	-0.120***
	(0.044)	(0.024)	(0.010)	(0.006)
Liqui	0.003***	0.002***	0.002***	0.001***
	(0.001)	(0.001)	(0.000)	(0.000)
_cons	1016.214***	605.184***	1132.578***	694.500***
	(21.144)	(12.038)	(5.367)	(3.078)
企业固定效应	Yes	Yes	Yes	Yes
时间固定效应	Yes	Yes	Yes	Yes
地区固定效应	Yes	Yes	Yes	Yes
行业固定效应	Yes	Yes	Yes	Yes
N	22125	22125	330750	330750

（4）特殊年份处理。首先，针对工业企业数据库在2011年后企业标准更改问题，本章参考李晓春（2017）的做法，将2011年前销售额少于2000万元的样本删除后进行稳健性检验。其次，由于2008年金融危机对美国调查对象选择与中国企业的出口决策均可能存在影响，使得企业出口持续时间发生变化，本章又剔除2008年数据进行检验。结果如表10-8所示，在处理特殊年份数据后，被诉企业在美国市场与非美国市场的出口持续时间与基准回归的结论一致。

表 10-8　　特殊年份处理回归结果

变量	2011 年前样本处理		2008 年样本处理	
	美国市场	非美国市场	美国市场	非美国市场
	failure	failure	failure	failure
Not337Period	0.696***	0.525***	0.287**	0.302***
	(0.106)	(0.023)	(0.122)	(0.027)
Ter337Period	0.051	-0.220***	0.111	-0.153***
	(0.115)	(0.023)	(0.125)	(0.026)
lnAge	-0.116	-0.093***	-0.308***	-0.136***
	(0.077)	(0.015)	(0.074)	(0.015)
Scale	-0.184***	-0.141***	-0.173***	-0.124***
	(0.014)	(0.003)	(0.013)	(0.003)
Profit	-0.243*	-0.169***	-0.365***	-0.256***
	(0.134)	(0.039)	(0.111)	(0.039)
lnCap	0.247***	0.168***	0.189***	0.143***
	(0.019)	(0.004)	(0.018)	(0.004)
Exp	-0.181***	-0.178***	0.020	-0.047***
	(0.043)	(0.009)	(0.031)	(0.007)
Liqui	0.003***	0.002***	0.001	0.000
	(0.001)	(0.000)	(0.001)	(0.000)
_cons	923.209***	847.490***	1799.082***	1569.810***
	(18.769)	(3.777)	(29.647)	(5.270)
企业固定效应	Yes	Yes	Yes	Yes
时间固定效应	Yes	Yes	Yes	Yes
地区固定效应	Yes	Yes	Yes	Yes
行业固定效应	Yes	Yes	Yes	Yes
N	19852	312334	19403	297306

（5）基于不同样本选择。在上文全样本的基准回归中，将企业—目的地中的多个持续时间段视为独立片段存在。为了保证回归结果的稳健性，参考陈勇兵（2012）的做法，分别选择企业—目的地作为单位的贸易关系的首个出口持续时间段（first spell）与只有一个持续时间段的贸易关系（one spell only）样本进行验证，同样使用基准回归中的 Cloglog 模型进行

估计。如表 10-9 所示，估计结果不变，美国知识产权调查立案使得中国被诉企业在美国与非美国市场的出口持续时间均显著变少，而从长期的结果来看，调查终裁使得中国企业在非美国市场的出口持续时间增加，该结论在美国出口依旧不显著。

表 10-9　　　　　　　　　基于不同样本回归结果

变量	First spell		One spell only	
	美国市场	非美国市场	美国市场	非美国市场
	failure	failure	failure	failure
Not337Period	0.620***	0.506***	0.722***	0.478***
	(0.105)	(0.024)	(0.133)	(0.028)
Ter337Period	0.056	-0.206***	0.069	-0.154***
	(0.117)	(0.025)	(0.157)	(0.028)
lnAge	-0.096	-0.027*	-0.047	-0.069***
	(0.071)	(0.014)	(0.105)	(0.018)
Scale	-0.171***	-0.122***	-0.299***	-0.150***
	(0.013)	(0.003)	(0.019)	(0.003)
Profit	-0.190*	-0.054*	-0.527***	-0.139***
	(0.112)	(0.028)	(0.140)	(0.044)
lnCap	0.190***	0.126***	0.291***	0.151***
	(0.018)	(0.004)	(0.026)	(0.004)
Exp	-0.116***	-0.165***	-0.180***	-0.142***
	(0.040)	(0.009)	(0.065)	(0.010)
Liqui	0.003***	0.002***	0.003***	0.001***
	(0.001)	(0.000)	(0.001)	(0.000)
_cons	766.391***	738.445***	647.261***	850.261***
	(17.364)	(3.672)	(26.388)	(4.992)
企业固定效应	Yes	Yes	Yes	Yes
时间固定效应	Yes	Yes	Yes	Yes
地区固定效应	Yes	Yes	Yes	Yes
行业固定效应	Yes	Yes	Yes	Yes
N	16904	264475	13352	217692

3. 机制检验

从上文的影响机制分析来看，美国知识产权调查通过成本决策效应、人力成本效应、贸易转移效应、倒逼效应影响与融资约束效应影响被诉企业在美国与非美国市场的出口持续时间。为考察美国知识产权调查对中国被诉企业出口持续时间的影响路径，本章借鉴江艇（2022）关于作用机制的思路进行机制分析。上文提到美国知识产权调查立案与终裁阶段时间跨度大，对企业存在短期影响与长期影响，为具体分析其对企业出口持续时间的影响路径，本章在机制检验中将调查立案与调查终裁作为解释变量分为放入模型中进行检验，建立如下模型进行检验。其中 f 表示企业，t 表示企业，channel 表示影响渠道，337_DID 表示调查的核心解释变量，$Not337_{ft} \times Period_{ft}^1$ 和 $Ter337_{ft} \times Period_{ft}^2$ 含义与前文一致，X_{ft} 表示一系列控制变量，α 包括个体固定效应、时间固定效应、行业固定效应、地区固定效应，μ_f 表示误差项。

$$channel_{ft} = \beta_1 337\_DID + \eta X_{ft} + \alpha + \mu_{ft} \qquad (10-8)$$

（1）立案阶段。实证结果显示美国知识产权立案显著减少被诉企业在全球市场的出口持续时间。立案阶段运用 $Not337_{ft} \times Period_{ft}^1$ 代入作为解释变量，本章采用企业管理成本的对数作为成本决策效应的代理变量、企业人均工资的对数作为人力成本效应的代理变量。从表 10-10 的回归结果看，在美国市场与非美国市场，美国知识产权调查显著提高了企业管理费用与企业人均工资，这是因为一旦调查立案，企业将面临巨额的应诉费用，同时企业为了减少调查对企业出口市场的损失、争取技术升级与创新，可能需要技术人员投入生产线，保障新产品可以在后期重新投入美国市场，因此企业管理费用与人均应付工资均显著增加。因此，假设 10-1、假设 10-2 成立，美国知识产权调查立案通过成本决策效应与人力成本效应减少被诉企业在美国与非美国市场的出口持续时间。

表 10-10　　　　　　　　立案阶段的影响机制检验

变量	成本决策效应		人力成本效应	
	美国市场	非美国市场	美国市场	非美国市场
Not337Period	0.305 ***	0.341 ***	0.269 ***	0.311 ***
	(0.058)	(0.015)	(0.052)	(0.011)

续表

变量	成本决策效应		人力成本效应	
	美国市场	非美国市场	美国市场	非美国市场
lnAge	0.557***	0.499***	0.097***	0.139***
	(0.034)	(0.009)	(0.029)	(0.007)
Scale	0.577***	0.648***	-0.140***	-0.144***
	(0.012)	(0.003)	(0.008)	(0.002)
Profit	0.211***	0.383***	0.190**	0.166***
	(0.072)	(0.038)	(0.074)	(0.020)
lnCap	-0.201***	-0.245***	0.471***	0.514***
	(0.011)	(0.003)	(0.014)	(0.003)
Exp	0.273***	0.154***	0.173***	0.164***
	(0.020)	(0.007)	(0.018)	(0.005)
Liqui	0.000	-0.002***	-0.000***	-0.000
	(0.000)	(0.001)	(0.000)	(0.000)
_cons	-353.033***	-297.957***	-121.215***	-127.964***
	(9.949)	(2.552)	(6.751)	(1.758)
企业固定效应	Yes	Yes	Yes	Yes
时间固定效应	Yes	Yes	Yes	Yes
地区固定效应	Yes	Yes	Yes	Yes
行业固定效应	Yes	Yes	Yes	Yes
N	21121	293853	13090	208376
R^2	0.499	0.565	0.336	0.391

(2) 终裁阶段。由于实证结果中调查终裁对于企业非美国市场的生存影响并不显著,因此该部分只检验企业在非美国市场的影响路径,终裁阶段的机制分析将 $\text{Ter}337_{ft} \times \text{Period}_{ft}^2$ 代入作为解释变量。本章选择企业出口到非美国市场贸易额的对数作为衡量贸易转移效应的变量,选择 SA 指数的绝对值衡量企业融资约束效应,其中 SA 指数的计算公式参照 Hadlock 和 Pierce (2010),具体如下,其中 Size 为企业规模、Age 为企业年龄,SA 指数的计算结果为负数,本章中取绝对值代入验证,绝对值越大,融资约束压力越大。

$$\text{SA}_{ft} = -0.737 \cdot \text{Size}_{ft} + 0.043 \cdot \text{Size}_{ft}^2 - 0.04 \cdot \text{Age}_{ft} \quad (10-9)$$

从表 10-11 第 1 列的回归结果可以看出，受到美国知识产权调查终裁企业相比受到调查立案但还未终裁的企业在非美国市场的出口额更多，即调查终裁会显著增加企业在非美国市场的出口额。这是因为调查终裁结果中的普通排除令、有限排除令、停止令等会直接阻碍企业在美国的出口市场，因此企业会将贸易重心转移至其他市场，在非美国市场继续出口原贸易受阻的产品。从表 10-11 第 2 列的结果可以得出结论，终裁会使被诉企业的 SA 指数的绝对值变小，即融资约束压力显著减小，可能的原因是在调查结束后，这些已受到终裁的企业的声誉得到恢复、贸易不确定性得到减小，其融资风险相较于调查立案阶段明显减少，因此融资约束压力减少。综上，美国知识产权调查终裁通过贸易转移效应与融资约束效应增加被诉企业在非美国市场的出口持续时间，假设 10-3 和假设 10-4 成立。

表 10-11　　　　　　　　　终裁阶段的影响机制检验

变量	非美国市场	
	贸易转移效应	融资约束效应
Ter337Period	0.289 ***	-0.120 ***
	(0.013)	(0.004)
lnAge	-0.014	0.772 ***
	(0.010)	(0.003)
Scale	0.601 ***	-0.197 ***
	(0.003)	(0.001)
Profit	0.371 ***	-0.104 ***
	(0.036)	(0.008)
lnCap	-0.288 ***	0.042 ***
	(0.003)	(0.001)
Exp	0.802 ***	0.066 ***
	(0.008)	(0.001)
Liqui	-0.001 ***	-0.000 ***
	(0.000)	(0.000)
_cons	-267.292 ***	25.174 ***
	(3.144)	(0.706)
企业固定效应	Yes	Yes

续表

变量	非美国市场	
	贸易转移效应	融资约束效应
时间固定效应	Yes	Yes
地区固定效应	Yes	Yes
行业固定效应	Yes	Yes
N	293844	330535
R^2	0.384	0.616

4. 异质性分析

（1）根据不同美国市场依赖程度分类。不同企业对美国市场依赖程度不同，会使其在面对贸易壁垒冲击时刻的出口选择不同。本章用企业对美国市场的出口额与企业出口总额的比值作为企业对美国市场的依赖程度，将上述比值中位数之上的企业分为对美市场依赖程度高，中位数之下的企业分为对美市场依赖度低，并用交乘项加入模型进行异质性分析。如表10-12所示，DepUSA 为 1 表示对美依赖度高的企业，该变量通过交乘项加入将样本进行分组。结果说明对美依赖度高的企业，无论是知识产权调查立案还是终裁均显著减少其在美国与非美国市场出口风险、增加其出口持续时间。

表 10-12　　　　　　基于不同美国市场依赖程度回归结果

变量	美国市场	非美国市场
	failure	failure
Not337Period	0.939***	0.712***
	(0.133)	(0.031)
Ter337Period	0.249*	-0.139***
	(0.146)	(0.032)
Not337_DepUSA	-0.651***	-0.360***
	(0.206)	(0.045)
Ter337_DepUSA	-0.613***	-0.177***
	(0.233)	(0.045)

续表

变量	美国市场	非美国市场
	failure	failure
lnAge	-0.105	-0.070***
	(0.068)	(0.014)
Scale	-0.189***	-0.135***
	(0.012)	(0.003)
Profit	-0.213*	-0.132***
	(0.113)	(0.032)
lnCap	0.229***	0.158***
	(0.017)	(0.003)
Exp	-0.144***	-0.166***
	(0.039)	(0.008)
Liqui	0.003***	0.002***
	(0.001)	(0.000)
_cons	823.298***	803.501***
	(16.327)	(3.510)
企业固定效应	Yes	Yes
时间固定效应	Yes	Yes
地区固定效应	Yes	Yes
行业固定效应	Yes	Yes
N	22125	330750

（2）根据不同企业性质分类。企业性质不同，在面对外部冲击后的出口选择也不同，出口生存结局也就不同，因此本章根据实缴资本类型对不同所有制的出口企业进行分组回归，将国有虚拟变量（Stata）通过交乘项加入模型，结果如表10-13所示。相比于外资企业与民营企业，美国知识产权调查立案与终裁对被诉国企在美国出口市场的出口持续时间均产生负向影响，被诉国企出口持续时间减少，但该影响并不显著。此外，调查终裁显著增加被诉国企在非美国市场的出口风险、减少出口持续时间，可能的原因是，国有企业的贸易网络可能没有外资与民营企业成熟，抗风险能力较弱。

表 10-13　　　　　　　　　基于不同企业性质回归结果

变量	美国市场	非美国市场
	failure	failure
Not337Period	0.668***	0.538***
	(0.099)	(0.022)
Ter337Period	-0.009	-0.245***
	(0.109)	(0.023)
Not337_Stata	0.017	0.111
	(0.794)	(0.268)
Ter337_Stata	0.892	1.163***
	(0.670)	(0.161)
lnAge	-0.101	-0.067***
	(0.068)	(0.014)
Scale	-0.188***	-0.136***
	(0.012)	(0.003)
Profit	-0.214*	-0.132***
	(0.111)	(0.032)
lnCap	0.229***	0.158***
	(0.017)	(0.003)
Exp	-0.146***	-0.167***
	(0.039)	(0.008)
Liqui	0.003***	0.002***
	(0.001)	(0.000)
_cons	825.756***	803.935***
	(16.324)	(3.509)
企业固定效应	Yes	Yes
时间固定效应	Yes	Yes
地区固定效应	Yes	Yes
行业固定效应	Yes	Yes
N	22125	330750

（3）根据不同地区分类。企业经营地区不同，美国知识产权调查对其出口稳定性的影响不同，本章通过整理企业在我国东部地区虚拟变量

（East）的分类，通过交乘项加入模型进行异质性分析。结果如表 10 - 14 所示，面对美国知识产权调查立案与终裁，我国东部地区的被诉企业的出口风险降低，其中在非美国市场的出口风险显著降低、出口持续时间增加，可能的原因是东部地区经济发达程度高、贸易网络完善，且东部地区较成熟的金融融资系统可以为被诉企业提供一定的融资，最终缓解企业在国际贸易市场面临的冲击。

表 10 - 14　　　　　　　　　基于不同地区分类回归结果

变量	美国市场	非美国市场
	failure	failure
Not337Period	0.782 ***	0.888 ***
	(0.289)	(0.067)
Ter337Period	0.199	0.272 ***
	(0.294)	(0.075)
Not337_East	-0.130	-0.382 ***
	(0.307)	(0.071)
Ter337_East	-0.220	-0.544 ***
	(0.314)	(0.078)
lnAge	-0.100	-0.065 ***
	(0.068)	(0.014)
Scale	-0.189 ***	-0.136 ***
	(0.012)	(0.003)
Profit	-0.217 *	-0.137 ***
	(0.111)	(0.033)
lnCap	0.229 ***	0.159 ***
	(0.017)	(0.003)
Exp	-0.146 ***	-0.168 ***
	(0.039)	(0.008)
Liqui	0.003 ***	0.002 ***
	(0.001)	(0.000)
_cons	825.556 ***	803.587 ***
	(16.328)	(3.510)

续表

变量	美国市场	非美国市场
	failure	failure
企业固定效应	Yes	Yes
时间固定效应	Yes	Yes
地区固定效应	Yes	Yes
行业固定效应	Yes	Yes
N	22125	330750

六、结论与启示

（一）研究结论

本章旨在研究美国知识产权调查在短期与在长期对中国被诉企业在美国市场与非美国市场出口持续时间的影响。根据2007—2013年中国工业企业数据库、中国海关数据库及"不公平进口调查信息系统库"，描述企业出口持续时间的特征事实并绘制 Kaplan – Meier 生存曲线。在实证部分，本章利用生存分析法的离散时间模型——Cloglog 模型分析美国知识产权调查对于中国被诉企业出口持续时间的影响，并通过变换计量方法、剔除离群值、特殊年份处理与不同样本选择的方法检验实证结果的稳健性。本章从成本决策效应、人力成本效应方面分析美国知识产权调查立案的影响机制，又从贸易转移效应、倒逼效应与融资约束效应方面分析调查终裁的影响机制，通过企业性质、对美依赖度分类进行异质性分析。

在特征事实部分发现，中国出口企业平均出口时间较短，出口生存概率随着贸易时间的推进而下降，生存累积风险随着贸易时间的推进而上升。通过 Kaplan – Meier 生存曲线发现，在美国与非美国市场中，受到立案调查的被诉企业的生存概率明显低于其他企业。对于终裁，在美国市场，受到立案且终裁的企业在贸易后期的生存概率明显高于受到立案但未受到终裁企业；而在非美国市场，受到终裁企业的生存概率明显高于受到立案但未受到终裁的企业。

通过实证研究发现，美国知识产权调查立案显著提高了中国被诉企业在美国与非美国市场的出口风险，即显著减少了出口持续时间，而调查终裁显著减少了中国被诉企业在非美国市场的出口风险，即显著增加了出口持续时间，而对被诉企业在美国市场的出口持续时间的影响不显著。在稳健性检验中，用 Logit 与 Probit 计量方法替换模型、剔除离群值、处理特殊年份数据、选择首个出口持续时间段与只有一个持续时间段的贸易关系的样本，均获得了相同的结论，说明了实证结论的稳健性。

在影响机制分析中发现，美国知识产权调查立案阶段通过企业管理费用增加与人力成本增加来增加被诉企业在美国与非美国市场的出口风险、减少出口持续时间，而在仲裁阶段通过非美国贸易额增加与融资约束压力减少来降低被诉企业在非美国市场的出口风险、增加出口持续时间。在异质性分析中发现，对美依赖度高的被诉企业的生存风险小于其他企业。从企业性质分类，面对贸易冲击，国有企业的抗风险能力较差，调查立案与终裁加剧了被诉国企在所有市场的出口风险，调查终裁显著减少其在非美国市场的出口持续时间。从地区进行分类发现，调查终裁显著减少我国东部地区企业的出口风险、增加出口持续时间。

（二）政策启示

本章研究发现，美国知识产权调查有周期长、调查程序烦琐、应诉费用高的特点，其"公平正义性"的外表下实质是美国阻止中国贸易进口的一种贸易救济措施。一旦调查立案，被诉企业在所有市场的生存环境恶化，无法保证企业可持续的高质量发展，必须通过调整自身出口策略、产品结构或技术创新等方式缓解出口风险，延长企业的出口持续时间，保障出口稳定性。因此，无论是企业自身还是国家政府都应该积极采取行动措施。

第一，被诉企业需积极应诉。在进入国际贸易市场时，企业就应充分了解现有或未来潜在的贸易壁垒，对于已经或准备进入美国市场的企业，应熟知美国知识产权调查的规则与流程。既然美国市场是企业不可或缺的重要组成部分，占据主要贸易份额，企业不能过度依赖美国市场，但也不能无视美国市场的规则，认真研究美国本土相关法案、诉讼承担、专利保护政策，避免应诉时的被动局面，积极应诉的同时降低败诉概率。

第二，加大技术创新的资金支出，提高企业自主研发的能力。企业掌握核心技术，把握重点产品未来技术发展趋势，通过知识产权专利保障自身利益与权益，是解决技术性贸易壁垒对于企业出口风险威胁的根源。此外，提高技术密集型企业在美国的竞争力也离不开政府与国家的支持，应结合各地区产业特点设立国家专项资金，积极引导企业集聚，合力开发核心技术，共同抵御贸易壁垒冲击。

第三，保证市场与产品多样性。企业不能过度依赖美国市场，避免产品出现单一出口市场的情况。在应诉过程中，积极推进产品结构优化升级，向其他已存在的非美市场转移，并加大对新兴市场的拓展。对于应诉已经发生的美国市场，转移出口重心至其他产品，并积极创新研发，扩大产品范围，推动新产品向美国出口，通过保证市场多元化、产品多样性保证企业在国际市场的竞争力。

第四，加大补贴力度，减少企业融资约束压力。在面对已经发生的贸易壁垒冲击时，对被诉企业应有相应的补贴政策或优惠倾斜政策，特别是立案调查阶段，及时的资金补助与信息共享有利于企业积极应诉和胜诉。政府与金融机构合作，建立友好的融资环境，解决企业短时间融资困难的问题，保证企业的出口环境。

第五，完善我国知识产权保护制度。我国需要建立与企业专利创新相匹配的知识产权保护制度，将知识产权专利与经济收益、立法保护紧密联系，在实施知识产权保护时，不仅要符合我国国情，还要实现不同产业、不同地区不同程度的保护。同时，通过完善我国知识产权相关立法来保护企业的创新技术，让创新与研发成为企业在国际贸易中生存的核心竞争力与积极因素。

第十一章

知识产权调查对企业出口韧性的影响效应

一、引言

近年来,中美间经贸关系的不确定性成为快速增长的趋势。单边主义和保护主义的抬头,使得世界经济进入新一轮的发展、调整与变革,经济全球化加深的同时也带动了贸易市场发展风险的加强。知识产权既是影响美国经济竞争力的重要因素也是国际贸易交往中的核心要素,与知识产权相关的产业已占据了美国绝大部分的经济来源,因此被美国视为极其重要的竞争工具。美国知识产权调查(通常称为"337调查")是一种贸易保护措施,其严厉程度高于"反补贴""反倾销"或"特保"。由于其严厉、歧视、持续、广泛和简便等特点,美国知识产权调查已成为美国实施贸易保护主义的主要手段。美国知识产权调查可以被看作美国通过特别立法手段设立的一种典型的知识产权壁垒,对中国企业进入美国市场发展构成了重大的非关税壁垒。

习近平总书记于2014年就曾指出,"中国经济对于风险进行防护避免的最有力支撑是其十足的韧性","经济韧性"和"经济强韧性的来源"受到许多政府及学者们的密切关注。韧性(Resilience)的概念常用于研究非内部冲击对于企业乃至区域或产业产生的作用,一般定义为经济主体抵挡危险、从危险中恢复、自我调整并更改定位的能力。在国际贸易领域出口韧性为当企业遭遇国内外的不利影响时,可以及时有针对性地改进出口战略,维持或增强企业的竞争力,保持出口提升的能力。它能充分体现企业对非常规情况的反应能力,不仅包括其遇到冲击时的出口稳定,还包括企业经历危机之后的回弹和复原能力。中国和美国之间的贸易摩擦对中国经济的可持续发展造成了潜在的非内部需求端冲击风险。这是"外部输入性风险"的一种突出表现,因此分析美国知识产权调查对于中国企业出口韧性十分重要。

中美之间的贸易关系充满摩擦和竞争,可以说是目前全球经济关系中最为繁杂的一种。而近年来,美国和中国之间的贸易额差值明显增加、中国经济的飞速发展以及美国贸易保护的趋势在经济危机后的加速演化，中国和美国的贸易摩擦问题越来越严重。考虑到美国知识产权调查具有应对困难、专业化程度高等特点，美国针对中国高技术水平产品的出口在对美出口中所占比例大幅提高的情况，美国高频率地采取知识产权调查来抑制我国的产品出口。这种调查方式也成为美国针对我国贸易逆差进行抑制的重要方式，与"两反一保"等措施达到相同地位。美国知识产权调查凭借其高强度的危害力，对产业造成的损害甚至超过了反补贴、反倾销等措施所带来的损害力度。"韧性"在研究遇到无法预测的偶发性非内部冲击对区域、产业和企业而言是非常频繁的使用概念，它可被定义为经济参与者抵挡冲击的能力。因此，本章采取出口韧性这一变量，借助大量微观经济数据，采取实证研究的方法探讨美国知识产权调查对企业出口韧性所产生的影响。本章基于许多学者的相关文献研究，运用多期双重差分模型，从微观视角系统化考察美国知识产权调查对出口韧性的影响，剖析了知识产权调查影响企业出口韧性的内在逻辑。文章将量化企业出口韧性，并分析美国知识产权调查对被调查企业一般贸易、加工贸易在出口韧性方面的不同影响。

二、文献综述

（一）美国知识产权调查发展趋势的研究

美国知识产权调查针对我国而言，主要呈现以下几个发展趋势：

第一，美国针对我国采取知识产权调查的数量是快速增长的。根据彭红斌和石磊（2012）的研究，自美国第一次展开涉华的知识产权调查案件以来，我国企业受到美国采取的知识产权调查的频率越来越高。唐晓云（2006）提出伴随美国更加重视专利权的维护，近年来中国的产品在出口贸易中更高频率地受到了ITC展开的美国知识产权调查，美国知识产权调查自实行以来主要的针对性调查对象由欧洲转变为日本继而是韩国接着为中国台湾地区然后是中国内地。20世纪80年代前后，美国知识产权调查主要针对日韩产品进行，而到20世纪90年代中期之后渐渐将中国产品作为主要的调查对象。美国知识产权调查的案件数量于中国加入WTO之后的增长幅度呈现出更快速的增加，美国知识产权调查的最大受害国毫无疑问已经锁定为中国。

第二，美国对华知识产权调查存在滥用的趋势。姜鸿和张艺影（2007）研究发现，为了阻止中国企业的出口，美国公司倾向于滥用知识产权调查，采取主观臆想和不择手段的方式。例如，在2006年2月8日的一起案件中，美国路得马特公司控诉中化（宁波）公司侵犯其商标、专利和版权，声称中化（宁波）代理销售的便携式蓄电池及包装对其构成侵权。但是，实际情况为被起诉方的产品根本没有在美国展开售卖，原告仅仅以中化（宁波）在美国参加展会时携带的广告文案作为起诉的依据。根据美国知识产权调查条款的有关内容，调查并不包括未进入美国境内销售的产品，由此可见乱用知识产权调查的趋势不言而喻。

第三，美国针对我国的知识产权调查的相关案件呈现产品结构升级的趋势。朱雪忠和徐晨倩（2021）认为知识产权调查的主体涉案产业呈现出由传统向高科技转变的趋势。这主要是由于伴随着近年来我国经济的快速稳步提升，我国的许多产业已经成功转变为国际化经营，而且在价值链的所处地位不断提升。在20世纪90年代末之前，主要是我国的传统行业产品遭受美国知识产权调查。而在1998年之后，美国针对我国的知识产权调查则变成了高新技术产品为主要涉案产品。此外，这也显示出伴随我国在出口贸易中不断提升了产品的技术含量以及不断强化了制造业的技术能力，美国企业对我国出口产品进入的限制手段也相应提升了层面高度。

（二）出口韧性的相关研究

1. 出口韧性的定义与内涵

"韧性"（Resilience）起源于拉丁语中的"Resilire"这个词汇，意思是指反弹，最早是在物理学领域出现的，随后 Holling（1973）将其应用到了生态学领域，最后这个概念被学者广泛运用于生态学、工程学，乃至应用到了"社会—生态—经济"系统的研究之中。在物理学的领域，韧性可以被定义为材料在受到外力作用后能够恢复到原始状态的能力。根据 Berkes 等（1994）的观点，工程韧性指的是系统在受到干预或冲击后能够恢复到初始的单一平衡模式。McGlade 等（2006）指出随着韧性在不一样的范围中的发展，逐渐演化出以下两种观点：一个是均衡论，另一个则是演化论。均衡论主要是指若系统受到不稳定冲击，则该事件可能会推动系统冲破阈值的束缚抑或是越过岔路口达到另一种稳定的状态。许寅等（2019）提出韧性是系统的一种能力，具体指当其受到外部的扰动或者冲击之后可以保持自身的稳定状态并且快速地恢复至原本状态，这里的扰动将自然灾害、意外以及外部攻击在内的各类具有不确定性的事件都包括在考量范围之内。

Nancee 等（2002）表示在外部环境呈现出极具不确定性和风险程度很高时，有些经济体对于危机的反应是积极应对的而且依旧能够在逆境之中实现持续性发展，但一些经济体的表现则是脆弱得不堪一击，针对会出现如此大悬殊的差异这一命题，韧性被视为非常关键的解释因素。Martin（2015）从路径依赖的角度出发进行研究，提出区域适应性在很大程度上是由地区原来就存在的技术和劳动力等因素决定的，而地区内的相关性行业则能够借助"路径依赖性"达到推动行业或企业相互的知识溢出效应目的，从而实现地区经济得到平稳协调发展的效果。贺灿飞等（2019）以 Martin（2015）的研究为依据对出口贸易韧性的定义进行划分，提出抵抗力、恢复力、结构转型提升力这 3 个维度，提出在对抗风险的冲击时，受到不同范围因素的影响，出口韧性不是一个瞬间性名词而是一个延续性的过程。刘慧和綦建红（2021）则认为出口韧性可以从风险抵御能力与出口恢复能力这两个维度去考虑，指出出口韧性出自出口稳定又不限于出口稳定。这是因为出口稳定主要是指受到冲击时地区或企业可以维持很小区间的改变，但出口韧性主要针对的是地区或者企业应对非一般环境的能力，受到冲击时的出口稳定能力以及在遭遇冲击后的恢复能力都应该被包括在内。宗会明等（2021）则将出口韧性视为区域经济韧性所包括的一个方面，将其划分为抵抗性与恢复性这两个板块。

2. 出口韧性的影响因素

根据"韧性"的定义，需要对比其在特定时期受到的内部或者外部冲击来对出口韧性进行研究，从而凸显出"韧性"的存在。现存的研究主要将2008年全球金融危机视为对比的基准量来进行研究分析，目前国内外针对出口韧性的影响因素研究主要还是集中于市场多元化、产品多样化以及贸易壁垒等方面。由于存在空间差异，经济危机对于各区域会产生明显不同的影响。关于出口贸易的研究领域，贺灿飞等（2019）研究表明加工贸易和外企进入、出口退税政策、产业结构会通过不同路径对区域出口贸易韧性产生影响；除此之外，刘慧等（2021）从需求层面的角度出发进行研究得出相关多样化不仅会使短期出口弹性减少，从而增强行业受到当地需求冲击的直接或者间接影响的程度，而且还可能导致出口产品的质量提升受到阻碍，进而不利于短期出口韧性。

Hagemejer等（2011）的研究表明出口韧性的影响因素在国家层面和地区层面是有很大区别的，出口专业化水平会对出口韧性在地区层面产生正向影响，但对于出口韧性水平在国家层面却会产生负向影响。周定根等（2019）的研究表明贸易政策不确定性越低越利于减缓企业产品退离出口市场的时间，使得出口持续时间更长，从而有助于提高企业的出口稳定性。马小淇（2021）的研究将2008年的金融危机作为主体背景，分析得出若该国的服务业在全球价值链中拥有更深的参与程度，那么当遭遇危机冲击时，该国制造业在出口方面会表现出更大下降幅度，即该国抵御风险的能力是更差的。姜帅帅（2021）表示对企业出口韧性而言，全球价值链在上游的嵌入程度是会产生利弊影响的，嵌入上游度在导致企业应对外部冲击时的风险抵御能力会呈现出下降的趋势，但与此同时对于恢复企业的出口速度将起到促进作用，并且嵌入上游的程度所产生的影响具有十分明显的异质性特征。吴小康等（2018）表示企业出口的新产品其关联密度越高，出口行为越容易保持，并且产品关联密度主要通过劳动力共用、投入关系及国际市场需求联系对出口稳定性产生影响。

赵春燕与王世平（2016）通过计算韧性水平在中国城市层面的数据并交叉对比城市出口贸易，设立的研究框架将经济韧性和地区出口贸易都包含了进去，进而针对经济韧性对于地区出口贸易的影响机制进行相应的研究。刘洁敏等（2020）将中国的561个地级市作为研究对象，针对在长时间范围内进口产品的自有溢出能力对于地区产业演化所造成的影响进行研究。王贤彬等（2019）以地级市的数据为依据，研究得出国际金融危机在对地区影响的方面是以出口贸易为主要方式来对地区经济韧性产生影响。陈瑾（2021）从省际层面的角度切入研究，第一次将经济韧性的测量方法作为参考，将出口额作为核心值来对区域出口韧性进行测算，得出创新能力与出口韧性之间存在正向因果关系且十分显著。

3. 不同层面的出口韧性研究

在产业层面的研究中，Herzer等（2006）的研究表明出口多样化对韧性水平的提升作用是十分显著的，包含低质量与高质量在内的产业内部的贸易转移、横向与纵向产业贸易转移，都可以促使地区竞争力得到提高。李振发等（2020）以中国电子机械制造业作为研究对象，使用一般贸易的加工方法对于全球—地方互动带来的知识溢出能否对特定行业的产品出口产生有利影响这一课题进行相关研究。向永辉（2019）将与相对贸易规模的产品价格、结构以及出口竞争能力相互联系的边际因素纳入研究范围，将韧性作为指标对中国与存在主要竞争关系的其他国家就"一带一路"共建国家的钢铁贸易潜力进行测算。

在从企业层面探讨贸易韧性的研究中，Markman等（2014）通过测算企业与同行相比，以其长期股本回报率的标准差为依据衡量企业韧性，这种测量方法证实韧性在长期的财务表现上较为良好，长期财务的波动性较小表明韧性较强。刘慧和綦建红（2021）的研究也将企业—年度作为分析变量，从风险抵御能力和出口恢复能力两个方面来衡量我国企业的出口韧性。确切做法是通过衡量当年企业出口数值与2008年出口数值的改变程度来评估其风险抵御能力，同时通过衡量企业出口额恢复到冲击前水平所需的时间长短来反映其出口恢复能力。

（三）文献评述与总结

已有文献形成了丰富的理论支撑和良好的架构铺垫，具有很好的参考价值，也为本章针对美国知识产权调查所造成的影响展开研究提供了很多借鉴价值。对于出口韧性的定义内涵、影响因素以及不同层面的研究为本章提供了丰富的经验，但仍存在可以拓展补充的空间。

第一，针对贸易壁垒的经济效益方面的研究，大多将关注点放在了反倾销等手段方面，而对于知识产权调查所产生的贸易壁垒方面的研究是相对较少的，且大部分研究都集中在对其特征、性质、形成的原因、影响机制以及相应对策的领域。有关实证性量化知识产权壁垒对贸易影响的研究仍需补充完善，尤其是有关量化分析美国知识产权调查产生的贸易影响效应的研究文献较少，更多的文献仅从理论层面来对知识产权壁垒对贸易的影响进行分析，主要是以定性研究为主而未能从数据方面直观反映知识产权壁垒对贸易究竟产生多大的影响效应，因此在知识产权方面的定量分析非常有必要。

第二，目前的文献对于出口方面的研究较多，但大多是针对出口产品生产技术水平、出口企业经营产出效率等方面的研究，对于企业的出口韧性的研究相对较少，针对已有的研究主要集中在企业—年度层面对企业的韧性进行测量，确切做法是比较贸易数值与冲击时期相比的变化以及贸易额是否恢复。这些方法为测量企业的贸易韧性提供了有价值的参考。然而，与整体贸易额变化相比，企业微观贸易额的变化更能反映出其在特定维度上的韧性水平。除此之外，当企业遭受冲击之后其恢复速度可能会有较大不同的表现。目前已有的文献大部分是从平衡论的静态视角切入展开研究，但基于出口韧性的宏微观层面来分析，外部冲击对地区出口贸易所产生的影响大多是呈现出非线性的、动态的情况，因此本章采取多期 DID 的方法研究企业层面出口韧性的变化，具有较高的现实与理论意义。

三、美国知识产权调查对企业出口韧性的影响机制

（一）研发调节效应

不同研发水平的企业受到美国知识产权调查的冲击程度一般不同。一般来说，企业的研发水平更高，其拥有的核心技术及专利产品会更多，那么企业的市场竞争力就会更强，能够以更高的风险承受力及更加良好的应对方式来面对美国知识产权调查所带来的外部风险冲击。企业的研发水平越高其拥有的产品性能及质量将会越好，产品将具备更强的市场竞争力，推动企业在新的市场领域进行拓展，促进企业增加出口。

戴觅等（2012）研究表明企业提升研发投入水平能够通过提高企业的吸收能力从而提高企业的出口生产率效应，从而对企业出口产生影响。这主要是由于企业的研发水平越高则会拥有越多的优势。首先，研发水平更高的企业其研发创新成果将会更多即拥有的自主知识产权及核心技术更多，使得企业的市场竞争力更强，即使被判定产生了侵权行为也可以开展其他产品研发，继续进行出口，所以美国知识产权调查对其出口韧性影响较小。其次，研发水平更高的企业其风险承受能力将会更强，对于美国知识产权调查所带来的风险及相关损失可以采取更加有效的方式进行处理以降低损失程度，因此即使遭受了美国知识产权调查也可通过高水平的研发能力来维持产品的持续性出口。最后，企业的研发水平越高越会重视知识产权保护相关领域，这主要是由于其在研发创新领域的资金、人力等资源投入较高，高昂的研发成本使得其通常会采取更加严苛的技术保密条款并进行相应的专利申请，以保护自身的研发成果及维持市场竞争力，因此判定产生侵权行为的概率会小于研发水平低的企业。而研发水平较低的企业对于外部研发的依赖性较强，美国知识产权调查的判决结果造成侵权的可

能性更大，因此若是判定为产生了侵权行为则其出口必然会受到更大程度的影响。根据以上分析，可以提出以下理论假设 11-1：

假设 11-1：企业的研发水平越高，美国知识产权调查对于企业出口韧性负向影响越低。

（二）融资约束效应

融资约束主要含义为企业在融资过程中遇到的各类限制及约束条件，包括外部融资成本、信息不对称、融资渠道等多方面的因素。企业内部保留利润、债务融资和股权融资是企业筹措投资资金的三种主要渠道。就企业而言，内部保留利润属于内源融资范畴，债务和股权属于外源融资范畴。融资约束体现了企业利用金融资源进行投资和创新以及受到的限制，若企业面临投资不足、资金流动性不足等问题，将影响企业的经营绩效和长期发展，对于企业创新研发方面可能存在负向影响。

美国知识产权调查可能会导致被诉企业的研发创新成本增加，使得被诉企业的现金周转更差，进而致使其融资约束提升。除此以外，美国知识产权调查还可能通过增加被诉企业的知识产权风险进而对被诉企业的融资约束产生相应影响。这些因素的综合作用会提升被诉企业的融资约束，而对于被诉企业的出口行为及相关业绩也会产生连锁反应。被诉企业的融资约束提升，会使被诉企业在国际市场上进行技术创新和出口拓展的难度增加。这主要是因为被诉企业需要投入更多的资金和资源来进行技术创新和出口拓展，但是融资约束的提升却加大了企业的资金来源和渠道方面的限制程度，使得企业难以获得足够的资金来支持其技术创新和出口拓展，致使企业的出口韧性降低。

杨荣珍（2020）的研究表明美国知识产权调查会对企业的出口产生抑制作用，知识产权调查的应诉成本很高，一般为 200 万—1000 万美元或者更高，若被 ITC 判定为存在侵权行为则会被强制从美国市场中剔除，致使企业对美出口额大幅下降。即使企业没有受到 ITC 的制裁举措，而是通过撤销诉讼或者自行解决等方式处理，大部分企业仍然非自愿接受带有严格附属协议的非平等性协议,例如需要支付高昂的专利许可费等。因此,即使企业在美国知识产权调查中赢得诉讼胜利,也需要投入大量人员支持和资金付出,这对企业的资金运转产生抑制作用,导致企业的融资水平降低,进而恶化企业的出口状况,而企业的出口韧性主要由企业的出口情况所决定。因此,本章可以提出以下理论假设 11-2:

假设 11-2:美国知识产权调查导致企业的融资约束提升,进而降低被诉企业的出口韧性。

四、模型设定、数据来源及处理

(一)模型设定

本章的主要研究主题是探讨美国知识产权调查对企业出口韧性的影响,并通过比较企业在遭受美国知识产权调查前后出口韧性的变化来进行研究分析。考虑到美国知识产权调查对企业构成了外生冲击,同时为避免其他非美国知识产权调查因素对企业出口韧性产生的干扰影响,本章采取双重差分的方法进行相应的分析研究。普通的双重差分方法要求企业遭受冲击的时间点应该相同,但实际情况却是被诉企业遭受调查的时间是不同的,因此本章参考余淼杰等(2014)的做法采取多期 DID 的研究方法进行研究分析。

本章借鉴参考 Lu 等(2013)的方法设定基准计量模型,处理组选择了所有在研究时期内向美国市场出口和被诉产品属于同种 HS8 分位产品的企业,控制组选择了向美国出口产品和被诉产品属于同一个 HS6 分位,但并没有受到调查的企业。本章的基准回归方程设定如下:

$$\text{Resilience}_{it} = \beta_1 \text{Not337}_{it} \cdot \text{Period}_{it}^1 + \beta_2 \text{Ter337}_{it} \cdot \text{Period}_{it}^2 + \lambda X_{it} + \delta_i + \delta_t + \varepsilon_{it}$$

$$(11-1)$$

其中，i 表示企业，t 表示年份，被解释变量 $Resilience_{it}$ 表示企业出口韧性，$Not337_{it}$ 表示企业在 i 年期间是否遭遇了美国知识产权调查的虚拟变量，$Ter337_{it}$ 表示企业在 t 年期间是否在美国知识产权调查中败诉的虚拟变量，t_{p0} 是知识产权调查立案年份，t_{p1} 是知识产权调查终裁年份。

$$period_{it}^1 = \begin{cases} 1, & [t_{p0}, t_{p1}) \\ 0, & otherwise \end{cases}, \quad (11-2)$$

$$period_{it}^2 = \begin{cases} 1, & [t_{p1}, \infty) \\ 0, & otherwise \end{cases} \quad (11-3)$$

X_{it} 为控制变量合集，包括企业年龄 lnage：当期年份减去企业开工年份加一取对数；企业规模 lnsize：企业从业人数取对数；企业所有制 ownership：依据实收资本分类，0 表示民营企业，1 表示国有企业，2 表示港澳台企业，3 表示外资企业。δ_t 表示企业固定效应，δ_i 表示时间固定效应，ε_{it} 表示误差项。

（二）变量选取与描述性统计

1. 被解释变量

企业出口韧性（Resilience）：本章将 2008—2013 年企业的每一年出口额增长率减去 2008 年出口额增长率，用差值来表示企业出口韧性，这一变量的值越小，则表示出口额增长率相比于 2008 年表现出更为明显的下降或反弹更乏力，那么其出口韧性就更低。被解释变量分别为企业全球出口韧性、对美出口韧性、对非美市场出口韧性。

2. 控制变量

通过借鉴参考刘慧（2021）及姜帅帅（2021）等现有文献发现，对于企业的出口韧性而言，除了美国知识产权调查会对企业出口韧性产生影响外，企业年龄、企业规模以及企业所有制这几个变量也会对其产生影响。因此，本章主要将企业年龄、企业规模、企业所有制这三个变量作为控制变量。

第一，企业年龄（lnage）。成立时间越长、运营年限越久的企业，它的业务模式也就越成熟，经营状况较为固定，所以当遭受到冲击时，其业务模式的可调整区间小于年轻企业。而且其经营多年的主营业务产品若是遭到美国知识产权调查被判定为涉及侵权的，那么对于其整体经营必然会产生更大的影响。而对于年轻企业而言，即使产品遭受调查后不能继续经营售卖，它也可以更换其他产品来维持企业经营，所以知识产权调查所造成的影响对于年轻企业来说会更小。

第二，企业规模（lnsize）。规模较大的企业在遭遇美国知识产权调查时能够投入更加丰富的资源来进行应对，其风险承受能力一般大于规模较小的企业。而且大型企业其出口产品的可调节范围比小型企业更广，能够及时有效地进行市场策略调整，因此美国知识产权调查对于大型企业的影响更小。

第三，企业所有制（ownership）。国有企业相较于民营企业而言有更雄厚的资金实力，拥有更丰富的资源投入研发创新领域及进行知识产权保护，这主要是由于国有企业一般得到更多的如税收减免、财政补贴等政策支持。并且国有企业的组织架构更加完善，一般设立了专门的知识产权或法务部门，因此在应对美国知识产权调查时能够更加从容良好地应对，其受到美国知识产权调查的影响会更小。

（三）数据描述

1. 数据选取及来源

本章实证数据主要来源包括：（1）海关总署发布的 2007—2013 年中国海关进出口数据库；（2）国家统计局发布的 2007—2013 年中国工业企业数据库；（3）USITC "不公平进口调查信息系统库"公布的 2007—2013 年对华知识产权调查数据。本章借鉴贺灿飞和陈韬（2019）的分析方法，将企业首次遭受知识产权调查的年份作为冲击元年，选取 2008—2013 年作为研究的时间段。

有关进出口 HS8 分位编码产品的相关数据，主要从中国海关进出口数据库和中国工业企业数据库中整理得出。微观企业层面的数据主要来自国家统计局发布的中国工业企业数据库,该数据库的指标将企业名称、企业规模、开业时间、工业总产值、登记注册类型等技术经济指标,流动负债、流动资产、投资收益等能用来衡量企业盈亏状态的数据指标都包含在内。此外企业的出口数据则主要从中国海关进出口数据库中提取,该数据库将企业的进出口产品代码、出口额以及目的国等信息都包含在内,可用于测算我国企业的出口韧性等变量指标。

2. 数据处理

通过构建 2008—2013 年"企业—HS8 位码产品—年份"层面的面板数据,根据 USITC "不公平进口调查信息系统库"进行整理,其中企业的产品数据将我国被诉企业的立案及终裁时间、判决结果以及所涉及的 HS8 分位产品编码包括在内。考虑到美国知识产权调查是针对产品进行的,并且在受到调查之后若采取普遍排除令等制裁措施将会针对所有同类型的出口企业,因此处理组选择了所有在研究时期内向美国市场出口和被诉产品属于同种 HS8 分位产品的企业,控制组选择了向美国出口产品和被诉产品属于同一个 HS6 分位,但没有受到调查的企业。

本章参照 Brand 等(2012)的做法在中国工业企业数据库中,去除企业人数小于 6 人的企业;去除工资小于或等于 10 的企业;去除企业运营年限小于 0 或大于 60 的企业。在中国海关数据库中,仅将加工贸易企业和一般贸易企业进行保留,且以企业名称的特点为依据,去除带有"进出口""贸易公司"等称谓的贸易中介企业。本章借鉴许家云等(2017)的方法将中国海关统计数据库和中国工业企业数据库进行相应的数据处理并将两个数据库进行合并。以企业名称和年份等信息为匹配依据进行处理,对于无法匹配的样本以邮政编码和电话号码后七位为依据进行相应的匹配处理,从而得到包含企业出口信息和企业特征的综合整体数据。然后再和 USITC "不公平进口调查信息系统库"所发布的数据进行合并,以企业的名称、年份为依据,将其和被诉产品的相关数据进行整合从而得出在 2008—2013 年的研究范围内处理组企业和对照组企业的出口韧性数据。各变量的描述性统计如表 11-1 所示。

表 11-1　　描述性统计

变量	变量	均值	中位数	标准误	最大值	最小值
y1	全球出口韧性	19.9243	19.9675	2.6109	26.6635	12.5937
y2	对美出口韧性	17.8696	17.9197	2.3538	23.8940	11.4369
y3	非美出口韧性	19.4171	19.7344	3.6577	26.5970	0.0000
Not337Period	立案虚拟变量	0.0812	0.0000	0.2731	1.0000	0.0000
Ter337Period	终裁虚拟变量	0.0399	0.0000	0.1958	1.0000	0.0000
lnage	企业年龄	2.2898	2.3979	0.5834	4.4188	0.0000
lnsize	企业规模	6.1187	6.0868	1.2196	12.3159	0.0000
ownership0	民营企业	0.2442	0.0000	0.4296	1.0000	0.0000
ownership1	国有企业	0.0056	0.0000	0.0748	1.0000	0.0000
ownership2	港澳台企业	0.2746	0.0000	0.4463	1.0000	0.0000
ownership3	外资企业	0.4756	0.0000	0.4994	1.0000	0.0000

五、实证分析

(一) 平行趋势检验

因为每种产品遭受美国知识产权调查的时间各不相同,所以本章采取多期 DID 模型进行研究分析。出于保证回归结果不存在偏误的考虑,通过平行趋势检验是多期 DID 模型的重要前提,即在政策冲击之前,处理组企业和对照组企业的出口韧性应该呈现出相同的变化趋势,但在政策冲击之后处理组企业是遭受了美国知识产权调查的,而对照组企业并没有受到美国知识产权调查。据此,本章构建出美国知识产权调查立案的虚拟变量与年份虚拟变量的交互项,其系数则是代表各年处理组与对照组出口韧性的平均差异。平行趋势检验的结果如图 11-1 所示。

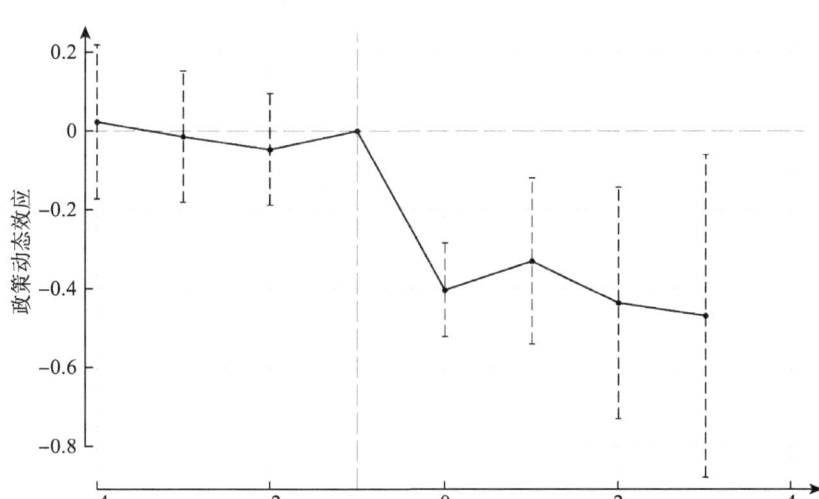

图 11-1 美国知识产权调查前后的平行趋势

为防止出现多重共线性问题，本章的平行趋势检验选取政策前一期作为基准组，所以图中没有 pre1 的数据。如图 11-1 所示，可以看出在受到美国知识产权调查之前，处理组和对照组的回归系数均在 0 附近轻微波动，并不存在特别大的差异，说明系数均不显著，也就是说在受到美国知识产权调查之前，处理组和对照组的出口韧性的变化趋势不存在显著差异。但在受到美国知识产权调查政策之后的系数则显著为负，处理组和对照组的出口韧性显著不同，这表明被诉企业的出口韧性变化的确是受到美国知识产权立案调查的影响，而非其他隐性因素的影响，通过了平行趋势检验。

（二）基准回归

本章的回归分析将企业规模、企业年龄、企业所有制以及企业和年份固定效应进行控制。针对遭受美国知识产权调查对中国被诉企业出口影响这一命题所设立的基准模型的回归结果如表 11-2 所示。

表 11-2 基准回归结果

变量	(1) 全球 出口韧性	(2) 美国 出口韧性	(3) 非美 出口韧性
Not337Period	0.0209	-0.1529***	0.0617
	(0.0337)	(0.0341)	(0.0704)
Ter337Period	-0.0374	-0.1472***	0.0842
	(0.0470)	(0.0475)	(0.0982)
lnage	0.3757***	0.3303***	0.3354***
	(0.0479)	(0.0484)	(0.1000)
lnsize	0.1194***	0.1041***	0.1100***
	(0.0143)	(0.0144)	(0.0299)
ownership1	0.1034	0.0300	0.4339
	(0.1618)	(0.1634)	(0.3377)
ownership2	0.1052***	0.0830**	0.0734
	(0.0357)	(0.0361)	(0.0746)
ownership3	0.0219	0.0175	-0.0109
	(0.0307)	(0.0310)	(0.0640)
常数项	18.7530***	16.9267***	18.4629***
	(0.1465)	(0.1480)	(0.3059)
年份固定效应	是	是	是
企业固定效应	是	是	是
样本量	11382	11382	11382
Adj. R^2	0.9190	0.8985	0.8113

注：***、**、*分别表示参数的估计值在1%、5%、10%的水平上显著，括号内为企业层面聚类稳健的标准误。本章下表同。

表11-2不仅加入了被诉企业遭受到美国知识产权调查立案之后且初裁之前的虚拟变量以及被诉企业遭受到美国知识产权调查终裁之后的虚拟变量和线性项，还将企业年龄、企业规模、企业所有制的控制变量也加入进去了。可以看出核心解释变量对美市场的出口韧性的影响，其立案方面的影响系数是-0.1529，其终裁的影响系数是-0.1472，均在1%的水平上显著为负，而在针对全球市场和非美市场的出口韧性是不显著的。这意味着美国知识产权调查使得处理组企业在对美市场的出口韧性会降低，对

于企业产生了显著负向影响。而对全球和非美国市场的出口韧性并没有产生显著抑制作用。主要原因可能是由于企业受到美国知识产权调查之后，若是判定为起诉成立则企业的该产品会被排除在美国市场之外，那么其在美国市场内的出口活动就会受到阻碍，因此其出口韧性会降低。而由于在美国市场的出口受到了限制，被诉企业就会在其他的非美国家发掘市场，增加出口来减少受到调查限制而损失的经济收益，因此美国知识产权调查对于企业在全球及其他非美国家范围内的出口韧性影响并不显著。

（三）安慰剂检验

客观存在的其他因素也有可能促使被诉企业发生出口韧性降低的情况，如宏观经济的波动或其他与美国知识产权调查没有关联的政策都可能影响中国企业的出口韧性。因此，本章对所搭建的双重差分模型进行安慰剂检验，以论证美国知识产权调查作为一个外生冲击，对于被诉企业的出口韧性降低所产生的影响是切实具有因果关系的。本章将样本数据的时间设定为2008—2013年，混合样本中的处理组与对照组，然后再通过随机抽样的方式来生成新的处理组和对照组。本章借鉴 Lu 等（2017）的做法，使用处理组和照组的混合样本，将上述随机抽样过程重复500次进行回归，得到如图11-2所示的安慰剂检验结果。

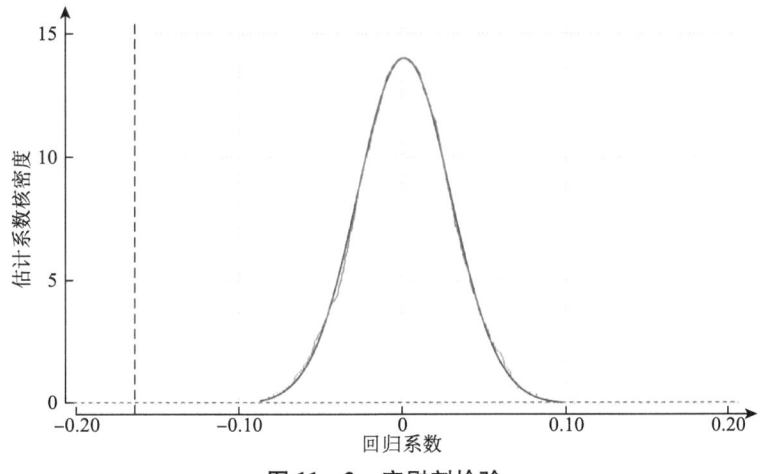

图 11-2 安慰剂检验

根据以上安慰剂检验的结果可以得出，随机生成新的处理组和对照组对出口韧性的回归系数是接近于正态分布的，安慰剂检验结果与真实政策效应结果存在显著不同，即通过了安慰剂检验。因此，其他存在的随机因素对于结果的所产生干扰是可以被排除的，即美国知识产权调查对于被诉企业的出口韧性所产生的负向影响是切实存在的，美国知识产权调查可被判定为有效的外生政策冲击，确实导致了被诉企业出口韧性降低，以上的实证研究结果是具备稳健性的。

（四）稳健性检验

1. 按照 HS4 分位选择对照组和控制组

出于样本选择合理性方面的考虑，和被诉企业所出口的被诉产品为同种 HS4 分位的产品其选择范围可能较大，因此本章采取增加年份和 HS4 分位码的交乘项进入模型，进行稳健性检验，得到表 11–3 的检验结果。根据表 11–3 的回归结果显示，美国知识产权调查使得被诉企业在美国市场的出口韧性显著降低，而对于其在全球市场以及非美国家的市场中的出口韧性的影响并不显著，这也与上文的基准回归结果相符合，说明基准回归结果是具备稳健性的。

表 11–3　　按照 HS4 分位选择对照组和控制组

变量	(1) 全球 出口韧性	(2) 美国 出口韧性	(3) 非美 出口韧性
Not337Period	0.0093 (0.0330)	−0.1597*** (0.0335)	0.0443 (0.0703)
Ter337Period	−0.0434 (0.0460)	−0.1600*** (0.0467)	0.0814 (0.0980)
常数项	18.5473*** (0.1594)	16.7654*** (0.1619)	18.3020*** (0.3394)
年份固定效应	是	是	是
企业固定效应	是	是	是

续表

变量	(1)	(2)	(3)
	全球	美国	非美
	出口韧性	出口韧性	出口韧性
N	11381	11381	11381
Adj. R^2	0.9198	0.8987	0.8100

注：***、**、*分别表示参数的估计值在1%、5%、10%的显著性水平上显著，括号内为企业层面聚类稳健的标准误。

2. 调剔除离群值

离群值可能会导致本章的结果产生偏误，因此为了将离群值可能造成的干扰进行排除，本章对全球市场、美国市场、非美市场进行前后1%分位的缩尾处理。表11-4的回归结果表明，美国知识产权调查使得被诉企业在美国市场的出口韧性显著降低，即本章的实证结果受到离群值的影响是可忽略不计的，并未遭受离群值的干扰影响，回归结果仍旧是稳健的。

表11-4　　　　　　　　　　剔除离群值

变量	(1)	(2)	(3)
	全球	美国	非美
	出口韧性	出口韧性	出口韧性
Not337Period	0.0282	-0.1475***	0.0842
	(0.0365)	(0.0369)	(0.0766)
Ter337Period	-0.0544	-0.1688***	0.0307
	(0.0500)	(0.0505)	(0.1048)
常数项	18.8170***	16.9765***	18.5868***
	(0.1476)	(0.1492)	(0.3096)
年份固定效应	是	是	是
企业固定效应	是	是	是
N	11382	11382	11382
Adj. R^2	0.9197	0.8993	0.8112

注：***、**、*分别表示参数的估计值在1%、5%、10%的显著性水平上显著，括号内为企业层面聚类稳健的标准误。

3. PSM 寻找对照组

表 11-5 为 PSM-DID 的回归结果，由此可得在经过倾向得分匹配之后更换对照组再进行多期 DID 回归，美国知识产权调查会导致中国被诉企业的出口韧性在美国市场显著降低，而对于被诉企业在全球及非美市场的出口韧性影响并不显著，这表明在排除样本的自选择偏差后，基准回归的结果仍旧具备稳健性。

表 11-5　　　　　　　　　　PSM 寻找对照组

变量	(1) 全球 出口韧性	(2) 美国 出口韧性	(3) 非美 出口韧性
Not337Period	-0.0146 (0.0492)	-0.2082*** (0.0509)	0.1658 (0.1035)
Ter337Period	-0.1124* (0.0641)	-0.1953*** (0.0663)	-0.1551 (0.1348)
常数项	19.3609*** (0.3454)	17.5639*** (0.3571)	18.9823*** (0.7260)
年份固定效应	是	是	是
企业固定效应	是	是	是
N	2567	2567	2567
Adj. R^2	0.9177	0.8905	0.7968

（五）异质性检验

1. 依据企业规模分类

企业规模的大小对于企业遭受美国知识产权调查的影响程度也会产生影响，导致规模不同的企业受到美国知识产权调查的冲击程度不同。这主要是由于规模不同的企业在各个市场中的所占比例一般是不一样的，而且其所经营的产品类别及数量也存在着较大不同。因此，本章选取企业规模的中位数，将样本中的企业分为大型企业和小型企业进行异质性检验，表 11-6 为按企业规模分类的异质性检验结果。

表 11-6　按企业规模分类的异质性检验结果

变量	(1) 全球	(2) 美国	(3) 非美	(4) 全球	(5) 美国	(6) 非美
Not337Period	0.0022 (0.0426)	-0.1600*** (0.0440)	-0.0032 (0.0732)	0.0522 (0.0628)	-0.1743*** (0.0624)	0.1731 (0.1647)
Ter337Period	-0.0719 (0.0599)	-0.1728*** (0.0618)	0.0040 (0.1029)	0.0152 (0.0885)	-0.1036 (0.0880)	0.1960 (0.2322)
常数项	18.6316*** (0.3209)	16.7043*** (0.3312)	18.1445*** (0.5515)	18.2569*** (0.2251)	16.6506*** (0.2238)	18.1285*** (0.5905)
年份固定效应	是	是	是	是	是	是
企业固定效应	是	是	是	是	是	是
N	5853	5853	5853	4234	4234	4234
Adj. R^2	0.9139	0.8898	0.8353	0.8924	0.8783	0.7297

表 11-6 中，第 (1) 列至第 (3) 列为大型企业的回归结果，第 (4) 列至第 (6) 列为小型企业的回归结果。回归结果显示，美国知识产权调查对于大型企业在美国市场中的出口韧性产生了显著负向影响，对于大型企业在全球市场以及非美市场中的出口韧性并未产生显著影响。美国知识产权调查对于小型企业在美国市场中的出口韧性产生了较大的负向影响。这主要是由于大型企业其经营规模更大，经营的产品种类更多，因此在受到美国知识产权调查后，即使被判定为存在侵权行为，也可出口其他产品维持出口，其出口韧性所受到的影响必然是更小的。由于大型企业相比于小型企业具有更高的技术和知识产权密集度，可以有效避免被判定为侵权，美国知识产权调查对于大型企业的影响也会更小。除此之外，一般应对美国知识产权调查会耗费大量的人力以及财力资源，对于小型企业而言遭受美国知识产权调查更有可能导致其资金链断裂，因此小型企业受到的影响是更为显著的。

表 11-7 为按企业规模分类的大型企业与小型企业的交乘结果，可以看出美国知识产权调查对于其在美国市场中的出口韧性是会产生显著的负向影响的，对于其在全球市场以及非美市场中的出口韧性并未产生显著影响，主要是由于在遭受美国知识产权调查之后，无论大型企业还是小型企

业都会选择调整战略方针，将出口的方向转向针对非美国家市场。

表 11-7　　　　　　　　按企业规模分类的交乘结果

变量	(1)全球	(2)美国	(3)非美
Not337Period	0.0083 (0.0575)	-0.2007 *** (0.0581)	0.1961 (0.1200)
c.Not337Period#c.group2	0.0176 (0.0684)	0.0692 (0.0690)	-0.1960 (0.1426)
Ter337Period	-0.1003 (0.0811)	-0.1778 ** (0.0819)	-0.0250 (0.1692)
c.Ter337Period#c.group2	0.0871 (0.0933)	0.0360 (0.0942)	0.1759 (0.1946)
_cons	18.8184 *** (0.1503)	16.9711 *** (0.1518)	18.5100 *** (0.3136)
年份固定效应	是	是	是
企业固定效应	是	是	是
N	11382	11382	11382
Adj. R^2	0.9189	0.8984	0.8113

2. 依据企业年龄分类

企业年龄的大小也会影响到企业遭受美国产权调查的影响程度，导致规模不同的企业受到美国知识产权调查冲击的影响一般也会表现出不同程度的差异。这主要是由于年龄不同的企业应对美国知识产权调查的经验一般会存在差异，且不同年龄的企业所处的市场环境也会存在不同。因此，本章选取企业年龄的中位数，将样本中的企业分为年轻企业和成熟企业进行异质性检验，表 11-8 为按企业年龄分类的异质性检验结果。

表 11-8　　　　　　　按企业年龄分类的异质性检验结果

变量	(1)全球	(2)美国	(3)非美	(4)全球	(5)美国	(6)非美
Not337Period	0.0534 (0.0413)	-0.1224 *** (0.0425)	0.0910 (0.0831)	0.0990 (0.0649)	-0.1098 * (0.0651)	0.2014 (0.1441)

续表

变量	(1) 全球	(2) 美国	(3) 非美	(4) 全球	(5) 美国	(6) 非美
Ter337Period	-0.1038*	-0.1860***	-0.0421	0.1388	0.0105	0.2688
	(0.0553)	(0.0570)	(0.1114)	(0.0994)	(0.0996)	(0.2206)
常数项	20.7728***	18.6453***	21.9450***	18.5743***	17.0511***	17.8238***
	(0.5940)	(0.6117)	(1.1957)	(0.2402)	(0.2407)	(0.5332)
年份固定效应	是	是	是	是	是	是
企业固定效应	是	是	是	是	是	是
N	5613	5613	5613	4591	4591	4591
Adj. R^2	0.9387	0.9180	0.8476	0.9025	0.8841	0.7797

表11-8中，第（1）列至第（3）列为成熟企业的回归结果，第（4）列至第（6）列为年轻企业的回归结果。回归结果显示，美国知识产权调查对于年轻企业在全球以及非美国市场中的出口韧性都未造成明显作用效果，但对于其在美国市场中的出口韧性产生了负向影响，显著性水平为10%。而美国知识产权调查对于成熟企业在美国市场中的出口韧性产生了显著负向影响，但其对于在全球及非美市场中的出口韧性并未产生显著影响。

首先，这主要是由于年龄较大的企业经营时间较长，其经营方针及出口市场较年轻企业而言可变性更低，并且它所经营的产品种类及数量一般多于年轻企业，其拥有更多的业务经验和资源，可能具备更强的风险抵御能力和策略应对能力。然而，这也意味着它们在面对新的知识产权调查时可能需要更全面和复杂的应对策略来维护自身利益。与此相反，年轻企业可能更容易适应新的知识产权环境和应对调查带来的挑战，因此美国知识产权调查对于成熟企业的出口韧性会产生更大程度的影响。其次，成熟企业之所以能在市场中维持长时间的运作，大多会依靠高新技术产品作为其竞争力的重要来源，因此美国知识产权调查对于其出口韧性会产生更大的负向影响。再次，成立年份久的企业与成立年份较短的企业相比，可能会面临更大的知识产权风险和更复杂的出口环境。这是因为，随着企业年龄的增长，成熟企业的知识产权及专利可能已经面临更高的被侵权风险，同时其技术和产品可能也面临着更大的被模仿和侵权的威胁。除此之外，成熟企业可能更容易受到美国市场的政策、法规和环境等因素的影响，因为它们已经在美国市场上建立了业务关系和市场份额。而年轻企业可能更容易调整自身的出口策略和市场布局来应对知识产权调查带来的不确定性，因此美国知识产权调查对于成熟企业的负向影响更为显著。美国知识产权调查主要针对的是被诉企业在美国市场中的经营销售，被诉企业即使遭受制裁也可以选择提高对其他非美国家市场的出口，因此就成熟企业而言其在全球市场中的出口韧性所遭受的影响显著低于其在美国市场中的出口韧性所遭受的负向影响，即成熟企业在美国市场中的出口韧性是受到了美国知识产权调查的显著抑制作用的，这也佐证了前文的观点。

表 11-9 为企业按年龄分类的成熟企业与年轻企业的交乘结果。回归结果显示，美国知识产权调查造成的影响并不显著，可能是由于年轻企业将成熟企业所遭受的负向影响减弱了。年轻企业在受到美国知识产权调查的贸易抑制之后可以选择调整为转而扩大其他非美市场进行出口，增大其他非美国家的市场占有比例，达到降低损害程度的目的。从而促使美国知识产权调查对于全球市场中的出口韧性并未造成显著的负向影响，而对于其在非美市场中的出口韧性会产生一些促进效用。

表 11-9　　　　　　　　按企业年龄分类的交乘结果

变量	(1) 全球	(2) 美国	(3) 非美
Not337Period	0.0828	-0.1037*	0.1626
	(0.0549)	(0.0555)	(0.1147)
c.Not337Period#c.group1	-0.1043	-0.0838	-0.1625
	(0.0678)	(0.0685)	(0.1415)
Ter337Period	0.1421*	0.0142	0.2475
	(0.0855)	(0.0864)	(0.1785)
c.Ter337Period#c.group1	-0.2244**	-0.2033**	-0.1937
	(0.0979)	(0.0988)	(0.2043)
常数项	18.8282***	16.9851***	18.5123***
	(0.1457)	(0.1472)	(0.3041)

续表

变量	(1)	(2)	(3)
	全球	美国	非美
年份固定效应	是	是	是
企业固定效应	是	是	是
N	11382	11382	11382
Adj. R²	0.9190	0.8985	0.8113

3. 依据企业所有制分类

企业性质的不同会对企业的生产行为产生不同程度的影响。民营企业和国有企业在融资能力、生产规模以及投资动机等方面都存在着较大差异。因此，美国知识产权调查的外部冲击对于不同性质的企业所造成的影响程度也不同。本章将企业划分为民营企业和国有企业分别进行异质性检验。表 11-10 为根据企业所有制分类的回归结果。

表 11-10　　　　按企业所有制分类的异质性检验结果

变量	(1)	(2)	(3)	(4)	(5)	(6)
	全球	美国	非美	全球	美国	非美
Not337Period	-0.2295**	-0.4772***	-0.1887	0.0567	-0.1112***	0.0995
	(0.1097)	(0.1090)	(0.2470)	(0.0384)	(0.0383)	(0.0803)
Ter337Period	0.1472	0.0896	0.2099	-0.0394	-0.1812***	0.1099
	(0.1499)	(0.1489)	(0.3376)	(0.0538)	(0.0537)	(0.1126)
常数项	18.5531***	16.5953***	19.3705***	18.9927***	17.1959***	18.5408***
	(0.3355)	(0.3332)	(0.7554)	(0.1728)	(0.1724)	(0.3616)
年份固定效应	是	是	是	是	是	是
企业固定效应	是	是	是	是	是	是
N	1674	1674	1674	8370	8370	8370
Adj. R²	0.9105	0.8887	0.7837	0.9168	0.8972	0.8089

表 11-10 中，第（1）列至第（3）列为民营企业的回归结果，第（4）列至第（6）列为国有企业的回归结果。回归结果显示，美国知识产权调查对于民营企业在全球及美国市场中的出口韧性产生了显著负向影响。而美国知识产权调查对于国有企业在美国市场中的出口韧性产生的负

向影响较小，对于国有企业在全球市场以及非美市场中的出口韧性并未产生显著影响。这主要是由于国有企业拥有政府的政策和资金等方面支持，在对美贸易中可能比民营企业拥有更多的资源支持，所以美国知识产权调查对于国有企业的影响会更小。

表 11-11 交乘结果显示美国知识产权调查造成了显著的负向影响，可能是由于国有企业在市场份额中占比较高，在受到美国知识产权调查的贸易抑制之后对于整体市场而言的影响相对较大。

表 11-11　　　　　　　　按企业所有制分类的交乘结果

变量	(1) 全球	(2) 美国	(3) 非美
Not337Period	-0.0676	-0.2111***	-0.0231
	(0.0696)	(0.0702)	(0.1452)
c.Not337Period#c.ownership	0.0396	0.0267	0.0380
	(0.0270)	(0.0273)	(0.0564)
Ter337Period	0.0667	0.0232	0.1355
	(0.0921)	(0.0930)	(0.1922)
c.Ter337Period#c.ownership	-0.0471	-0.0779**	-0.0231
	(0.0364)	(0.0368)	(0.0760)
常数项	18.7904***	16.9473***	18.5057***
	(0.1464)	(0.1478)	(0.3054)
年份固定效应	是	是	是
企业固定效应	是	是	是
N	11382	11382	11382
Adj. R²	0.9189	0.8985	0.8112

（六）机制检验

1. 研发调节效应

除此之外，受到美国知识产权调查对企业出口韧性产生的影响可能会受到研发等因素的调节作用。因此，本章推测企业所拥有的更高的研发水平会导致当企业应对冲击时,其出口韧性会遭受更小的负向影响。本章采取企业的研发水平作为调节变量,与政策变量相乘构建交互项,同调节变量及政策变量同步加入回归,构建以下的三重差分来针对调节效应进行检验:

$$\text{Resilience}_{it} = \beta_1 \text{DID}_{it} + \beta_2 \times \text{DID}_{it} \times \text{rd}_{it} + \beta_3 \text{rd}_{it} + \lambda X_{it} + \delta_i + \delta_t + \varepsilon_{it} \tag{11-4}$$

其中,i 表示企业,t 表示年份,被解释变量 Resilience_{it} 表示企业出口韧性,表示企业在 t 年期间是否遭受了美国知识产权调查的虚拟变量,若遭受美国知识产权调查则取值为 1,反之则取值为 0。rd 表示企业研发水平的虚拟变量,因为研发支出费用的相关数据缺失年份较多,并且存在大量零值,所以本章按照以下方法构造是否存在研发行为的虚拟变量 rd,如果企业无形资产与新产品产值两个指标中至少有一个大于零,则认为企业存在研发行为,rd 则取值为 1,反之则取值为 0。为企业层面的控制变量合集且与基准回归保持一致,δ_i 表示企业固定效应,δ_t 表示时间固定效应,ε_{it} 表示误差项。

表 11-12 为企业的研发行为对于美国知识产权调查冲击对被诉企业出口韧性影响的调节结果。由第(2)列可以看出政策变量的估计系数显著为负,表明美国知识产权调查对于被诉企业对美的出口韧性产生了显著负向影响。企业遭遇美国知识产权调查与企业研发行为的交互项系数为正,表示企业研发水平越高,则美国知识产权调查的冲击对企业针对美国市场的出口韧性的影响越小,即企业研发水平的提高对美国知识产权调查降低被诉企业出口韧性的影响产生了抑制作用。

表 11-12　　　　　　　　研发调节效应的机制检验结果

变量	(1)	(2)	(3)
	全球	美国	非美
Not337Period	0.0301	-0.1409***	0.0673
	(0.0344)	(0.0348)	(0.0719)
Not337Period × rd	-0.0582	0.0612	-0.0341
	(0.1620)	(0.1636)	(0.3385)

续表

变量	(1) 全球	(2) 美国	(3) 非美
Ter337Period	-0.0333	-0.1407***	0.0920
	(0.0475)	(0.0480)	(0.0993)
Ter337Period × rd	0.5034*	0.7139***	-0.5689
	(0.2696)	(0.2722)	(0.5632)
rd	-0.1071**	-0.1350***	-0.1104
	(0.0424)	(0.0428)	(0.0885)
lnage	0.3824***	0.3386***	0.3418***
	(0.0479)	(0.0484)	(0.1002)
lnsize	0.1215***	0.1067***	0.1119***
	(0.0143)	(0.0144)	(0.0299)
常数项	18.7309***	16.8993***	18.4422***
	(0.1467)	(0.1481)	(0.3064)
Observations	11382	11382	11382
R-squared	0.9191	0.8988	0.8113
企业固定效应	是	是	是
年份固定效应	是	是	是

以上结果的产生可能主要是由于企业自身的研发行为越多、研发水平越高，美国知识产权调查对企业针对全球及美国市场的出口产生影响则越小。企业自身的研发水平较高，即使遭受到美国知识产权调查也可及时地研发出新产品以继续进行出口活动。企业的研发水平越高，其所涉及的专利及相关技术将具有更高的市场竞争力，能够拥有更高水平的技术及更多样化的法律手段来维护企业权益，面对美国知识产权调查时能够更加从容地应对。因此，企业的高研发水平会抑制美国知识产权调查对于企业在全球及美国范围内出口韧性所产生的负向影响，即验证了前文的假设11-1。

2. 融资约束

企业的内部保留利润、股权融资以及债务融资是企业的三种主要资金筹措方式。美国知识产权调查会导致被诉企业的声誉遭受损害，对企业的融资方面产生负向影响，从而提高企业的融资难度，若企业筹集资金受到阻碍会导致企业的经营受到负向影响,从而对于企业出口产生抑制作用。

融资约束的测量方法主要有 Kaplan 和 Zingales (1997) 提出的 KZ 指数、White 和 Wu (2006) 提出的 WW 指数等,但这些测量方法都将许多非外生性的经济变量如杠杆、现金流等包含在内。而这些经济变量又与融资约束之间相互影响,因此出于避免内生性干扰目的,Hadlock 和 Pierce (2010) 参考 KZ 方法,根据企业的财务分析对企业融资约束的类型进行划分,然后仅使用企业年龄以及企业规模这两个拥有很强的非内生性且随时间变动不大的变量构建了 SA 指数: $-0.737 \times Size + 0.043 \times Size^2 - 0.04 \times Age$。由于 SA 指数具有稳定性、便于计算等特征且并未包含非外生性的金融变量,因此本章采用 SA 指数来对融资约束进行衡量。

表 11-13 为融资约束的机制检验结果,由第(1)列可以看出美国知识产权调查对于被诉企业的融资约束在 1% 的水平上显著为正,第(2)列为前后 1% 缩尾处理后的结果,这表明美国知识产权调查对于企业的融资约束水平是构成了显著的正向影响,即美国知识产权调查促使被诉企业的融资约束水平得到提高。这主要是由于美国知识产权调查会使企业的声誉受损,其获得外部融资的困难性会增大,外部融资受到明显的抑制。企业去应对美国知识产权调查也需要花费大量的资金应诉,因此其内部资金也同样会被消耗,那么企业的内外部融资渠道都受到显著的负向影响后,其融资约束水平必然会表现为提高的状态。而融资约束的提高会对企业的出口韧性产生负向影响,这主要是因为融资约束的提高使得企业的资金周转受到一定的阻碍,导致其正常运转受限,进而导致它的出口受到负向影响,即被诉企业的出口韧性受到了负向影响,这也印证了前文中的假设 11-2。

表 11-13　　　　　　　　　　融资约束的机制检验结果

变量	(1)	(2)
	SA	SA-w
Not337Period	0.0090***	0.0062**
	(0.0029)	(0.0024)
Ter337Period	0.0043	0.0044
	(0.0041)	(0.0034)

续表

变量	(1) SA	(2) SA-w
常数项	-1.3225*** (0.0127)	-1.4769*** (0.0106)
年份固定效应	是	是
企业固定效应	是	是
N	11392	11392
Adj. R²	0.9415	0.9541

六、结论与启示

（一）研究结论

本章基于2007—2013年的中国工业企业数据库、中国海关进出口数据库，以及USITC"不公平进口调查信息系统库"数据库，采取多期双重差分的方法对于美国知识产权调查对中国被诉企业的出口韧性所造成的影响进行实证分析研究，通过采取剔除离群值、PSM倾向匹配得分、安慰剂检验等方式对基准回归结果的稳健性进行检验，并从企业规模大小、企业年龄老幼以及企业所有制三个方面展开异质性检验，最后通过企业的研发水平以及融资约束两方面展开机制检验。得出的主要结论如下：

第一，美国知识产权调查对中国被诉企业的出口韧性产生显著的抑制作用。经过安慰剂检验之后其回归结果也仍然是稳健的，剔除离群值之后进行回归检验结果仍然具备稳健性。在PSM倾向匹配得分替换对照组之后成功通过平衡性检验，表明匹配质量是较高的，随后再次进行DID，得出了仍旧具备稳健性的结论。

第二，美国知识产权调查对企业出口韧性存在异质性的影响。根据异质性检验结果得出美国知识产权调查对于国有企业的影响程度小于民营企业，可能主要是由于这两种所有制企业具备的性质不同；美国知识产权调查对于大型企业的影响程度比小型企业的要小，可能主要是这两种企业在市场中的占有比例不同及产品规模种类不同导致的；美国知识产权调查对于成熟企业的影响程度大于年轻企业的，可能主要是企业的发展状态不同导致的。

第三，本章针对美国知识产权调查对于被诉企业的出口韧性产生抑制作用的路径进行了机制检验。机制检验的结果表明企业更高的研发水平会抑制美国知识产权调查对企业出口韧性产生的负向影响，并且美国知识产权调查会促使被诉企业融资约束提升从而对被诉企业的出口韧性产生异质效用，使我国被诉企业遭受到美国知识产权调查的负向影响。

（二）政策启示

由以上所得出的美国知识产权调查对中国被诉企业的出口韧性产生负向影响的实证结果可知，美国知识产权调查俨然成为一种非关税贸易壁垒手段，这对于中国被诉企业而言是非常不利的。并且知识产权调查所产生的负向影响不仅关乎到单个或多个企业的切身利益，而且对我国整体的相关联行业甚至对于整个对外贸易而言都会产生不可忽视的影响，因此我国的政府部门、企业以及行业协会应该协同应对，互相配合，完善相应的预警机制并在遭到控诉之后以主动的姿态去应对处理，而非被动地接受或逃避。

1. 政府层面

第一，应巧妙使用中美政府间达成的双边合作机制，针对美国所展开的知识产权调查进行相关的探讨及商议。通过异质性检验结果可以看出，美国知识产权调查对于国有企业所造成的负向影响小于民营企业。因此，应该有效利用中美战略经济对话机制，在中美双方政府层面进行相应的协商对话，就中国企业在进入美国市场时所遭受的知识产权壁垒问题进行处理，为我国企业避免频繁地受到美国知识产权调查提供帮助。截至目前，中国和美国已合作建成了 60 多个合作机制，例如，中美间谈判成功统一意见并搭建的中美战略经济对话以及战略对话机制的地位就不容小觑，对于稳定扩大中美双方的共同利益、稳定中美合作关系以及解决中美间的分歧能够发挥非常重要的作用。

第二，应完善知识产权方面的保护制度，强化各个主体的知识产权保护意识。通过以上实证分析可看出，我国企业已成为美国知识产权调查的重点针对企业，涉案数量十分庞大。而我国大部分企业缺少知识产权战略，在知识产权方面的保护意识较为薄弱，导致我国企业的出口产品遭受美国知识产权调查频率非常高。因此，需要搭建知识产权的立法、执法等一系列配套制度，需要创建并完善知识产权相关的保护机制，从而帮助企业建立正确的文化观念，重视创新、尊重知识。目前，我国在知识产权保护制度方面仍存在差距，即使我国的知识产权规章制度在许多领域取得了非常优秀的成果，但还是应该对其加以不断地完善改进。

第三，建立多部门的协同应对机制。由于美国知识产权调查对于企业的融资约束等方面会产生显著的抑制作用，因此政府应该加强对于被诉企业的资金支持，以缓解我国被诉企业所受到的融资约束，增进我国企业的资金流通效率，维系正常的企业运营周转。由于技术创新属于资金密集型工作，一般在资金的投入方面占比非常高，所以应该对我国企业在经营过程中的研发给予专项财政补贴以鼓励其研发开拓，扶持我国企业进行技术创新，并给予其相应的税收优惠，鼓励企业实现创新型发展。

2. 企业层面

第一，提高对研发投入的支持，打造自身独特的核心竞争力。通过以上实证结果可知，美国知识产权调查对于企业尤其对美市场中的出口韧性产生了显著负向影响。因此从长远来考虑，企业如果想从根源上避免遭受美国知识产权调查，应该由被动转为主动，不应仅局限于对竞争对手的打击进行防御，还应该加强在研发领域的投入，同时应该加强企业专利在美国的申请力度，采用理论研讨、常规培训等方式，了解美国知识产权调查的规则程序，建立完善的体制及时跟踪竞争对手并动态化地展开收集情报的工作。除此之外，企业还应该制定合理的符合企业整体发展战略布局规划的知识产权战略,从产品的创新研发、专利的申请与管理、市场领域分布等多个方面出发,搭建并完善企业的知识产权管理体系,从而使出口企业从根源上提高防范遭受美国知识产权调查的意识以及能够从容应对美国知识产权调查或其他知识产权纠纷。

第二,可采取规避处理的方式来避免侵权事件的发生。如果发现产品存在可能侵犯知识产权的情况,企业应该对产品进行规避处理,例如,通过设计一种与已知产品完全不同的产品,或采取替代非专利的方法来规避侵权行为的发生。在美国知识产权调查中,一旦规避设计的产品得到US-ITC等机构的认可,USITC所作出的管控手段将不会对其发挥作用,企业仍然可以继续向美国出口这类产品。然而,对于那些必须采用但无法绕开的核心研发技术,企业应积极准备商谈,通过购买专利等多种方式来应对,以避免因受到美国知识产权调查而无法继续对美市场出口贸易。除此之外,应该借助协议来对知识产权的免责条例进行规定,可以提出要求由美国进口商或委任人承担相应责任,以转移隐性的美国知识产权调查风险。同时,需要保留由委任方提供的初始资料,以提供未来应对调查提供依据。在签署相关法律函件时,可以在协议中增加仲裁条款,以避免在争论发生时被对方起诉知识产权调查。与美国知识产权调查的进行程序相比,仲裁方式中双方的地位在法律上基本上不存在不公平,进行相关的法律程序会有更大的可活动空间,因此更有可能获得公平的判决结果。

第三,在产品出口之前应该做好相应的预防措施。对出口企业来说,展开商标查询和专利检索等工作是规避受到知识产权调查非常重要的一步,因此将知识产权查询和检索工具进行相应的完善是不可或缺的一项工作。或者出于减少侵权发生可能性的目的,可以委任相关机构对必要的知识产权进行分析,也可以委任美国律师出具相应的法律意见书表示出口产品并没有对知识产权构成侵权。虽然展开知识产权分析大概率将会花费公司不少数额的资金,但是它可以帮助企业避免成为美国知识产权调查的针对对象,因此能够达到减少损失的效用。

第四,若遭受知识产权调查应采取积极的应诉态度及专业的应对措施,来减轻美国知识产权调查所造成的损害。首先应该以积极的态度去应诉。在有关涉华知识产权调查案件之中，由于没有出席而被判决为败诉占据了很大的比例。而部分企业则是因为并没有很深入细致地了解分析知识产权调查的程序，错过了良好时机去有效应对从而在美国市场失去了出口机会。对于那些在美国市场出口份额较大，对美出口额变化对企业整体运营影响很大的企业来说，消极应诉的结果就是造成了非常严重的损失。其次可以聘请有经验和实力的律师合理应对美国知识产权调查。知识产权调查主要是在美国境内展开的，因此非常有必要聘请经验丰富的美国律师来参与案件的应对工作。这主要是由于美国律师对于涉及的法律法规的熟练程度是更高的，而且在开庭以及和解方面的沟通谈判技巧更加丰富。在律师的择选问题上，将律师的专业背景、胜诉记录、代理经验以及对于中国文化的了解程度等因素充分考虑在内也是必不可少的。除此之外，中国律师也是不可缺少的，尤其是需要那些持有美国律师执业资格的中国律师参与其中。他们能够对前期的专利进行分析，准确清晰地收集客户资料以及对案件进程进行及时跟进解释。而且从费用成本方面考虑，一般中国律师的收费标准是低于美国律师的，因此对中国律师进行合理利用能够节省很多应诉费用，从而降低企业的应诉成本。再次可以采取联合应诉的方式去应对美国知识产权调查。当调查案件涉及多个国内企业时，企业之间可以采取的更优应诉方法为争取联合应诉。企业间联合应诉，可以使信息高效流动，在降低应诉费用支出的同时，还能提高案件的胜诉率，对增强被诉企业自信也是很有助力的。最后，对于遭遇败诉的企业来说，可以采取一些挽救措施。例如，可以与起诉方商讨成立合资企业，在中国进行产品的制造。在中国政府的支持和低廉的劳动力资源下，外国公司愿意与中国企业合作以节约生产经营成本，增加所得利润。

3. 行业协会层面

第一，应该建立完善的信息服务平台，在为企业提供服务方面给予相应重视。通过以上实证结果的分析及相关文献的归纳研究可知，美国知识产权调查不仅对个别企业会造成显著负向影响，而且会对整个行业产生明显的抑制作用。因此行业协会可将多方面的社会资源进行整合为企业提供多领域的信息服务，并为企业提供在线咨询、信息供给等服务，从而充分发挥协会的组织协调优势。同时,通过公报、网站等多种途径,定期更新国内外相关法律法规的颁布以及废止情况,为了支持相关企业,还可以发布一些出口信息和法律壁垒等情况,从而通过为企业提供更多的帮助。密切关注世贸组织的行业动态,分析外国相关规定的内容以及程序,对于美国知识产权调查进行及时的掌握了解。由于知识产权调查案件中有关下游产品是否会被纳入排除令具备不可预见性,所以企业经常在出口产品进入美国被退货或被海关没收之后才发现自己出口的产品实际上已经被包含在排除令的限制范围内了,针对类似的情况,为避免企业遭受不必要的损失,行业协会应及时对企业作出相应提示。

第二,应该发挥组织协调的作用,组织企业统一战线进行联合应诉。行业协会不仅能为企业应对美国知识产权调查起到指导、组织以及协调的作用,还能发挥联系政府和企业的纽带与桥梁的作用,承担起组织与协调多方的责任。行业协会还应该积极完善政府、律师、企业等各个领域的联合协调机制,争取能够集合起全行业的资源为被诉企业展开联合应诉提供相应的支撑工作。这不仅能够增强全行业的凝聚力,而且能够降低各个企业的应诉成本,从而有效提高胜诉的可能性。

第三,构建完善先进的人才培训机制,提供人力资源支持。目前,我国针对美国知识产权调查的理论分析以及实证研究还处于需要完善的阶段。很多律师事务所以及企业考虑到避免泄露商业机密,并不愿意透露调查案件的细节,因此近年来我国对于美国知识产权调查方面的研究主要集中在理论层面,缺少实践经验,所以无法满足相关行业的需求。综上所述,相关的行业协会应该成立专门的针对美国知识产权调查方面的人才培养管理机制,为企业提供有力的人才资源支撑以及专业的法律咨询服务,从而合法维护我国被诉企业以及相关涉及行业的既有利益,而非仅仅被动地接受判决结果。

第十二章

知识产权调查的产业关联影响效应

一、引言及文献综述

USITC统计数据显示，除极少数行业外，中国大多数制造业部门涉及知识产权调查，覆盖面较为广泛。由于知识产权调查救济措施的严厉性，极大地抑制了涉案企业对美出口，许多企业即使最终胜诉也无法避免在调查期间蒙受声誉损失。与此同时，由于产业关联效应的存在，知识产权调查不仅对涉案产品的出口和生产产生影响，还对其上下游产业产生负面效应。近年来，USITC针对中国企业的知识产权调查数量越来越多，涉案规模越来越大，涉案产品范围越来越广，那么知识产权调查对我国涉案产品的影响究竟有多大？对于产品所处行业的上下游产业影响程度如何？这成为学术界不能回避的研究课题，对知识产权调查的贸易缺口以及由此引致的上下游产业损害进行科学测算，可以让我们全面了解美国知识产权调查带来的影响，并为我国提升知识产权海外维权援助服务水平，健全我国海外知识产权纠纷应对工作机制提供逻辑基础。

贸易壁垒的产业关联效应的研究主要聚焦于反倾销调查。Hoekman和Leidy（1992）较早提出上下游产业的继发性保护问题。Hughes等（1997）研究表明，反倾销将对美国半导体行业及其下游产业产生影响。Sleuwaegen等（1998）指出如果保护了上游行业，那么上游行业的损害将会传导到下游产业，这时下游产业可能也会要求保护，最终导致福利的损失；同年，其扩展了Hoekman和Leidy（1992）的模型，将上下游关系引入模型中探讨上下游的继发性保护问题。Krupp和Skeath（2002）发现征收反倾销税影响上下游行业，并且对上下游产品数量和价值的影响不一样。Aggarwal（2010）利用印度反倾销数据发现，加征反倾销税有利于国内竞争行业。在国内研究文献中，宾建成（2003）证实了反倾销对新闻纸产业具有比较好的救济效果，但是对其关联产业——文化产业的发展不利。朱钟棣和鲍晓华（2004）发现反倾销虽然可以保护可能受到侵害的行业，但是同时也会损害下游产业和消费者的利益。苏振东和刘芳（2010）利用中国对外反倾销数据，得出的结论与 Aggarwal（2010）基本相似。谢建国和杨婷婷（2014）以美国对华反倾销为例，认为反倾销存在产业涟漪效应，将对涉案产品上下游产业造成负面影响。刘爱东和罗文兵（2014）研究表明，如果对上游行业实施反倾销措施，那么下游行业的利益也会受到损害。鲍晓华等（2019）认为，反倾销主要通过成本效应减少了下游企业出口额，对于高生产率企业，其出口减少的负面影响相对较小。

显然，知识产权调查将对涉案产品对美出口产生抑制作用，与反倾销措施一样，这种贸易抑制效应也必然通过产业关联影响到涉案国的上下游企业，而现有文献还缺乏这方面的研究。基于此，本章以中国为研究对象，引入时间虚拟变量测量知识产权调查的贸易抑制效应，在此基础上，利用投入产出法计算美国知识产权调查的产业关联效应。

二、特征性事实分析

（一）涉案产业

由于美国知识产权调查是基于产品层面的调查，因此本章对知识产权调查的产业被诉次数是基于产品层面编码归类之后再进行统计。基于 HS2007 的海关协调码制度①，我们将美国对华知识产权调查的 6 位码涉案产品与 WIOD 中 ISIC Rev. 4 编码进行匹配，分别归类到 WIOD 投入产出表中相对应的行业，表 12-1 为根据涉案产品 HS 编码汇总的 2009—2020 年主要行业被诉次数统计。

---

① 虽然 2012 年之后实行的是 HS2012 版本，但是通过对 UN Comtrade 官方给出的 HS2007 版本的编码与 HS2012 版本的编码进行比对发现，美国对华知识产权调查涉及的 HS6 位编码产品在 HS2007 版本和 HS2012 两个版本中并无差别。

表 12-1　2009—2020 年美国对华知识产权调查的 ISIC Rev.4 行业被诉情况

WIOD 划分的 ISIC Rev.4 行业	2009—2014 年主要行业被诉次数	2015—2020 年主要行业被诉次数
C10-C12 食品饮料和烟草制品	0	1
C13-C15 纺织、服装和皮革制品	16	10
C16 木材及木制品或软木制品（家具除外）；编制材料	0	0
C17 造纸及纸制品	0	0
C18 印刷及刻录	0	0
C19 焦炭、精炼石油制品	0	0
C20 化工和化学制品	7	7
C21 基础医药制品	4	0
C22 橡胶和塑料制品	7	19
C23 其他非金属矿物制品	0	0
C24 基本金属制造	0	98
C25 金属制品制造（机械设备除外）	4	13
C26 计算机、电子和光学设备	127	160
C27 电力设备制造	20	46
C28 机械设备制造	10	8
C29 汽车、挂车及半挂车	5	8
C30 其他运输设备制造	1	2
C31_C32 家具制品，其他制造	13	36

资料来源：根据 USITC"不公平进口调查信息系统库"整理而得。

从表 12-1 可以看出，除木材及木制品或软木制品行业、造纸及纸制品行业、印刷及刻录行业、焦炭及精炼石油制品行业、其他非金属矿物制品行业没有涉及，其他制造业部门均有涉案。从被诉频次来看，计算机、电子和光学设备制造业首当其冲。通过对 2009—2014 年与 2015—2020 年被诉次数比较分析发现，纺织服装和皮革制品行业、机械设备制造和基础医药制品行业被诉次数有所下降，其他行业在 2015—2020 年的被诉次数都比 2009—2015 年有所增长。

（二）判决结果

案件判决结果如表 12-2 所示。对于被诉中国企业而言，撤诉和未发现侵权是比较好的结果，但两者加起来的比例只有 24.01%；与之旗鼓相当是同意令与和解，加总占比 25.23%。同意令与和解比较类似，只是同意令保留了 USITC 的管辖权。令人遗憾的是，中国涉案企业被缺席判决的比例高达 27.42%，可见有一部分国内企业遭受知识产权调查时应诉态度是消极的。而一旦被诉企业缺席，USITC 就会自动判定原告胜出，进而采取排除令或禁止令等救济措施。

表 12-2　　　　2009—2020 年知识产权调查的判决结果分析

名称	判决结果	中国企业的判决次数统计（次）	占中国企业的判决的总次数的比重（%）
Complaint Withdraw	原告撤诉	117	15.96
Consent Order	同意令	66	9
Settlement	和解	119	16.23
Default	缺席	201	27.42
Violation Found	发现侵权	141	19.24
No Violation Found	未发现侵权	59	8.05
Other	其他	30	4.09

资料来源：根据 USITC"不公平进口调查信息系统库"整理而得。

如果 USITC 判定被诉产品确实侵害了原告知识产权，那么 USITC 就会采取相应的贸易救济措施。这些措施主要有：有限排除令、普遍排除令、没收令、停止令。有限排除令是指如果被诉方产品被裁定为侵权，那么这些侵权产品就会被禁止进入美国市场，但仅限于被诉方的侵权产品。而对于普遍排除令而言，如果被诉产品侵权，那么不管该产品来源于哪个国家和地区，都禁止出口到美国市场。停止令是指要求侵权的企业停止侵权，这就包括停止销售侵权产品，即使是销售库存也不可以，更不能有宣传和广告等行为。如果 USITC 在发布上述三项命令后，相关企业仍然继续出口侵权商品到美国的话，那么 USITC 就会发布扣押令，海关将没收这些侵权产品。对于 USITC 而言，一般较为常用的是普遍排除令和有限排除令，其他命令很少甚至基本不用。但是不论是哪一种措施，相关涉案企业都会面临涉案产品无法在美国销售的现实，这必然影响其上下游产业链相关企业，由于救济措施比反倾销救济严厉，因此知识产权调查的产业关联效应可能更严重。

三、产品层面出口损害的测算

（一）模型设定与变量说明

本章所述的产业关联效应是涉案产品对美出口遭遇贸易限制所致，因此首先需要计算涉案产品层面的出口损害。本章基于 prusa（1999）方法，设定产品层面的贸易损害实证模型为：

$$\ln export_{i,t_j} = \alpha + \beta_1 \ln export_{i,t_{j-1}} + \beta_2 \ln wage_{t_{j-1}} + \beta_3 \ln rate_{t_j} + \beta_4 \ln growthrate_{t-1}$$
$$+ \beta_5 t_{i,1} + \beta_6 t_{i,2} + \beta_7 t_{i,3} + \beta_8 t_{i,4} + \lambda_{id} + \lambda_t + \eta_{industry} + \varepsilon_{i,t_j}$$

$$(12-1)$$

其中，i 表示中国涉案的 HS6 位码产品。考虑到知识产权调查案件审查的平均持续时间，本章借鉴谢建国和杨婷婷（2014）验证反倾销产业关联效应的方法，选取遭受知识产权调查的前两年、当年以及后四年的 HS6 位码产品为研究对象，来具体探究不同行业的产业关联效应。t_{-1} 和 t_{-2} 表示中国涉案产品遭受知识产权调查之前的两年，模型中时间变量 t_j 的取值为 0，1，2，3，4，表示中国涉案产品对美出口在涉案当年及之后四年。研究中的被解释变量 $export_{i,t_j}$ 是时间 t_j 涉案产品出口到美国的数量。与 Krupp 和 Pollard（1996）类似，本章用滞后一期的美国历年平均小时工资 $wage_{t_{j-1}}$ 来表示引致需求，选取滞后一期是因为上一年的工资水平对下一年的需求有影响。当期出口规模 export$_{i,tj}$ 不仅受到前一期出口规模的影响，而且还会受到该产品出口贸易正常增长率 growthrate$_{t-1}$ 的影响；rate$_{tj}$ 为直接标价法表示的实际汇率水平。λ_{id} 为案件固定效应，λ_t 为时间固定效应，$\eta_{industry}$ 为行业固定效应，$\varepsilon_{i,tj}$ 是误差项。模型中各变量的名称及含义如表 12-3 所示。

表 12-3　　　　　　　　　　　变量名称及定义

变量类别	变量名称	变量定义
被解释变量	inexport$_{i,tj}$	涉案产品在 t_j 年出口额的对数，立案当年及立案之后的四年分别表示为 $t_j = 0、1、2、3、4$。模型中用原始数据对数值进行回归
解释变量	inexport$_{i,tj-1}$	涉案产品上一期出口金额的对数，引入模型是为排除出口惯性的影响
	inwage$_{tj-1}$	上一期美国人均小时工资的对数，作为美国市场对中国出口产品的需求替代变量
	inrate$_{tj}$	以直接标价法（一美元能兑换的人民币数量）表示的汇率对数
	lngrowthrate$_{t-1}$	表示没有遭受知识产权调查，也就是正常情况下涉案产品的年度出口增长率
	$t_{i,1}、t_{i,2}、t_{i,3}、t_{i,4}$	相关涉案产品处于知识产权调查立案当年则令 $t_{i,0}=1$，其余的年份都设置为 0，处于知识产权调查立案后的第一年则为 $t_{i,1}=1$，其余的年份都设置为 0，以此类推

（二）数据来源、处理及统计性描述

考虑到数据的可获得性①，本章选取 2009—2014 年所有美国对中国发起的知识产权调查案件进行研究，案例总数 77 个，涉及 187 种出口产品，

---

① 2008 年之前的案件详细信息无法获得。同时考虑本章需要涉案产品立案后四年的数据，若是选取 2015 年及之后年份的数据，会受到 2019 年新冠疫情冲击带来的干扰。

中国涉案 HS6 分位产品的年度数据一共有 1070 条。中国涉案产品对美出口额来自 UN Comtrade（联合国商品贸易数据库）；历年实际汇率来自 IMF（国际货币基金组织）；模型中案件编号，涉案 HS6 位码等相关调查信息均来自 USITC 的"不公平进口调查信息系统库"；美国劳动者的历年平均小时工资来自美国劳工统计局。在估计中国涉案产品对美出口的影响时，每一个涉案产品都需要获取连续 7 年的出口金额数据，包括知识产权立案调查前两年、当年以及立案后四年[①]。相关变量的统计性描述如表 12 – 4 所示。

表 12 – 4　　　　　　　　　　　变量的统计性描述

变量	样本量	均值	标准差	最小值	最大值
$inexport_{i,tj}$	1070	10.6238	2.5117	1.6632	15.1216
$inexport_{i,tj-1}$	1070	10.5789	2.5324	– 0.3524	15.1216
$inwage_{tj-1}$	1070	3.1585	0.0424	3.0535	3.2587
$lngrowthrate_{t-1}$	1070	0.0561	0.4148	– 3.7001	3.7636
$inrate_{tj}$	1070	1.8500	0.0337	1.8161	1.9215

（三）测算限制效应回归结果分析

对于异方差问题，本章采用异方差稳健的标准误进行修正。各变量的方差膨胀因子 VIF 都小于 10，说明本章的解释变量之间并不存在多重共线性问题。由于本章的数据结构比较特殊，如在同一个案件中会涉及多个不同产品，但是这一个产品又可能在其他的案件中再次被起诉，因此如果采用产品固定效应可能会存在无法识别的情况，所以本章的主回归采用案件固定效应进行回归。根据实证模型，控制案件、时间和行业固定效应，其结果如表 12 – 5 所示。

[①] 某些案件的 HS6 位码产品出口数据缺失。对于缺失数据，本章运用插值法进行补全。对于数据缺失较为严重（即数据缺失超过 2/3）且有异常的涉案产品，本章进行剔除处理。

表 12-5　　知识产权调查产品层面贸易损害的回归结果

变量	(1) $inexport_{i,tj}$	(2) $inexport_{i,tj}$	(3) $inexport_{i,tj}$	(4) $inexport_{i,tj}$
$inexport_{i,t-1}$	0.9768*** (0.0130)	0.9768*** (-0.0129)	0.9622*** (0.0074)	0.4055*** (0.1568)
$ingrowthrate_{tj-1}$	-0.1543** (0.0462)	-0.1487** (0.0467)	-0.1565** (0.0488)	0.0007*** (0.0002)
$inrate_{tj}$	-0.3664 (0.1774)	-2.4577 (3.5505)	-2.5125 (3.5175)	0.5966 (4.7739)
$inwage_{tj-1}$	10.28525** (2.7703)	11.7015*** (1.7158)	11.5279*** (1.6927)	-0.6417 (1.8410)
$t_{i,1}$	-0.2381*** (0.0493)	-0.2602*** (0.0491)	-0.2551*** (0.0483)	0.0928 (0.0545)
$t_{i,2}$	-0.5021*** (0.0967)	-0.5587*** (0.0976)	-0.5492*** (0.0958)	0.1023** (0.0439)
$t_{i,3}$	-0.7306** (0.1631)	-0.8385*** (0.1225)	-0.8248*** (0.1207)	0.1063 (0.0827)
$t_{i,4}$	-0.9515** (0.2276)	-1.1052*** (0.1473)	-1.0876*** (0.1447)	0.1869* (0.1038)
案件固定	Yes	Yes	Yes	Yes
时间固定	No	Yes	Yes	Yes
行业固定	No	No	Yes	Yes
调整 R^2	0.9792	0.9793	0.9798	0.9307
样本量	1070	1070	1070	2440

注：括号中的数字为异方差稳健的标准误，*、**、*** 分别表示该变量的系数在 10%、5% 和 1% 水平上的显著性。

本章的主回归是第（1）—（3）列。从回归结果来看，知识产权调查显著阻碍我国涉案产品对美出口。由表 12-5 可知，知识产权调查对涉案产品在立案后的第一年的出口限制效应显著为负，对相关涉案产品在立案后的第二、第三、第四年的出口限制效应也显著为负。从立案后四年的虚拟变量回归系数来看，相比于立案当年来说，知识产权调涉案产品在立案后的出口限制效应是逐年增强的。这说明美国对华知识产权调查对涉案产品出口的影响效应并没有随着立案时间的推移而减弱。

其次，lnexport$_{t-1}$是美国对华知识产权调查相关涉案产品在立案前一年的出口额，这一变量在1%的水平上显著为正。lngrowthrate$_{t-1}$这一变量是涉案产品未受调查时的正常出口增长率，其回归结果显著为负，说明相关涉案产品的正常出口增长率越大，立案后涉案产品的出口量就越少，这从侧面印证美国对华知识产权调查抑制中国涉案产品出口的真实目的。lnrate$_{tj}$是当期人民币实际汇率，模型中系数为负，但统计上不显著。lnwage$_{tj-1}$是上一期美国劳动者的平均小时工资，其回归系数显著为正，代表工资水平的增长带来对进口产品需求的增加，这符合正常预期。

考虑到稳健性检验的需要，本章选取同一年份中，与被诉产品处于相同HS4位码下的未受到调查的HS6位码产品为稳健性检验样本。由于未受到调查的HS6位码产品可能遭受反倾销与反补贴的影响，因此本章与全球反倾销与反补贴数据库进行匹配，剔除了受到反倾销与反补贴影响的HS6位码样本。详细的数据处理方法与上文一样，最终进入回归的有2440条数据，涉及400多种产品。回归结果如表12-5第（4）列所示，稳健性检验结果显示，未涉案产品与涉案产品相比，涉案产品在立案后的第一年表现出出口的抑制效应，而未涉案产品在立案之后的一年仍然保持出口增长，这进一步说明美国对华知识产权调查对出口存在明显的抑制作用。

（四）涉案产业损害反事实

本章借鉴王孝松等（2015）、谢建国和杨婷婷（2014）的做法，利用反事实方法测算知识产权调查立案后对涉案产品产生的贸易损害，然后再根据ISIC分类加总计算出产业层面的贸易损害。根据模型（12-1）

可知，如果没有发生知识产权调查，则反映知识产权调查影响的相关变量 $t_{i,1}$、$t_{i,2}$、$t_{i,3}$、$t_{i,4}$ 都取值为 0，由此可以得到涉案产品对美国出口的理论值：

$$\text{lnexport}_{i,t_j} = \alpha + \beta_1 \text{lnexport}_{it_j-1} + \beta_2 \text{lnwage}_{t_j-1} + \beta_3 \text{lnrate}_{t_j} + \beta_4 \text{lngrowthrate}_{t-1}$$

$$(12-2)$$

接下来把理论值与实际值作比较，得到贸易损害所占比例，最终乘以出口额得到涉案产品的实际出口损害值。结果表明，就美国对华知识产权调查涉及的 187 个涉案产品而言，有 147 种涉案产品在知识产权调查立案后的第一年表现出实际出口值低于理论出口值，而到立案后的第二年，实际值低于理论值的涉案产品增加了 10 种。在立案后第三年和第四年，实际值低于理论值的涉案产品又有所增加。进一步分析发现，出口实际值与出口理论值之间的差距是逐年扩大的，也就是说美国知识产权调查对中国涉案产品的影响是逐年加深的。总体上看，涉案产品在立案后的第一年出口遭受了 925689.69 万美元的损害，在立案后的第二年出口遭受了 1750787.91 万美元的损害，在立案后的第三年出口遭受了 2544927.81 万美元的损害，在立案后的第四年出口遭受了 3424302.31 万美元的损害。

我们将 187 种涉案产品对应到 WIOD2016 的 56 个部门中的制造业部门，并将每个部门产品的损害值加总，从而得到立案后四年美国对华知识产权调查给相关行业带来的出口损害程度。图 12-1 中给出了损害排在前五的制造业行业，可以看出，立案后出口损害最大的行业是计算机、电子和光学设备制造（部门代码 17），其受损金额高达 3280013.43 万美元，年平均损害为 820003.36 万美元；其次是纺织、服装和皮革制品（部门代码 6），立案后四年总受损金额为 461513.54 万美元；紧接着是橡胶和塑料制品（部门代码 22），立案后四年总受损金额为 409780.96 万美元。进一步分析来看，平均每个案件导致的出口损害为 24209.54 万美元，这与代中强和蔡华津（2019）测算的美国对华知识产权调查所引致的每个案件的贸易缺口基本一致。此外，从测算结果来看，平均每个涉案产品导致的出口损害为 9968.64 万美元。

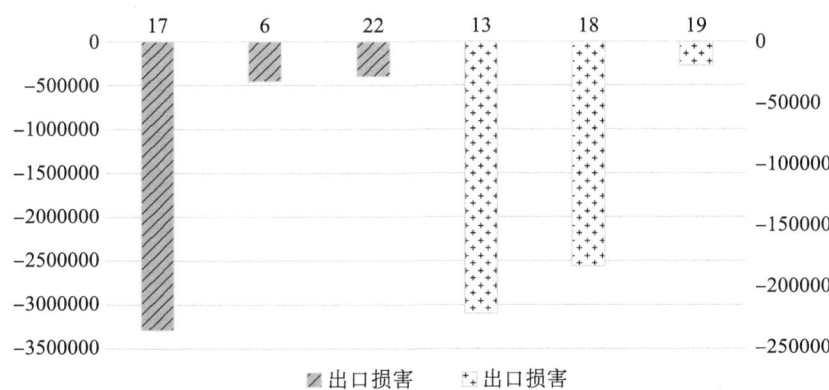

图 12-1　美国对华知识产权调查影响前六大行业出口损害① (单位：万美元)

四、涉案产业上下游损害测算

中国涉案产品对美出口受到抑制后，该产品生产厂商对上游行业的需求就会减少，从而对上游行业造成生产损害。同样地，中国涉案产品的出口受到损害之后，能为该产品下游行业提供的中间品就会减少，从而造成下游行业的生产损害。进一步地，如果涉案产业的上下游产业被诉，则通过投入产出关联，涉案产业本身又会反过来受到上下游产业被诉的损害。因此，美国对华知识产权调查会影响相关产品上下游行业的利益，如果说涉案产品与其上下游行业之间存在较强的相互依存关系，那么其上下游行业受到的损害程度也会更大。

(一) 测算方法

参考鲍晓华 (2004) 和谢建国和杨婷婷 (2014) 的研究，利用投入产出系数来计算知识产权调查对涉案产品上下游产业的影响。本章使用直接

---

① 考虑到各行业影响差异非常大，按照同一个坐标系展示会影响图形效果。斜线柱状图对应左边纵坐标，灰网柱状体对应右边纵坐标。图 12-2、图 12-3 也是同样处理。

消耗系数和直接分配系数来计算。直接消耗系数是指某一产品部门（j 部门）在生产经营过程中单位总产出直接消耗的各产品部门（i 部门）的产品或服务的数量。直接消耗系数越大，就说明部门之间的联系越紧密。以 a_{ij} 代表直接消耗系数，则美国知识产权调查对涉案产业上游产业的影响公式为：

$$\Delta upindustry_{jt} = \Delta export_{it} \times a_{ijt} \qquad (12-3)$$

由式（12-3）可知，我国涉案产业的贸易损害越大，且直接消耗系数 a_{ij} 值越高，则知识产权调查对国内上游产业的影响也就越大。

直接分配系数的含义为 i 部门产品分配给 j 部门使用部分占该种产品总产出的比例，系数反映的是 i 对 j 部门的生产供给，以 h_{ij} 来表示。直接分配系数越大，意味着 i 对 j 的投入也就越多。可以利用直接分配系数测定美国知识产权调查对我国涉案产业下游产业的影响。其测算公式为：

$$\Delta downindustry_{jt} = \Delta export_{it} \times h_{ijt} \qquad (12-4)$$

由式（12-4）可知，如果 h_{ij} 值越大，知识产权调查涉案产业的贸易损害将对国内下游产业的影响产生更大的影响。

本章运用上文测算的 11 个涉案制造业部门的贸易损害作为国内生产损害的代理变量，然后以 WIOD2016 版中的 2009—2014 年的中国投入产出表为基础①，分别计算出 WIOD2016 版中 56 个产业部门的直接消耗系数和直接分配系数，最后推算知识产权调查对涉案产品上下游行业的损害。

（二）上下游行业损害结果分析

图 12-2 显示的是国内被诉产业的上游产业在立案后四年的受损害情况，从图中可以看出美国对华知识产权调查对涉案产品的上游产业造成了较大的损害。在所有被诉的 11 个制造业部门中，对上游产业影响最大的是计算机、电子和光学设备制造业（部门代码 17），该部门由于被诉而在立案后四年给其上游产业带来的损失为 2109408.31 万美元，平均每年

---

① 由于 WIOD2016 版的投入产出表只更新到 2014 年，根据计算出的中国 2009—2014 年的投入产出表中的直接消耗系数和直接分配系数，可以发现 2012 年及之后的系数变动很小，因此本章涉及的 2014 年之后年份的直接分配系数和直接消耗系数均沿用 2014 年的结果。

527352.08 万美元的损失；其次是纺织、服装和皮革制品业（部门代码6），因知识产权调查而在立案后四年给其上游产业带来了200872.95 万美元的损害；排在第三的是橡胶和塑料制品业（部门代码13），其上游产业在立案后四年受到的损害为102979.56 万美元。

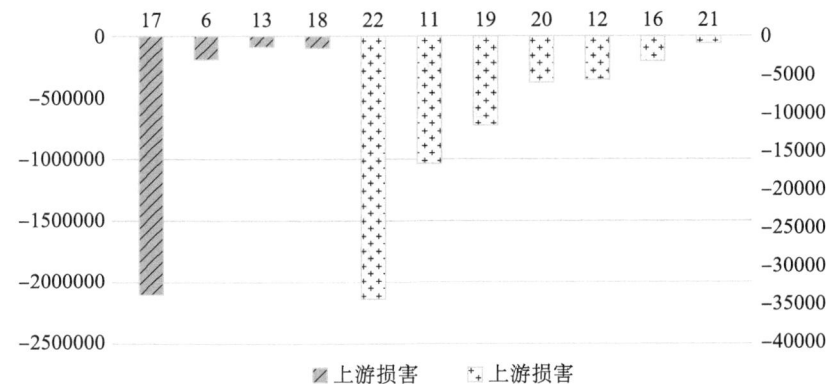

图 12-2 涉案产品的国内上游产业损害（单位：万美元）

图 12-3 为国内被诉产业的下游产业在立案后四年的受损害情况。从图中可知，在立案后四年对下游行业影响排在第一位的是计算机、电子和光学设备制造业（部门代码17），损害为3017336.87 万美元，年均损害为754334.22 万美元；排在第二和第三位的分别是纺织、服装和皮革制品业（部门代码6）和电力设备制造业（部门代码18），在立案后四年分别给其下游产业带来了265069.78 万美元和155704.4792 万美元的损害。

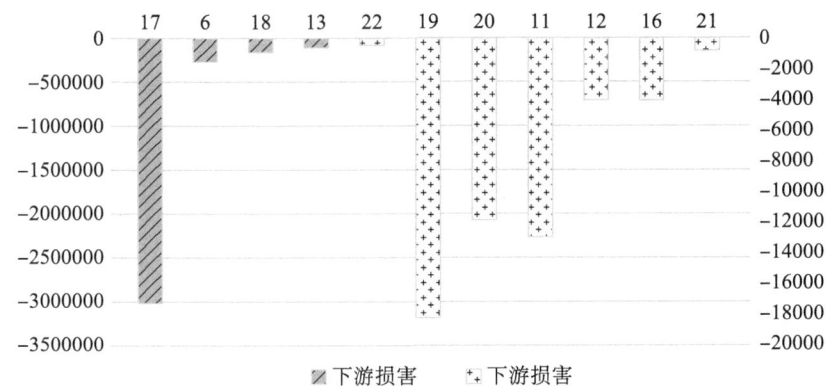

图 12-3 涉案产品的国内下游产业损害

进一步地，我们对损害结果进行逐年分解发现，除了化工和化学制品（部门代码 11）和金属制品制造（机械设备除外）（部门代码 16）对其上下游的影响具有滞后效应，即在立案后的第一年对其上下游产业并没有产生损害效应，其余 9 个制造业部门均在立案后第一年就受到了不利影响，并且所有部门受到的不利影响都呈现逐年加深趋势。出现这种现象的可能原因是知识产权调查所采取的贸易救济措施较为严厉，尤其是普遍排除令的影响对于涉案产品出口有着极其严重的影响，因此从受损金额的大小来看，知识产权调查对其上下游的损害也比反倾销要更大（谢建国和杨婷婷，2014）。

就案件平均而言，美国对华知识产权调查对所有涉案产品的上游产业产生了 5640.43 万美元的损害，对所有涉案产品的下游产业产生了 7940.48 万美元的损害。进一步分解可知，美国对华知识产权调查导致平均每个产品对其上游行业产生了 2322.53 万美元的损害，对其下游行业产生了 3269.61 万美元的损害。

涉案产业因美国对其进行知识产权调查而出现出口减少，进而给上下游相关产业带来影响的同时，涉案产业本身也会受到来自上下游行业遭受知识产权调查而产生的次生损害，即其他被诉产业对于本产业的二次损害。图 12-4 给出了 11 个制造业部门在立案后四年因本身上下游产业受到美国知识产权调查，进而对自身产生的损害。从图中可以看出，其中损失金额最高的部门是电力设备业（部门代码 18），因美国对其上下游产业发起知识产权调查进而使得电力设备业在立案后四年的损失金额高达 446502.76

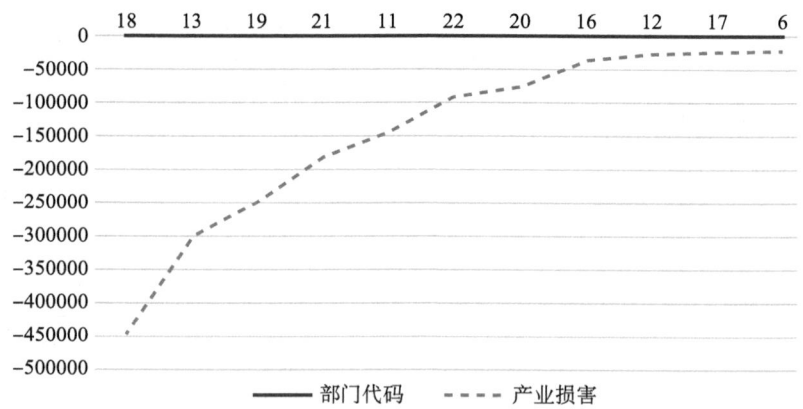

图 12-4　产业自身受到来自其他产业被诉而产生的损害（单位：万美元）

万美元；其次是橡胶和塑料制品业（部门代码 13），因美国对其上下游产业发起知识产权调查而使得橡胶和塑料制品业损失 303603.70 万美元；排在第三位的是机械设备制造业（部门代码 19），受损金额为 250146.74 万美元。从以上结果来看，机电产业是受美国知识产权调查损害最大的产业。

五、结论与启示

美国知识产权调查不仅会抑制我国涉案产品对美出口，而且会通过产业关联效应影响上下游产业。本章基于 2009—2014 年美国对华知识产权调查的个体案件，在产品层面贸易限制效应的基础上推算出产业层面的损害，再结合投入产出系数测算涉案产业的上下游产业的损害值。实证研究表明，知识产权调查给我国产业带来了显著的出口抑制效应，且这种抑制效应在立案后逐步加深。知识产权调查通过产业关联效应对我国涉案产业的上下游产业产生负面影响。其中，对上游产业影响最大的是计算机、电子和光学设备制造业，其次为纺织、服装和皮革制品业，紧随其后的是橡胶和塑料制品业。对下游产业影响最大的是计算机、电子和光学设备制造业，其次为纺织、服装和皮革制品业，紧随其后的是电力设备制造业。同时，本章还测算了其他产业被诉导致涉案产业的二次损害。结果显示，国内受知识产权调查二次损害最大的行业是电力设备制造业，其次是橡胶塑料制品业和机械设备制造业。

美国知识产权调查不仅对涉案行业产生负面影响，还会通过产业关联效应对上下游行业产生损害，这些上下游行业的损害甚至超过涉案行业本身的损害，因而我们需要高度关注知识产权调查，采取必要措施来降低知识产权调查的产业关联损害效应，避免给国内产业带来更大的损失。

在政府层面上，首先，由于美国知识产权调查实质上是贸易保护手段，因此政府应该利用多边贸易体系，联合其他的贸易伙伴，共同商讨相关方案来应对美国知识产权调查。其次，政府应鼓励被诉企业出口多元化，分散市场风险，从而降低对行业上下游的损害。最后，政府应该对频繁遭受知识产权调查的行业以及受损严重的中下游行业出台一些行业救济措施，如降低税费等，以此来对冲美国知识产权调查带来的损害。

在产业层面上，首先，行业协会应整合资源来帮助那些受损程度较高行业的企业，降低美国知识产权调查带来的行业和产品层面的冲击，减小知识产权调查对上下游行业的负面影响。其次，行业协会可以利用各种资源，利用诸如国际展会等形式为被诉企业提供拓展海外市场的机会，鼓励其开发新市场，尽量降低美国知识产权调查造成的出口损害。

在企业层面上，首先，企业进入美国市场之前应当熟悉知识产权调查的规则和流程，建立起一套良好的应对机制，达到降低被诉概率的效果。其次，企业应当努力提升出口产品的创新性和附加值，打破美国设置的技术壁垒，从而在应诉时提高自己获胜的概率，有效减少出口损害。

本章附录：知识产权调查产品分类表

6 纺织、服装和皮革制品	以皮革或再生皮革作面的衣箱、提箱、小手袋、公文箱、公文包、书包及类似容器
	以塑料片或纺织材料作面的手提包
	以塑料片或纺织材料作面通常置于口袋或手提包内的物品
	以塑料片或纺织材料作面的其他类似容器
	以其他材料作面的其他类似容器
	化纤长丝制无纺织物，70 克＜平米重≤150 克
	橡胶或塑料制外底及鞋面的短统靴（过踝）
	未列名橡胶或塑料制鞋面的鞋靴
	橡、塑或革外底，皮革鞋面的短统靴（过踝）
	未列名橡胶、塑料或再生皮革制外底，皮革制鞋面的鞋靴
	橡胶或塑料制外底，纺织材料制鞋面的运动鞋靴；网球鞋、篮球鞋、体操鞋、训练鞋及类似鞋
	其他橡胶或塑料外底，纺织材料鞋面的鞋靴
	其他皮革或再生皮革制鞋面的鞋靴
	其他纺织材料制鞋面的鞋靴
	未列名鞋靴

续表

11 化学和化工制品	未列名醌
	其他仅含有氧杂原子的杂环化合物
	其他结构上含有一个喹啉或异喹啉环系（不论是否氢化）的化合物，但未经进一步稠合的
	其他酶；未列名的酶制品
	除草剂、抗萌剂及植物生长调节剂
	初级形状的尿素树脂和硫尿树脂
	初级形状的酚醛树脂
12 基础医药制品	其他未混合的维生素及其衍生物
	未列名两种或两种以上成分混合而成的药品，未配定剂量或制成零售包装
	其他混合或非混合产品构成的药品
13 橡胶和塑料制品	塑料制餐具及厨房用具
	塑料制其他家庭用具及卫生或盥洗用具
	其他塑料制品
	机动小客车用新的充气橡胶轮胎
	客运机动车辆或货运机动车辆用新的充气橡胶轮胎
16 金属制品制造（机械设备除外）	经锻造或冲压的研磨机的研磨球及类似品
	其他手工工具
	钻孔工具
	未列名锁
17 计算机、电子和光学产品制造	品目 84.43 所列设备其他零件
	重量≤10 千克的便携自动数据处理设备
	有中央处理及输入/出部件自动数据处理机
	其他以系统形式包烟的自动数据处理设备
	子目 847141 及 847149 以外的处理部件
	输入或输出部件，不论是否装有存储部件
	存储部件
	自动数据处理设备的其他部件
	未列名的磁性或光学阅读机、将数据以代码形式转录到数据记录媒体的机器及处理这些数据的机器
	8471 所列机器的零件、附件

续表

17 计算机、电子和光学产品制造	无绳电话机
	用于蜂窝网络或其他无线网络的电话机
	其他电话机
	接收、转换且发送或再生声音等数据的设备
	其他发送接收声音/图像或其他数据用的设备
	品目8517的零件
	传声器（麦克风）及其座架
	单喇叭音箱
	多喇叭音箱
	耳机、耳塞（无线耳机、耳塞除外），不论是否装有传声器，由传声器及一个或多个扬声器组成的组合机
	音频扩大器
	电气扩音机组
	品目85.18所列货品的零件
	使用磁性、光学等媒体的声音录制或重放设备
	未列名视频信号录制或重放设备
	品目8519或8521所列设备的其他零件、附件
	不带胶轮的其他自推进起重机械
	固态非易失性存储器件（闪速存储器）
	智能卡
	其他半导体媒体
	无线电广播、电视发送设备
	电视摄像机、数字照相机及视频摄录一体机
	无线电导航设备
	无线电遥控设备
	其他阴极射线管监视器
	其他监视器
	在设计上不带有视频显示器或屏幕的电视接收装置
	在设计上带有视频显示器或屏幕的彩色电视接收装置
	8525至8528所列其他装置或设备用零件
	未列名固定电容器
	光敏半导体器件；发光二极管

续表

17 计算机、电子和光学产品制造	处理器及控制器
	存储器
	其他集成电路
	集成电路零件
	其他导航仪器及装置
	导航仪器及装置的零件、附件
	未列名的测量或检验仪器、器具及机器
18 电力设备制造	电动机，输出功率≤37.5 瓦
	交直流两用电动机，输出功率超过 37.5 瓦
	输出功率不超过 750 瓦的直流电动机及直流发电机
	其他家用电动器具
	点火磁电机、永磁直流发电机及磁飞轮
	起动电机及两用起动发电机
	其他发电机
	其他电气空间加热器、电气土壤加热器
	8531 所列装置的零件
	用于电压不超过 1000 伏线路的自动断路器
	用于电压不超过 1000 伏线路的开关
	用于电压不超过 1000 伏线路的插头及插座
	热阴极荧光灯
	其他具有独立功能的设备及装置
	放电式（电子式）闪光灯装置
	其他照相闪光灯装置
	照相闪光灯装置的零件、附件
19 未另分类的机械和设备的制造	不需外接电源的电子计算器及具有计算功能的袖珍式数据记录、重现及显示机器
	装有打印装置的电子计算器
	其他电子计算器
	未列名办公室用机器
	子目 8470.10、8470.21 或 8470.29 所列电子计算器的零件、附件
	其他具有独立功能的机器及机械器具
	电动短距离运货车辆；电动站台牵引车
	不带胶轮的其他自推进起重机械

续表

20 汽车、挂车和半挂车的制造	火花塞
	车辆电动风挡刮水器、除霜器及去雾器
	品目 85.12 所列装置的零件
	雪地行走专用机动车；高尔夫球机动车等车辆
	其他汽油型载人机动车，排量≤1000 毫升
21 其他运输设备的制造	其他残疾人用车
22 家具制品，其他制造	注射器，不论是否装有针头
	机械疗法器具、按摩器具及心理功能测验装置
	臭氧治疗器、氧气治疗器、喷雾治疗器、人工呼吸器或其他治疗用呼吸器具
	专供示范而无其他用途的仪器、装置及模型
	其他医用家具及其零件
	其他运动或户外游戏用品及设备；游泳池或戏水池
	塑料家具
	枝形吊灯及天花板或墙壁上的其他电气照明装置，但不包括公共露天场所或街道上的电气照明装置
	其他电灯及照明装置
	玩具；娱乐用模型；各种智力玩具
	视频游戏控制器及设备，但子目号 9504.30 的货品除外
	其他游艺场所、桌上或室内游戏用品
	其他高尔夫球器械

第十三章

知识产权调查的本质及应对机制

本章首先阐明知识产权调查为什么是贸易壁垒，然后分析美国知识产权调查的特征事实，并从贸易抑制效应、贸易偏转效应、研究开发效应、全球价值链效应、产业关联效应等方面探讨知识产权调查的影响，最后提出应对知识产权壁垒的政策建议。

一、知识产权调查为什么是贸易壁垒？

国外关于"知识产权调查"的研究多是从法律的视角展开的。Rogres 和 Whitlock（2002）给知识产权调查贴上了公平正义的标签，认为美国的贸易伙伴知识产权保护不力，侵犯了美国国内公司的知识产权，知识产权调查是针对贸易伙伴知识产权弱保护的重要救济措施[①]。但下列事实表明，美国知识产权调查就是实实在在的贸易壁垒。

（一）贸易伙伴强化知识产权保护不能降低其遭遇知识产权调查的频次

首先，为什么2001年以来针对中国的知识产权调查案件数量急速攀升？难道2001年以前我国知识产权保护非常严格，而此后知识产权保护明显放松？要回答这一问题，首先需要考察近年来我国知识产权保护水平的发展趋势，并进行一个全面的国际对比。

一般而言，国外文献测度知识产权保护水平的方法主要是依据各国知识产权法律的完善程度。Ginarte 和 Park（1997）计算了120个国家1960—2015年的知识产权保护强度指数（以下简称 GP 指数），是比较具有代表性的且使用率较高的知识产权保护强度测评指标[②]。他们的指标体系也是

---

① Rogres J. W., Whitlock J. P. Is Section 337 Consistent with the GATT and the TRIPs Agreement？[J]. American University International Law Review，2002，17（3）：459–525.

② Ginarte J. C., Park W. G. Determinants of Patent Rights: A Cross-national Study [J]. Research Policy，1997，26（3）：283–301.

通过对专利法的考察来反映知识产权的保护力度。包括 5 个分指标，分别是：（1）专利覆盖范围。该指标是测度药品、化学品、食品、动植物新品种、医疗器械、微生物以及实用新型是否受到专利保护。（2）参加知识产权国际条约的情况。该指标是测度该国是否加入《保护工业产权巴黎公约》《专利合作条约》和《国际植物新品种保护公约》。（3）侵害专利的限制。测度该国是否存在工作需要、强制许可和专利撤销而导致专利保护的丧失。（4）执法措施。（5）专利保护期限。该指标测度一国专利保护期限是否达到 20 年。通过表 13 – 1 的 GP 指数发现，伴随着中国知识产权立法的不断完善，其知识产权保护水平近年来得到迅速提高。数据显示，1985 年中国的 GP 指数为 1.33，2015 年为 4.42；与同期美国的 4.88 和日本的 4.67 相差不大，超过同期韩国的 3.93 和新加坡的 4.21。这说明，从立法层面而言，中国的知识产权保护水平已经与发达国家接近。

表 13 – 1　　　　　　知识产权名义保护水平（GP 指数）

国家	1960年	1965年	1970年	1975年	1980年	1985年	1990年	1995年	2000年	2005年	2010年	2015年
美国	3.83	3.83	3.83	3.83	4.35	4.68	4.68	4.88	4.88	4.88	4.88	4.88
日本	2.20	2.40	2.40	2.78	3.43	3.43	3.88	4.42	4.67	4.67	4.67	4.67
英国	2.29	2.49	2.49	2.49	3.76	3.88	4.34	4.54	4.54	4.54	4.54	4.54
法国	2.37	2.57	3.23	3.23	3.63	3.76	3.88	4.54	4.67	4.67	4.67	4.42
德国	2.52	2.72	3.18	3.18	3.81	4.01	4.13	4.33	4.67	4.67	4.67	4.67
意大利	2.45	2.65	2.65	2.65	3.36	3.68	4.01	4.33	4.67	4.67	4.33	4.33
加拿大	2.91	2.91	2.91	2.91	2.91	3.16	3.28	4.34	4.54	4.54	4.54	4.42
澳大利亚	2.04	2.04	2.04	2.04	2.49	2.49	3.28	4.33	4.33	4.33	4.33	4.88
中国	—	—	—	—	1.33	1.33	2.12	3.09	4.08	4.21	4.42	
韩国	0.00	2.29	2.29	2.08	2.28	2.49	3.69	3.89	4.13	4.33	4.33	3.93
新加坡	1.51	1.51	1.51	1.51	1.71	1.71	2.04	3.88	4.01	4.21	4.21	4.21
泰国	0.75	0.75	0.75	0.75	1.21	1.21	1.21	2.24	2.37	2.49	3.23	3.23
印度	1.03	1.03	1.03	1.03	1.03	1.03	1.03	1.23	2.27	3.76	3.76	3.76
阿根廷	1.34	1.34	1.54	1.54	1.54	1.54	1.54	2.31	3.56	3.56	3.56	4.02
墨西哥	0.79	0.79	0.79	0.79	0.79	1.02	1.02	2.68	3.22	3.42	3.75	3.75
巴西	1.21	1.21	1.21	1.08	1.28	1.28	1.28	1.48	3.43	3.43	3.43	4.22

注："—" 代表数据缺失。

资料来源：http://auapps.american.edu/wgp/www/#ART。

当然，正如 Fink 和 Maskus（2005）指出的那样，由于 GP 指数过多关注知识产权立法，并未涉及知识产权执法，很可能高估发展中国家的实际知识产权保护水平[①]。因此，GP 指数一般被认为测算的是知识产权名义保护水平。而知识产权实际保护指标必须能够保证关注知识产权执法，而满足这一要求的就是世界经济论坛每年在《世界竞争力报告》发布的知识产权保护指标（以下简称 WEF 指数）。该指标完全不同于传统的立法指标体系，它来源于被访者对目标国知识产权保护水平的感受，本质上是实际知识产权保护水平。根据表 13-2，中国近年来的实际知识产权保护水平不断在提升。2005 年，其得分只有 3.2，低于表中绝大部分国家；而到 2019 年，得分已经提高到 4.5，拉近了与发达国家的距离，超过了大多数发展中国家。

表 13-2　知识产权实际保护水平（WEF 指数）

国家	2005年	2006年	2007年	2008年	2009年	2010年	2011年	2012年	2013年	2014年	2015年	2016年	2017年	2018年	2019年
美国	6.40	5.70	5.42	5.58	5.44	5.03	5.00	4.97	5.18	5.41	5.77	5.86	5.83	5.90	5.70
日本	5.30	5.61	5.63	5.65	5.43	5.35	5.26	5.38	5.73	5.95	6.07	5.94	5.81	5.90	6.00
英国	6.10	6.15	5.96	5.36	5.33	5.51	5.68	5.88	5.85	5.94	6.02	6.09	6.18	6.10	5.50
法国	5.80	5.83	5.91	6.01	5.81	5.83	5.84	5.63	5.68	5.77	6.01	5.82	5.90	5.70	
德国	6.30	6.43	6.48	6.04	5.72	5.64	5.55	5.59	5.56	5.41	5.65	5.80	5.74	5.50	5.30
意大利	4.30	4.23	4.31	4.33	3.91	3.81	3.72	3.70	3.72	3.69	4.08	4.33	4.43	4.60	4.60
加拿大	5.50	5.59	5.66	5.55	5.47	5.46	5.44	5.44	5.57	5.65	5.84	5.86	5.81	5.60	5.50
澳大利亚	5.70	5.81	5.90	5.92	5.79	5.56	5.32	5.34	5.33	5.49	5.79	5.80	5.81	5.80	5.70
中国	3.20	3.24	3.42	3.88	4.02	4.02	4.01	3.94	3.94	3.95	3.97	4.25	4.50	4.50	4.50
韩国	4.50	4.52	5.37	4.98	4.20	4.13	4.07	4.33	4.03	3.71	4.16	4.41	4.40	4.60	4.60
新加坡	6.10	6.03	6.17	6.28	6.21	6.15	6.10	6.09	6.12	6.15	6.20	6.28	6.24	6.30	6.40
泰国	4.10	4.19	4.13	3.76	3.27	3.18	3.09	3.06	3.13	3.06	3.20	3.29	3.46	3.70	3.70
印度	4.00	4.22	3.99	3.70	3.65	3.59	3.52	3.67	3.68	3.72	4.21	4.53	4.41	4.60	4.40
阿根廷	3.10	2.90	2.83	2.68	2.49	2.50	2.45	2.38	2.33	2.42	2.99	3.58	3.73	3.70	3.90

---

① Fink C., Maskus K. E. Intellectual Property and Development: Lessons from Recent Economic Research [M]. Oxford University Press, 2005.

续表

国家	2005年	2006年	2007年	2008年	2009年	2010年	2011年	2012年	2013年	2014年	2015年	2016年	2017年	2018年	2019年
墨西哥	3.30	3.53	3.51	3.25	3.19	3.20	3.20	3.48	3.59	3.47	3.80	4.16	4.09	4.10	4.10
巴西	3.20	3.37	3.33	3.27	3.04	3.13	3.22	3.50	3.54	3.25	3.68	4.05	4.22	4.00	3.80

资料来源：世界经济论坛发布的各年度《世界竞争力报告》。

这些年来，特别是中国加入 WTO 以来，中国知识产权保护的名义与实际水平都在显著提升，已经超过世界平均水平。但这一阶段，中国遭受知识产权调查的次数也在迅速增加。如图 13-1 所示，伴随着我国 GP 指数上升，国内企业遭受知识产权调查数量趋势在明显增加；而在图 13-2 中，随着我国 WEF 指数提高，国内企业遭受知识产权调查数量趋势也是在增加。这意味着，不管是提升国内名义知识产权保护水平还是实际保护水平①，都不能从总量上降低美国对我国发起知识产权调查的频次。其实，之所以出现这种状况，关键在于中国企业已经进入美国市场，会对美国同类竞争企业造成事实上的威胁，知识产权保护只是一个限制外国企业出口到美国的重要借口。在传统贸易救济手段效果受限，且容易遭受对方报复时，国际贸易中的知识产权壁垒应运而生，毫不稀奇。

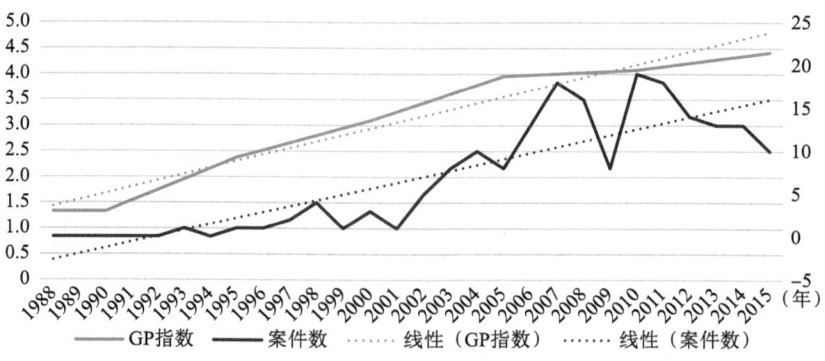

图 13-1　中国 GP 指数与对华知识产权调查案件数量关系

资料来源：GP 指数来源于 http://auapps.american.edu/wgp/www/#ART；对华知识产权调查案件数量来源于 http://ids.usitc.gov。

---

① 在知识产权保护方面，世界各国不管是制度层面还是执法层面都有巨大改善。但在美国年度"特别 301 报告"中，各国的知识产权保护并不能得到有效承认。例如，近年来中国 GP 指数和 WEF 指数都持续上升，但还是多次被该报告列为重点国家和地区。

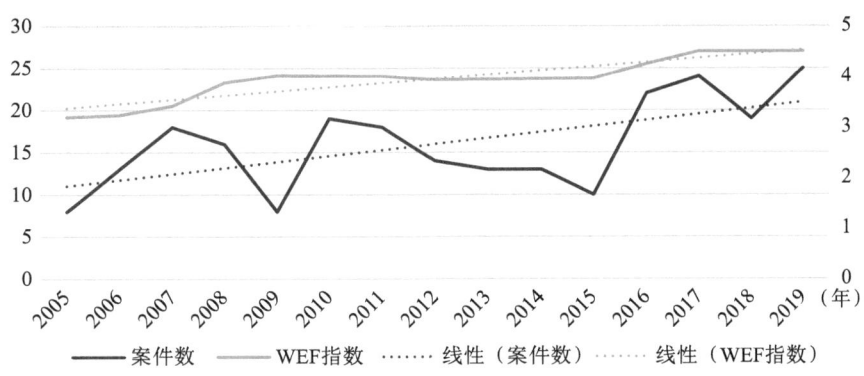

图 13-2　中国 WEF 指数与对华知识产权调查案件数量关系

资料来源：WEF 指数来源于世界经济论坛发布的各年度《世界竞争力报告》；对华知识产权调查案件数量来源于 http://ids.usitc.gov。

（二）贸易伙伴在国际或美国申请更多专利反而提升其遭受知识产权调查的频次

传统观点认为，如果一个外国公司能在世界知识产权组织（WIPO）申请 PCT 专利或向美国专利商标局（USPTO）申请美国专利，这意味着该公司向市场发出了一个强烈的信号：该公司具有一定的技术垄断优势，且与美国同类公司的技术存在差异。如果竞争公司还有意启动知识产权调查，则原告败诉的风险将大大增加。按照这个逻辑，如果非美国企业向 WIPO 申请国际 PCT 专利或向美国专利商标局申请专利，应该会降低其遭遇知识产权调查的频次。

但实际的情况是，以中国为例，如图 13-3 所示，对华知识产权调查案件数与中国 PCT 专利申请数之间存在明显的正向关系。即中国企业在 WIPO 申请的专利数量增加，反而刺激相关公司更多地通过 USITC 对中国公司发起知识产权调查。我们在图 13-4 中也发现类似趋势，图 13-4 显示，中国在美专利申请量、中国在美发明专利申请量和中国在美专利授权量增加也和美国对华知识产权调查案件总量之间呈现正向关系。发生上述现象的原因就是：一旦中国企业向 WIPO 申请 PCT 专利或向 USPTO 申请专利，意味着该企业即将或已经进入美国市场，这对美国的竞争企业而言，是一种实质上的竞争或竞争威胁。而通过发起知识产权调查，利用其产生的负面声誉效应和信息不对称效应，可以延缓或阻止中国企业对美国市场的出口。因此，从这个维度来看，多申请国际 PCT 专利和美国专利，并不是一个有效规避知识产权调查的手段。反而企业要做好这方面的准备，即一旦申请国际或美国专利，就要做好未来相关产品遭遇 USITC 知识产权调查的准备。

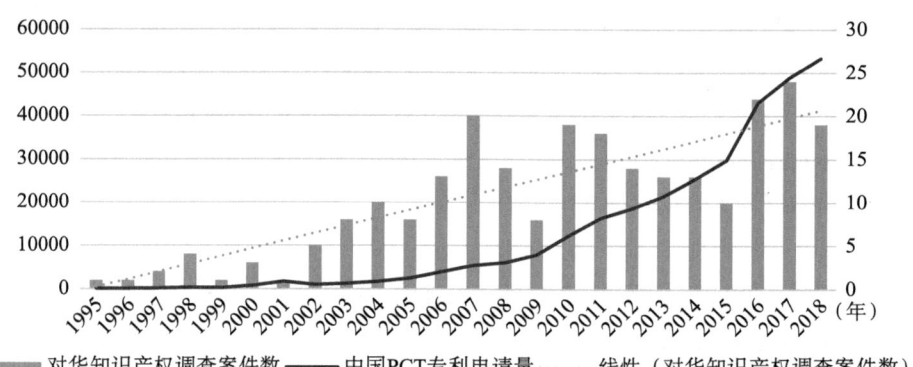

图 13 - 3　历年中国国际 PCT 专利数与对华知识产权调查案件数

资料来源：中国国际 PCT 专利数来源于 https：//www3. wipo. int/ipstats/pmhindex. htm？tab = pct；对华知识产权调查案件数量来源于 http：//ids. usitc. gov。

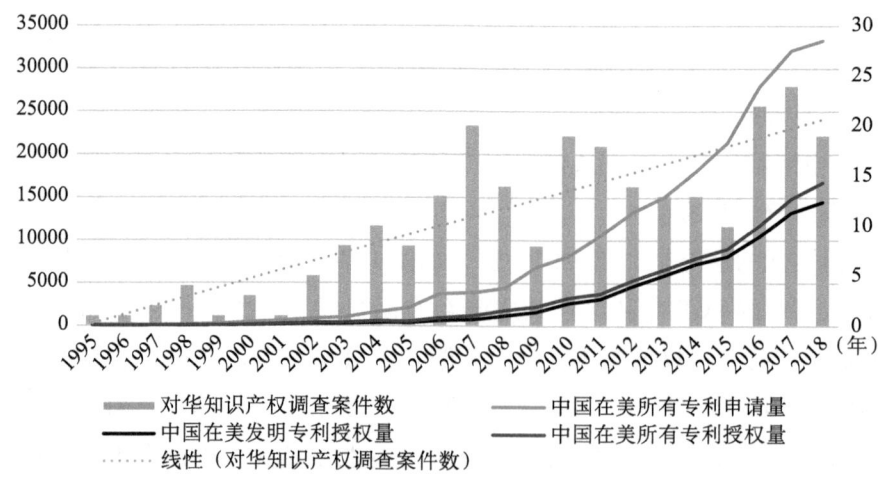

图 13 - 4　历年中国在美专利数与对华知识产权调查案件数

资料来源：历年中国在美专利申请及授权数来源于 https：//www. uspto. gov/patents - application - process/search - patents；对华案件数量来源于 http：//ids. usitc. gov。

（三）调查频度与美国贸易赤字增长率高度相关

我们将美国贸易赤字增长率、全球知识产权调查数量和对华知识产权调查案件数量放在图13-5中一起考察。可以发现，三者之间呈现出强烈的同步趋势，即美国贸易赤字增长率与USITC对外发起知识产权调查存在重要关联。在贸易赤字增长率显著下降的1999年，针对全球和对华知识产权调查数量都出现了下降；而在贸易赤字出现大幅增长的2010年，对全球和对华的知识产权调查案件都出现急剧增加。这种同步变化的趋势意味着知识产权调查很可能是美国为降低贸易赤字而采取的一种贸易救济手段。

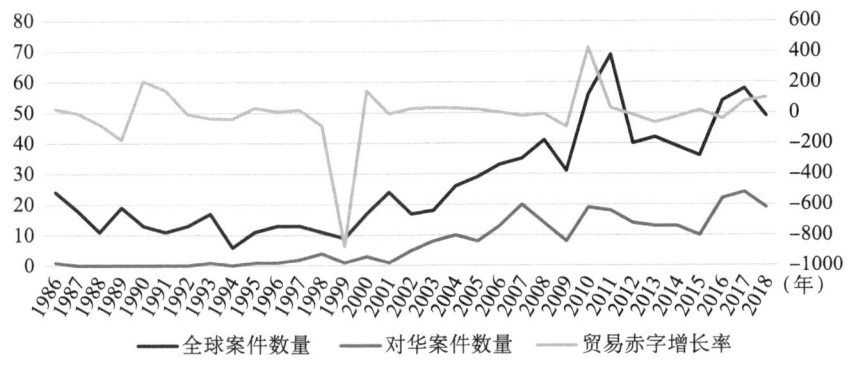

图13-5　历年美国贸易赤字增长率与知识产权案件数

资料来源：美国贸易赤字增长率来源于世界银行WDI数据库；知识产权调查案件数据来源于http：//ids.usitc.gov。

（四）只有少数案件发现侵权成立

如果被诉企业真的侵权，知识产权调查无可厚非。但余乐芬（2011）发现，1972—2010年，所有知识产权调查已经结案的案件中，约有75%的处理结果是和解、没有发现侵权、原告撤诉和同意令，仅有25%的案件发现侵权成立。如表13-3所示，1972—2017年，从世界范围来看，发现侵权的比例只有11.93%；发现中国企业侵权的概率为14.16%；发现日本企业侵权比例只有8.89%。在所有调查已经结案的案件中，仅有不到12%的案件确实发现侵权，其他88%的处理结果是和解、没有发现侵权、原告撤诉和同意令。这意味着很多诉讼企业付出高昂的诉讼费用却最终没有胜诉，但这并没有阻挡更多企业启动知识产权调查的热情。

表13-3　　世界及主要国家应诉知识产权调查情况（1972—2017年）

应诉情况	世界（起）	世界比重（%）	中国（起）	中国比重（%）	日本（起）	日本比重（%）
撤诉	175	13.74	57	16.15	36	13.33
和解	511	40.11	99	28.05	129	47.78
未发现侵权	187	14.68	32	9.07	51	18.89
未应诉	55	4.32	44	12.46	4	1.48
同意令	194	15.23	71	20.11	26	9.63
发现侵权	152	11.93	50	14.16	24	8.89

资料来源：根据USITC"不公平进口调查信息系统库"整理而得。

通过以上分析，我们发现一国加强知识产权保护、在国际或美国申请更多专利并不能有效降低其遭受知识产权调查的次数，且美国贸易赤字增长率与知识产权调查频次之间存在紧密关联，同时大部分案件最终未能发现被告侵权。这些都说明披着"公平贸易"外衣的知识产权调查已经成为美国贸易保护主义政策的重要组成部分，成为事实上的贸易壁垒。

二、美国知识产权调查的主要特点

由于规则的不透明，诉讼双方的信息不对称，知识产权调查受到来自美国以外的其他贸易伙伴的诸多指责[①]。尽管如此，通过USITC频繁发起

---

① 1983年，加拿大政府向关税与贸易总协定（GATT）提出成立专家小组认定美国知识产权调查是否违反GATT相关规定；1989年，欧共体就337条款与GATT规定冲突为由申请专家小组审理；2000年，欧盟、加拿大和日本要求美国在WTO框架下就337条款进行磋商；2005年以来，我国商务部在每年发布的《国别贸易投资环境报告》中均指出美国知识产权调查的不合理性，并实际上造成了贸易阻碍。

知识产权调查已成为美国最为重要的贸易救济手段，其目的在于借知识产权保护之名，打击国外竞争者，维护美国企业在全球市场的竞争优势。归纳起来，美国知识产权调查呈现出以下特点：

（一）涉案产业及涉案来源地较为集中，案件数量超过传统反倾销措施

涉案产业比较集中。根据世界海关组织 HS 分类编码体系，从涉案的产业覆盖度来看，除第 3 类动植物油和脂和第 21 类艺术品及古玩外，其他大类都有涉及，只是程度不同而已，产业覆盖度高达 90.9%。但从涉案产业集中度来看，机电产品无疑是重灾区。知识产权调查针对机电产品比例高达 63.7%，其次是杂项制品，涉案占比 9.74%。另外，化工产品、光学、钟表和医疗设备、塑料和橡胶制品相对涉案较多。

涉案来源地相对集中。被调查较多的经济体有：日本、中国台湾地区、中国香港特别行政区、中国内地、德国等。其中，中国内地有 19 年位居第一，中国台湾地区有 18 年位居第一，日本有 13 年排在第一，中国香港特别行政区和德国分别有 1 年位居第一。日本位居调查榜首的时间主要是在 20 世纪 70 年代至 80 年代中期，中国台湾地区则是 20 世纪 80 年代末期至 20 世纪末，而中国内地位居榜首的时间则是加入世界贸易组织以后。但近年来，美国知识产权调查涉案的国家和地区有不断增加的趋势，其打击范围不断在扩展。

另外一个明显的事实是：近年来，知识产权调查甚至有超过反倾销案件之势。数据显示，2000—2023 年，美国对外发起知识产权调查的案件已达 1007 起[1]，而同期美国共对外发起反倾销诉讼案件 743 起[2]，远落后于知识产权调查的数量，这反映出知识产权调查在美国贸易救济措施中的地位不断在上升。

---

[1] 数据来源：http://ids.usitc.gov。
[2] 数据来源：https://www.wto.org/english/tratop_e/adp_e/adp_e.htm。

（二）信息不对称带来出口声誉受损和敲竹杠问题

在知识产权调查中，诉讼双方及利益相关者间存在明显的信息不对称。原告的信息最为充分，且熟悉知识产权调查程序，具有信息优势。作为被告，对于自己的技术信息了解，但可能不熟悉诉讼流程，相较原告而言有一定的信息劣势。而进口商作为利益相关者，在信息的获取中处于最为劣势的地位，他们并不清楚被告是否真的侵犯了知识产权？一旦出口商被起诉，信息不对称必然导致出口企业的声誉受到损害，对于处于信息劣势的进口商而言，在判决结果没有下来之前，一般是不敢贸然进口的。

事实上，许多诉讼企业申请启动知识产权调查并不是以维权作为自己真正的目的。这些企业利用规则的不透明、诉讼双方的信息不对称以及法官的自由裁量权将对手拉入诉讼泥潭，并用这种手段影响对手的生产经营。由于知识产权调查时间长、费用高及举证烦琐等特性，面临诉讼的企业大都会选择私下和解、支付赔偿方式进行应对。显然这部分诉讼企业打官司是假，而通过申请启动知识产权调查将对手拉入诉讼的泥潭中，达到贸易遏制效应以及被诉方被动和解的"敲竹杠"效应才是这些企业的真正目的。

（三）救济效果远超传统贸易保护措施

知识产权调查只需证明进口产品的侵权事实和美国存在或在建相关产业即可。一旦被诉企业被判定侵权，其救济措施包括：普遍排除令、有限排除令、停止令和没收令。普遍排除令是指海关针对侵权产品，不管来源地，只要所有人、进口商或销售商无法证明其产品没有侵权，就排除在美国海关之外。而有限排除令是指专门针对被裁定侵权的被诉方发出的，禁止申请书中被列名的外国侵权企业的侵权产品进入美国市场。停止令指被诉方立即停止被指控的侵权行为，被诉方产品不得向美国出口，也不得在美国对涉案产品进行营销、分销、库存、宣传、广告等行为。没收令指如果 USITC 曾就某一产品发布过排除令,有关企业试图再次将其出口到美国市场,则 USITC 可发布没收令。不论是哪一种措施,都意味着涉案企业的相关产品将被美国市场排除,几乎没有再进入的可能。而其他诸如反倾销救济,在缴纳一定数额的反倾销税后,还有可能进入美国市场。

(四) 其判决结果在相当程度上受到利益集团左右

根据贸易政治经济学理论,贸易政策是内生的,贸易政策是不同经济个体、决策者等各种利益集团在既定偏好和社会制度下作用的均衡解。各行业基于共同利益可能会组成利益集团,动用政治捐献影响政府决策,使贸易政策对本行业有利。周德君和代中强(2018)发现,各国当年申请的 PCT 专利、美国授权的专利数、汇率以及美国民主党执政对美国知识产权侵权率有显著影响。美元贬值、民主党执政将减少美国知识产权案件判定的侵权率。一国在美国申请的专利越多,将提升在知识产权调查中被认定侵权的概率。这一实证结果表明,知识产权调查的判决结果受到利益集团左右,并帮助美国政府实现对国内产业保护的目的。

(五) 报复措施相对有限

这里的报复措施包含两个方面:其一,各国是否有类似手段报复美国发起的知识产权调查。例如,针对传统的反倾销而言,各国都有反倾销立法,一旦美国频繁发动反倾销调查,他国也可以拿起反倾销武器,利用"贸易人质"效应来阻止或威慑对方,从而达到一种双方克制的态势。但就知识产权调查而言,各国可采用的报复手段则乏善可陈。对中国而言,在知识产权救济上还是"初学者"[①],更是缺乏针对美国知识产权调查的反

---

① 一方面,滥用知识产权调查而导致的知识产权壁垒频繁爆发的时期是在 2002 年以后,对于我国企业和政府而言都还比较陌生。另一方面,我国在知识产权保护方面的经验还很不充足。新中国成立后直到 1983 年实施《商标法》,1985 年《专利法》才开始实施,而《版权法》1991 年才开始实施。

制手段。

其二，外国企业能否利用 USITC 实现"以彼之道还施彼身"？美国规定，在知识产权调查中，无论美国企业（自然人）还是非美国企业（自然人），只要其认为进口产品侵犯了其在美国登记或注册的专利权、商标权、版权或集成电路布图设计权，并能够证明美国国内已经存在或正在形成相应的国内产业，都可以依法向 USITC 提起知识产权调查申请①。表 13 – 4 的统计显示，从全球来看，利用 USITC 规则发起知识产权调查的非美国企业并不算多见，其中利用最多的是日本企业。这一期间，日本发起知识产权诉讼 36 起，遭遇 98 起调查，其起诉应诉案件比为 0.37，居全球之首。而中国内地起诉数量仅有 5 起，但被诉案件达到 185 起，起诉应诉比为 0.03。且来自中国内地的 5 个案例中，其中 3 个案例的发起人均为在中国的外商独资企业，仅有 2 起案件为内资企业——九号机器人公司发起②。这是到目前为止，第一家利用 USITC 规则对外发起知识产权调查的中国内资企业。因此，从全球范围来看，虽然这些公司利用美国的规则可以起到一定的威慑作用，但由于熟悉当地法律规制需要大量成本和时间，这对非美国企业而言还是一件非常困难的事情。

表 13 – 4　　　　　　　2009—2019 年原告来源地分布（除美国外）

来源地	日本	韩国	中国台湾地区	德国	英国	加拿大	中国内地
起诉数量	36	23	14	13	6	7	5
被诉数量	98	69	90	37	28	55	185
起诉应诉比	0.37	0.33	0.16	0.35	0.21	0.13	0.03

资料来源：根据 USITC"不公平进口调查信息系统库"整理而得。

---

① http://gpj.mofcom.gov.cn/article/cx/cp/ea/200808/20080805741430.shtml.
② 这两起案件的编号为 337 – TA – 1016 和 337 – TA – 1021。其原告均为来自中国天津的内资企业——九号机器人公司，起诉包括美国公司在内的被告侵犯其"个人代步工具及其零部件"的专利。

三、知识产权调查产生的主要影响

（一）贸易抑制效应

与传统的贸易限制措施相比，知识产权调查具有申诉门槛低、调查程序便捷、救济措施严厉等特点，因而与传统贸易限制措施相比威力更大。在知识产权调查期间，由于诉讼信息不对称，被调查商品的进口商无法确定其是否侵权，理性的选择就是减少该商品进口。而一旦 USITC 认为国外产品侵权成立，则相关产品将永久性地被排除在美国市场之外。考虑到申诉效应和救济效应对美国贸易伙伴出口的影响存在异质性，代中强和蔡华津（2019）利用反事实模拟分析发现，不管是发起知识产权调查（申诉效应），还是最终原告胜诉（救济效应），都对贸易伙伴对美出口产生严重的负面影响，且救济效应导致的贸易抑制作用更大。研究还发现，不管是申诉效应还是救济效应，对中国的出口贸易影响更明显。

（二）贸易偏转效应

Bown 和 Crowley（2007）首次提出贸易偏转效应。他们认为，美国对日本企业发起反倾销调查后，对美国出口减少的压力会诱使日本企业加大对欧盟的出口，这种贸易偏转可能会增加欧盟对日本进行反倾销调查的概率。而一旦 USITC 对相关企业发起调查后，退出美国市场的威胁迫使被诉企业寻找其他替代市场，特别是与美国收入相近的发达国家市场，这就导致了贸易偏转。进一步地，贸易偏转可能还伴随着出口产品的更低价格，继而引发替代市场采取相关措施（例如反倾销）来限制这些产品的进口，以降低知识产权调查的贸易偏转效应。

（三）研究开发效应

知识产权调查主要指向被诉企业的知识产权问题，其带来的申诉效应和救济效应对被诉出口企业影响巨大。一旦知识产权侵权成立，企业对美国出口将遭遇毁灭性打击。因此，无论是未曾被起诉的企业，还是已经被起诉过的企业，只要还想进入美国市场，知识产权调查就有可能成为悬在这些企业头上的"达摩克利斯之剑"。为降低知识产权调查带来的威胁，出口企业可能会进一步加大研发支出，创造出更多与竞争对手差异化的技术，这是一种倒逼机制。这意味着美国知识产权壁垒的威胁有可能导致对美国出口依赖性强的企业进一步加快技术开发的步伐。例如，华为公司在遭遇美国知识产权调查后，不断加强研究开发人员和经费投入，在不太长的时间内华为公司的国内专利申请量、美国专利申请量和国际专利申请量在全球都位居前列。当然，也不排除一部分被诉企业由于无法通过出口销售及时回收前期研发投入成本，只能不断缩减研究开发经费，彻底退出美国市场。

（四）全球价值链效应

全球价值链（GVC）上游度反映了企业出口到最终使用端的距离，这里企业作为中间投入的供给者。首先，知识产权保护通过分工效应促进了企业出口GVC上游度的提升。在全球价值链分工体系下，本国加强知识产权保护限制了同类企业或者下游企业对贸易产品的模仿，对于企业出口的产品提供了保护。GVC下游度反映了企业出口到初始投入端的距离，这里企业作为上游中间投入的需求者。知识产权保护可能会对其产生技术锁定效应，使得企业只能从事更下游的生产活动，GVC下游度上升。

由于在技术上拥有优势，美国相当一部分企业处在全球价值链的顶端，拥有控制全球价值链的能力。美国凭借自己的知识产权优势，频频对外设置知识产权壁垒，这可以帮助美国企业或行业巩固和强化自己在价值链中的地位。一旦其他国家行业或企业的全球价值链攀升，可能会影响到美国行业或企业对全球价值链的控制能力时，知识产权调查可以成功地阻碍其他国家行业或企业的价值链攀升进程，那么这些被诉行业或企业可能将长期被锁定在全球价值链的低端地位。

（五）产业关联效应

从局部均衡的视角来看，知识产权调查影响的是被诉企业对美国出口数量，并对该企业的利润等各项经济指标产生影响。但从一般均衡的观点看，知识产权调查还会对被诉企业的上下游产业产生重要影响。首先，对被诉企业的国内上游供应商造成负面影响，如果该供应商对被诉企业的市场依赖很深，那受到的影响更大。其次，在一个全球分工的时代，被诉企业既可能是中间产品的进口需求者，也可能是中间产品的出口供给者。从中间产品出口供给者的视角来看，知识产权调查将使美国国内下游厂商无法正常进口来自被诉厂商的商品；如果最终裁决结果是普遍排除令，将会导致美国下游进口厂商无法找到合适的中间产品出口厂商。从中间产品进口需求者的角度来看，如果被诉企业需要从美国进口中间产品，则知识产权调查将导致美国中间产品出口受到影响；假设被诉企业是美国中间产品出口厂商的主要客户，知识产权调查将对该中间产品厂商产生严重的影响。

四、可行的应对措施

由于缺乏类似反倾销这样的报复机制，知识产权壁垒不存在"贸易人质"效应，企业也无法通过在美国申请专利或提高自身知识产权保护水平来降低其遭遇知识产权调查的次数。因此，针对愈演愈烈的知识产权调查引致的贸易壁垒，根据前文的逻辑分析，本章从政府顶层机制、行业保障机制和企业预警机制三维视角提出如下应对措施。

在政府顶层机制设计方面，可以遵循如下思路。

第一，积极寻求其他贸易伙伴支持，组成统一战线。实际上，美国的主要贸易伙伴，不论其经济发展状况如何，无一例外均深受美国知识产权调查困扰。因此，这些贸易伙伴可以联合起来，积极寻求在多边贸易框架下对美国实施知识产权调查的合理性和公平性进行调查，迫使美国在知识产权调查上不能任性而为。

第二，积极推行出口市场多元化，降低对美国市场的依赖，减少对美国的贸易顺差。美国贸易赤字的存在是其频繁发起知识产权调查的一个重要原因，那么对美国贸易顺差越大，该国家企业被诉的风险也就越大。对于中国而言，由于长期保持对美国的巨大贸易顺差，很容易成为美方知识产权诉讼的焦点。从长期来看，减少对美国贸易顺差和对美国市场的依赖仍然是中国应对美国知识产权调查的一个重要手段。

第三，反对美国在知识产权评价方面的单边主义。利用各种机会展现中国在知识产权保护方面的进步和表现，争取得到其他国家和地区的认可与支持。与其他国家和地区一起，质疑美国单边色彩浓厚的"特别301报告"，倡导使用中立的世界经济论坛公布的知识产权保护水平数据。

在行会保障机制方面，可以从下面两个方面着手。

第一，积极利用反垄断手段，针对美国知识产权优势商品在中国国内的垄断发起诉讼，利用反垄断削弱美国在知识产权方面的优势。知识产权保护是一把"双刃剑"，无限制地保护必然会产生垄断，拥有知识产权优势的美国厂商可能在强知识产权保护的背景下，利用其技术垄断地位支配市场，通过滥用或谋取滥用市场力量，限制中国本土企业进入市场并破坏自由竞争的环境，对发展中国家和地区的国际贸易及其经济发展造成或可能造成不利影响。因此，行业协会可以借助《反垄断法》，寻求政府强化在中国经营的美国厂商的知识产权垄断监管，以有效提高未来企业在美国遭遇知识产权调查时的贸易报复能力。

第二，鼓励企业敢于"以彼之道还施彼身"，提高见招拆招和贸易报复能力。美国的知识产权调查手段短期之内不仅不可能消失，甚至会进一步强化。在中国企业技术力量不断提升的大背景下，能够将产品打入美国市场的中国企业也有相当部分具有较强的自主创新能力。行业协会可以鼓励这些企业利用美国知识产权诉讼规则，主动对美国本土或其他竞争企业发起知识产权诉讼。这样做，一方面可以提升国家和企业强化知识产权保护的形象；另一方面可以在一定程度上对其他有意针对中国企业发起知识产权诉讼的企业形成有效威慑。

在微观层面，可以从以下两个方面着手建立企业预警机制。

第一，认真研究竞争对手在美国的专利布局，防止美国企业利用知识产权调查进行"策略性警示行为"。一般的预期是，贸易伙伴在美国申请和授权的专利越多，给美国发出企业自身在强化知识产权保护的信号。但实际的情况是，这种大量申请和授权专利的行为对美国本土企业的市场造成潜在和实际的威胁。在应诉方处于信息劣势且不擅长应对知识产权诉讼的情况下，发起知识产权调查的"策略性警示行为"将普遍存在。这不是说企业应当减少在美国申请专利，而是提醒相关企业在美国申请专利时，应当对竞争企业在美国本土的专利布局要有相当的了解，同时尽可能熟悉知识产权诉讼规则，从而降低原告诉讼成功的概率，提高其诉讼成本，以达到降低自身遭遇知识产权调查频次和概率的目的。

第二，熟悉美方知识产权调查程序和规则，打有准备之战。中国企业在开拓美国市场的过程中，应当根据企业的技术现状，在了解国外竞争对手知识产权状况的基础上建立符合自身特点的预警机制，推演可能发生的知识产权诉讼，整体提高起诉方的诉讼预期成本，降低自身遭遇知识产权调查的概率。

参考文献

［1］Ablondi I. H. , Vent H. H. Section 337 Import Investigations – Unfair Import Practices［J］. Loyola of Los Angeles International and Comparative Law Review, 1981, 4（1）: 27 – 42.

［2］Aggarwal A. Trade Effects of Anti – dumping: Who benefits?［J］. The International Trade Journal, 2010, 25（1）: 112 – 158.

［3］Alessandria G. , Kaboski J. P. Pricing – to – Market and the Failure of Absolute PPP［J］. American Economic Journal: Macroeconomics, 2011, 3（1）: 91 – 127.

［4］Allison R. G. Section 337 Proceedings before the International Trade Commission: Antiquated Legislative Compromise or Model Forum for Patent Dispute Resolution［J］. Journal of Law & Business, 2009, 6（1）: 873 – 915.

［5］Amit K. The Long and Short（of）Quality Ladders［J］. Review of Economic Studies, 2010（4）: 1450 – 1476.

［6］Amiti M. , Khandelwal A. K. Import Competition and Quality Upgrading［J］. Review of Economics and Statistics, 2013, 95（2）: 476 – 490.

［7］Backer K. D. , Miroudot S. Mapping Global Value Chains［R］. OECD Trade Policy Papers, 2013.

［8］Baker A. C. , Larcker D. F. , Wang C. . How Much Should We Trust Staggered Difference – in – Differences Estimates［J］. Journal of Financial Economics, 2022, 144（2）: 370 – 395.

［9］Bastos P. , Silva J. The Quality of a Firm's Exports: Where You Export to Matters［J］. Journal of International Economics, 2010, 82（2）: 99 – 111.

［10］Berman N. , Héricourt J. Financial Factors and the Margins of Trade:

Evidence from Cross – country Firm – level Data [J]. Journal of Development Economics, 2010, 93 (2): 206 – 217.

[11] Bernard A. B., Redding S. J., Schott P. K. Multiple – Product Firms and Product Switching [J]. American Economic Review, 2010, 100 (1): 70 – 97.

[12] Berthou A., Fontagné L. How do Multiproduct Exporters React to a Change in Trade Costs? [J]. The Scandinavian Journal of Economics, 2013, 115 (2): 326 – 353.

[13] Bertrand M., Mullainathan S. Is there Discretion in Wage Setting? A Test Using Takeover Legislation [J]. Rand Journal of Economics, 1999, 30 (3): 535 – 554.

[14] Besedeš T., Prusa T. J. Product Differentiation and Duration of Us Import Trade [J]. Journal of International Economics, 2006, 70 (2): 339 – 358.

[15] Besedeš T., Prusa T. J. Ins, Outs, and the Duration of Trade [J]. Canadian Journal of Economics, 2006, 39 (1): 266 – 295.

[16] Besedeš T., Prusa T. J. The Role of Extensive and Intensive Margins and Export Growth [J]. Journal of Development Economics, 2011, 96 (2): 371 – 379.

[17] Blonigen B. A., Park J. H. Dynamic Pricing in the Presence of Antidumping Policy: Theory and Evidence [J]. American Economic Review, 2004, 94 (1): 134 – 154.

[18] Blonigen B. A., Bown C. P. Antidumping and Retaliation Threats [J]. Journal of International Economics, 2003, 60 (2): 249 – 273.

[19] Bojnec Š., Fertö I. Does EU Enlargement Increase Agro – Food Export Duration? [J]. The World Economy, 2012, 35 (5): 609 – 631.

[20] Bown C. P., Crowley M. A. Trade Deflection and Trade Depression [J]. Journal of International Economics, 2007, 72 (1): 176 – 201.

[21] Boyer T., Blazy R. Born to Be Alive? The Survival of Innovative and

Non – innovative French Micro – start – ups [J]. Small Business Economics, 2014, 42 (4): 669 – 683.

[22] Brandt L., Biesebroeck J. V., Zhang Y. Creative Accounting or Creative Destruction? Firm – level Productivity Growth in Chinese Manufacturing [J]. Journal of Development Economics, 2012, 97 (2): 339 – 351.

[23] Brandt L., Morrow P. M. Tariffs and the Organization of Trade in China [J]. Journal of International Economics, 2016, 104 (1): 85 – 103.

[24] Bustos P. Trade Liberalization, Exports, and Technology Upgrading: Evidence on the Impact of MERCOSUR on Argentinian Firms [J]. American Economic Review, 2011, 101 (1): 304 – 340.

[25] Callaway B., Sant'Anna P. H. C. Difference – in – Differences with Multiple Time Periods [J]. Journal of Econometrics, 2021, 225 (2): 200 – 230.

[26] Cheung Y. B. Zero – inflated Models for Regression Analysis of Count Data: A Study of Growth and Development [J]. Statistics in Medicine, 2002, 21 (10): 1461 – 1469.

[27] Chin J. C., Grossman G. M. Intellectual Property Rights and North – South Trade [R]. NBER Working Paper, 1988.

[28] Costinot A., Vogel J., Wang S. An Elementary Theory of Global Supply Chains [J]. Review of Economic Studies, 2013, 80 (1): 109 – 144.

[29] Elisabeth C. R., Verico K. The Effects of Indonesia's Technical Barriers to Trade on Manufacturing Exports: An Empirical Analysis Using the Pseudo – Poisson Maximum Likelihood Method [J]. Journal of International Trade Law and Policy, 2022, 21 (2): 160 – 181.

[30] Esteve – Pérez S., Requena – Silvente F., Pallardó – Lopez V. J. The Duration of Firm – Destination Export Relationships: Evidence from SPAIN, 1997 – 2006 [J]. Economic Inquiry, 2013, 51 (1): 159 – 180.

[31] Feenstra R. C., Ma H. Optimal Choice of Product Scope for Multi-product Firms Under Monopolistic Competition [R]. NBER Working Paper,

2007, No. 13703.

[32] Feenstra R. C., Romalis J. International Prices and Endogenous Quality [J]. The Quarterly Journal of Economics, 2014, 129 (2): 477-527.

[33] Fu D., Wu Y. Export Survival Pattern and Its Determinants: An Empirical Study of Chinese Manufacturing Firms [J]. Asian-Pacific Economic Literature, 2014, 38 (1): 161-177.

[34] Gereffi G. International Trade and Industrial Upgrading in the Apparel Commodity Chain [J]. Journal of International Economics, 1999, 48 (1): 37-70.

[35] Ginarte J. C., Park W. G. Determinants of Patent Rights: A Cross-national Study [J]. Research Policy, 1997, 26 (3): 283-301.

[36] Glass A., Wu X. Intellectual Property Rights and Quality Improvement [J]. Journal of Development Economics, 2007, 82 (2): 393-415.

[37] Goodman-Bacon A. Difference-in-Differences with Variation in Treatment Timing [J]. Journal of Econometrics, 2021, 225 (2): 254-277.

[38] Gurmu S., Trivedi P. K. Excess Zeros in Count Models for Recreational Trips [J]. Journal of Business and Economic Statistics, 1996, 14 (4): 469-477.

[39] Hadlock C. J., Pierce J. R. New Evidence on Measuring Financial Constraints: Moving Beyond the KZ Index [J]. Review of Financial Studies, 2010, 23 (5): 1909-1940.

[40] Hagemejer J., Kolasa M. Internationalisation and Economic Performance of Enterprises: Evidence from Polish Firm-Level Data [J]. The World Economy, 2011, 34 (1): 74-100.

[41] Hahn R. W., Singer H. J. Assessing Bias in Patent Infringement Cases: A Review of International Trade Commission Decisions [J]. Harvard Journal of Law & Technology, 2008, 21 (2): 457-508.

[42] Hallak J. C. Product Quality and the Direction of Trade [J]. Journal of International Economics, 2006, 68 (1): 238-265.

[43] Hallak J. C., Schott P. K. Estimating Cross - Country Differences in Product Quality [J]. The Quarterly Journal of Economics, 2008, 126 (1): 417 -474.

[44] Hallak J. C., Sivadasan J. Product and Process Productivity: Implications for Quality Choice and Conditional Exporter Premia [J]. Journal of International Economics, 2013, 91 (1): 53 -67.

[45] Hamilton - Hart N., Stringer C. Upgrading and Exploitation in the Fishing Industry: Contributions of Value Chain Analysis [J]. Marine Policy, 2016, 63 (1): 166 -171.

[46] Hassink R. Regional Resilience: A Promising Concept to Explain Differences in Regional Economic Adaptability? [J]. Cambridge Journal of Regions, Economy and Society, 2010, 3 (1): 45 -58.

[47] Heckendorn J. H., Schaaf L. B. V. Gray Market Trademark Infringement Actions at the U. S. International Trade Commission: The Benefits of the Forum and Analysis of Relevant Cases [J]. The John Marshall Review of Intellectual Property Law, 2009, 8 (2): 271 -289.

[48] Herzer D., Felicitas N. D. What does Export Diversification Do for Arowth? An Econometric Analysis [J]. Applied Economics, 2006, 38 (15): 1825 -1838.

[49] Hess W., Persson M. The Duration of Trade Revisited: Continuous - Time vs. Discrete - Time Hazards [J]. IFN Working Paper, 2010, No. 829.

[50] Hess W., Persson M. Exploring the Duration of EU Imports [J]. Review of World Economics, 2011, 147 (4): 665 -692.

[51] Hilbe J. M. Modeling Count Data [M]. Cambridge: Cambridge University Press, 2015.

[52] Hnath G. M. Section 337 Investigations at the US International Trade Commission Provide a Powerful Remedy Against Misappropriation of Trade Secrets [J]. Intellectual Property & Technology Law Journal, 2010, 22 (6): 1 -7.

[53] Hoekman B. M., Leidy M. P. Cascading Contingent Protection [J].

European Economic Review, 1992, 36 (4): 883 - 892.

[54] Holling C. S. Resilience and Stability of Ecological Systems [J]. Annual Review of Ecology and Systematics, 1973, 4: 1 - 23.

[55] Hummels D., Ishii J., Yi K. The Nature and Growth of Vertical Specialization in World Trade [J]. Journal of International Economics, 2001, 54 (1): 75 - 96.

[56] Ingo B., Aaditya M. The Crisis - Resilience of Services Trade [R]. World Bank Working Paper, 2009, No. 51625.

[57] Ivus O. Do Stronger Patent Rights Raise High - Tech Exports to the Developing World? [J]. Journal of International Economics, 2010, 81 (1): 38 - 47.

[58] Kaplan S. N., Zingales L. Do Investment - Cash Flow Sensitivities Provide Useful Measures of Financing Constraints? [J]. The Quarterly Journal of Economics, 1997, 112 (1): 169 - 215.

[59] Kee H., Tang H. Domestic Value Added in Exports: Theory and Firm Evidence from China? [J]. American Economic Review, 2016, 106 (6): 1402 - 1436.

[60] Kiedaisch C. Intellectual Property Rights in A Quality - Ladder Model with Persistent Leadership [J]. European Ecnomic Review, 2015, 80 (8): 194 - 213.

[61] Koopman R., Powers W., Wang Z., et al. Give Credit Where Credit is Due: Tracing Value Added in Global Production Chains [R]. NBER Working Paper, 2010, No. 16426.

[62] Koopman R., Wang Z., Wei S. J. How Much of Chinese Exports is Really Made in China? Assessing Domestic Value - Added When Processing Trade is Pervasive [R]. NBER Working Paper, 2008, No. 14109.

[63] Koopman R., Wang Z., Wei S. J. Estimating Domestic Content in Exports when Processing Trade is Pervasive [J]. Journal of Development Economics, 2012, 99 (1): 178 - 189.

[64] Koppikar V. Evaluating the International Trade Commission's Section 337 Investigation [J]. Journal of the Patent and Trademark Office Society, 2004, 86 (2): 432 –440.

[65] Krupp C. M., Pollard P. S. Market Responses to Antidumping Laws: Some Evidence from the U. S. Chemical Industry [J]. Canadian Journal of Economics, 1996, 29 (1): 199 –227.

[66] Krupp C. M., Skeath S. Evidence on the Upstream and Downstream Impacts of Antidumping Cases [J]. The North American Journal of Economics and Finance, 2002, 13 (2): 163 –178.

[67] Lacovone L., Javorick B. S. Multi – Product Exporters: Product Churning, Uncertainty and Export Discoveries [J]. The Economic Journal, 2010, 120 (544): 481 –499.

[68] Lambert D. Zero – Inflated Poisson Regression: With an Application to Defects in Manufacturing [J]. Technometrics, 1992, 34 (1): 1 –14.

[69] Lane W. R., Looney S. W., Wansley J. W. An Application of the Cox Proportional Hazards Model to Bank Failure [J]. Journal of Banking & Finance, 1986, 10 (4): 511 –531.

[70] Lu Y., Tao Z., Zhang Y. How do Exporters Respond to Antidumping Investigations? [J]. Journal of International Economics, 2013, 91 (2): 290 –300.

[71] Lu Y., Tao Z., Zhang Y. How do Exporters Adjust Export Product Scope and Product Mix to React to Antidumping? [J]. China Economic Review, 2018, 51: 20 –41.

[72] Manova K. Credit Constraints, Heterogeneous Firms, and International Trade [J]. The Review of Economic Studies, 2013, 80 (2): 711 –744.

[73] Manova K., Zhang Z. Export Prices Across Firms and Destinations [J]. The Quarterly Journal of Economics, 2012, 127 (1): 379 –436.

[74] Marcel V. D. B., Jaarsma M. What Drives Heterogeneity in the Resilience of Trade: Firm – Specific versus Regional Characteristics [J]. Pa-

pers in Regional Science, 2017, 96 (1): 13 - 33.

[75] Markman G. M., Venzin M. Resilience: Lessons from Banks that have Braved the Economic Crisis—And from Those that have Not [J]. International Business Review, 2014, 23 (6): 1096 - 1107.

[76] Martin R., Sunley P. On the Notion of Regional Economic Resilience: Conceptualization and Explanation [J]. Journal of Economic Geography, 2015, 15 (1): 1 - 42.

[77] Maskus K. E., Dougherty S., Mertha A. Intellectual Property Rights and Economic Development in China [M]. New York: World Bank & Oxford University Press, 2005.

[78] Mayer T., Melitz M. J., Ottaviano G. I. P. Market Size, Competition, and the Product Mix of Exporters [J]. The American Economic Review, 2014, 104 (2): 495 - 536..

[79] Melitz M. J. The Impact of Trade on Intra - Industry Reallocations and Aggregate Industry Productivity [J]. Econometrica, 2003, 71 (6): 1695 - 1725.

[80] Melitz M. J., Ottaviano G. I. P. Market Size, Trade, and Productivity [J]. Review of Economic Studies, 2008, 75 (1): 295 - 316.

[81] Naghavi A., Spies J., Toubal F. Intellectual Property Rights, Product Complexity and the Organization of Multinational Firms [J]. Canadian Journal of Economics, 2015, 48 (3): 881 - 902.

[82] Nocke V., Yeaple S. Globalization and Multiproduct Firms [J]. International Economic Review, 2014, 55 (4): 993 - 1018.

[83] Ozawa T. International Investment and Industrial Structure: New Theoretical Implications from the Japanese Experience [J]. Oxford Economic Papers, 1979, 31 (1): 72 - 92.

[84] Pagnattaro M. A., Park S. K. The Long Arm of Section 337: International Trade Law as a Global Business Remedy [J]. American Business Law Journal, 2015, 52 (4): 621 - 671.

[85] Pierce J. R. Plant-Level Responses to Antidumping Duties: Evidence from U. S. Manufacturers [J]. Journal of International Economics, 2011, 85 (2): 222-233.

[86] Pike A., Dawley S., Tomaney J. Resilience, Adaptation and Adaptability [J]. Cambridge Journal of Regions, Economy and Society, 2010, 3 (1): 59-70.

[87] Piveteau P., Smagghue G. Estimating Firm Product Quality Using Trade Data [J]. Journal of International Economics, 2019, 118 (3): 217-232.

[88] Ponte S., Sturgeon T. Explaining Governance in Global Value Chains: A Modular Theory-Building Effort [J]. Review of International Political Economy, 2014, 21 (1): 195-223.

[89] Prusa T. The Trade Effects of U. S. Antidumping Actions [R]. NBER Working Paper, 1996, No, 5440.

[90] Prusa T. J. On the Spread and Impact of Antidumping [J]. Canadian Journal of Economics, 2001, 34 (3): 591-611.

[91] Reggiani A., Graaff T. D., Nijkamp P. Resilience: An Evolutionary Approach to Spatial Economic Systems [J]. Networks & Spatial Economics, 2002, 2 (2): 211-229.

[92] Rogers W. J., Whitlock J. P. Is Section 337 Consistent with the GATT and the TRIPs Agreement? [J]. American University International Law Review, 2002, 17 (3): 459-525.

[93] Schott P. K. Across-Product versus Within-Product Specialization in International Trade [J]. The Quarterly Journal of Economics, 2004, 119 (2): 647-678.

[94] Sleuwaegen L., Belderbos R., Jie-A-Joen C. Cascading Contingent Protection and Vertical Market Structure [J]. International Journal of Industrial Organization, 1998, 16 (6): 697-718.

[95] Sturgeon T. J., Lee J. R. Industry Co-Evolution and the Rise of a

Shared Supply – Base for Electronics Manufacturing [R]. MIT Working Paper, 2001, No. IPC – 01 – 003.

[96] Tibor B. The Role of NAFTA and Returns to Scale in Export Duration [J]. Cesifo Economic Studies, 2013, 59 (2): 306 – 336.

[97] Tinbergen J. Shaping the World Economy: Suggestion for an International Economic Policy [M]. New York: The Twentieth Century Fund, 1962.

[98] Turner B. L., Kasperson R. E., Matson P. A., et al. A Framework for Vulnerability Analysis in Sustainability Science [J]. Proceedings of the National Academy of Sciences of the United States of America, 2003, 100 (14): 8074 – 8079.

[99] Upward R., Wang Z., Zheng J. Weighing China's Export Basket: The Domestic Content and Technology Intensity of Chinese Exports [J]. Journal of Comparative Economics, 2013, 41 (2): 527 – 543.

[100] Vernon R. International Investment and International Trade in the Product Cycle [J]. The Quarterly Journal of Economics, 1966, 80 (2): 190 – 207.

[101] Whited T. M., WU G. Financial Constraints Risk [J]. The Review of Financial Studies, 2006, 19 (2): 531 – 559.

[102] Wooldridge J. M. Introductory Econometrics: A Modern Approach, 2nd edition [J]. Nashville: South – Western College Publishing, 2003.

[103] 鲍晓华, 陈清萍. 反倾销如何影响了下游企业出口？——基于中国企业微观数据的实证研究 [J]. 经济学（季刊）, 2019, 18 (02): 749 – 770.

[104] 卞泽阳, 李志远, 徐铭遥. 开发区政策、供应链参与和企业融资约束 [J]. 经济研究, 2021, 56 (10): 88 – 104.

[105] 宾建成. 中国首次反倾销措施执行效果评估 [J]. 世界经济, 2003 (09): 38 – 43.

[106] 曹世华. 国际贸易中的知识产权壁垒及其战略应对 [J]. 财贸经济, 2006 (06): 59 – 61.

[107] 曾斯平. 美国知识产权调查引发的贸易壁垒及中国应对策略 [J]. 对外经贸实务, 2020 (11): 45-48.

[108] 陈瑾, 陈泽燕, 钱祎, 黄心仪. 中国省份创新能力提升了出口韧性吗?——基于中国 31 个省份的面板数据分析 [J]. 长安大学学报 (社会科学版), 2021, 23 (06): 25-37.

[109] 陈林. 中国工业企业数据库的使用问题再探 [J]. 经济评论, 2018 (06): 140-153.

[110] 陈美章. 专利保护与产业国际竞争的策略 [J]. 电子知识产权, 2011 (10): 87-91.

[111] 陈雯, 庄嘉霖, 曾荣. 美国对华反倾销与我国出口产品质量——以中间品进口为视角 [J]. 厦门大学学报 (哲学社会科学版), 2022, 72 (03): 32-45.

[112] 陈晓华. 产业出口复杂度演进的动因与效应研究 [D]. 杭州: 浙江大学, 2012.

[113] 陈勇兵, 李燕, 周世民. 中国企业出口持续时间及其决定因素 [J]. 经济研究, 2012, 47 (07): 48-61.

[114] 程凯, 杨逢珉. 贸易便利化与中国企业进口中间品质量升级 [J]. 经济评论, 2020 (05): 82-97.

[115] 戴觅, 余淼杰. 企业出口前研发投入、出口及生产率进步——来自中国制造业企业的证据 [J]. 经济学 (季刊), 2012, 11 (01): 211-230.

[116] 代中强. 知识产权调查引致的贸易壁垒: 一个统计分析 [J]. 集美大学学报 (哲学社会科学版), 2016, 19 (01): 30-40.

[117] 代中强. 美国知识产权调查引致的贸易壁垒: 特征事实、影响及中国应对 [J]. 国际经济评论, 2020 (03): 107-122.

[118] 代中强, 蔡华津. 美国知识产权调查的贸易抑制效应研究 [J]. 国际贸易问题, 2019 (08): 124-137.

[119] 代中强, 梁俊伟. 美国发起知识产权调查动因的实证研究——来自全球的经验证据 [J]. 国际贸易问题, 2020 (11): 143-158.

[120] 代中强, 阮冬芝. 美国知识产权调查对中国企业出口产品范围

的影响研究［J］. 国际贸易问题，2022（08）：37-52.

［121］代中强，肖苏皖. 知识产权调查对我国企业出口产品质量的影响研究［J］. 科研管理，2024（07）：110-117.

［122］段玉婉，刘丹阳，倪红福. 全球价值链视角下的关税有效保护率——兼评美国加征关税的影响［J］. 中国工业经济，2018（07）：62-79.

［123］冯伟业，卫平. 中美贸易知识产权摩擦研究——以"337调查"为例［J］. 中国经济问题，2017（02）：118-124.

［124］韩秀成，王淇. 知识产权：国际贸易的核心要素——中美经贸摩擦的启示［J］. 中国科学院院刊，2019，34（08）：893-902.

［125］何树全，张秀霞. 中国对美国农产品出口持续时间研究［J］. 统计研究，2011，28（02）：34-38.

［126］贺灿飞，陈韬. 外部需求冲击、相关多样化与出口韧性［J］. 中国工业经济，2019（07）：61-80.

［127］贺灿飞，夏昕鸣，黎明. 中国出口贸易韧性空间差异性研究［J］. 地理科学进展，2019，38（10）：1558-1570.

［128］侯文涤. 知识产权调查对我国出口企业生产率的影响［D］. 济南：山东财经大学，2017.

［129］胡贝贝，靳玉英. 限制性贸易壁垒对企业出口产品范围的影响效应研究［J］. 财贸经济，2020，41（09）：146-161.

［130］胡绪千，贺灿飞. 中国企业出口动态的空间差异性［J］. 地理研究，2019，38（09）：2129-2147.

［131］黄晓凤. 美国对华337调查的变化趋势研究［J］. 国际贸易问题，2011（03）：69-78.

［132］黄永明，潘安琪. 贸易壁垒如何影响中国制造业全球价值链分工——以美国对华反倾销为例的经验研究［J］. 国际经贸探索，2019，35（04）：4-26.

［133］姜鸿，张艺影. 美国对华337调查的原因与我方对策［J］. 经济管理，2007（01）：16-19.

[134] 姜帅帅,刘慧. 危机冲击下全球价值链嵌入对企业出口韧性的"双刃剑"效应 [J]. 国际商务(对外经济贸易大学学报),2021 (01): 1-17.

[135] 蒋灵多,陈勇兵. 出口企业的产品异质性与出口持续时间 [J]. 世界经济,2015,38 (07): 3-26.

[136] 江艇. 因果推断经验研究中的中介效应与调节效应 [J]. 中国工业经济,2022 (05): 100-120.

[137] 金泽虎,钱燕. 中美知识产权纠纷对我国技术密集型产品出口的影响研究——基于337调查的视角 [J]. 科技管理研究,2021,41 (01): 127-135.

[138] 李春顶,石晓军,费太安. 主动反倾销的生产率促进效应: 中国证据及其解释 [J]. 财贸经济,2013 (07): 68-78.

[139] 李丹,陈瑾,孙楚仁. 增值税改革与中国制造业企业出口持续时间 [J]. 国际贸易问题,2022 (06): 73-89.

[140] 李宏兵,谷均怡,赵春明. 进口中间品质量、成本加成与中国企业持续出口 [J]. 经济与管理研究,2021,42 (06): 26-42.

[141] 李坤望,蒋为,宋立刚. 中国出口产品品质变动之谜: 基于市场进入的微观解释 [J]. 中国社会科学,2014 (03): 80-103,206.

[142] 李坤望,王有鑫. FDI 促进了中国出口产品质量升级吗?——基于动态面板系统 GMM 方法的研究 [J]. 世界经济研究,2013 (05): 60-66,89.

[143] 李清,刘莹. 逆全球化背景下美国337调查新趋势及应对新策略 [J]. 对外经贸实务,2018 (02): 41-44.

[144] 李涛. "中国制造"的困境与出路——美国《贸易法》"337条款"知识产权壁垒的挑战 [J]. 电子知识产权,2004 (03): 20-23.

[145] 李晓春,董哲昱. 最低工资与买方垄断劳动市场的持续存在——江浙沪最低工资线的就业效果比较 [J]. 审计与经济研究,2017,32 (06): 90-101.

[146] 李振发,贺灿飞. 中国电子机械制造业出口产品贸易网络研

究——基于产品内分工与贸易视角［J］．人文地理，2020，35（04）：99－110．

［147］林常青．中国对美国出口贸易持续时间及影响因素的研究［J］．国际贸易问题，2014（01）：61－70．

［148］林秀梅，孙海波．中国制造业出口产品质量升级研究——基于知识产权保护视角［J］．产业经济研究，2016（03）：21－30．

［149］刘爱东，罗文兵．基于CiteSpaceⅡ的国际反倾销研究的主要聚类分析［J］．中南大学学报（社会科学版），2014，20（01）：1－6．

［150］刘爱东，禹露，谭圆奕．国外反倾销对中国纺织服装业出口贸易效应影响的实证分析［J］．中南大学学报（社会科学版），2016，22（06）：117－124．

［151］刘斌，王乃嘉，魏倩．中间品关税减让与企业价值链参与［J］．中国软科学，2015（08）：34－44．

［152］刘华，周莹．我国社会公众知识产权意识现状调查分析及对策研究［J］．中国软科学，2006（10）：103－111．

［153］刘慧，綦建红．外需冲击下多元化策略如何影响企业出口韧性［J］．国际经贸探索，2021，37（12）：4－19．

［154］刘嘉琪．美国知识产权壁垒对中国技术密集型产品出口的影响研究［D］．南昌：江西财经大学，2019．

［155］刘洁敏，贺灿飞．自主探索还是追随前沿？——中国高技术出口产业地理演化路径辨析［J］．干旱区地理，2020，43（04）：1077－1087．

［156］刘鹏，赵丽敏．"中国制造"的最大隐患："337"条款［J］．经济论坛，2004（05）：140－141．

［157］刘岩，王健，杨伟．知识产权保护与高质量产品出口增长［J］．世界经济与政治论坛，2017（02）：25－42．

［158］刘志中，陈迁影．自由贸易协定深度与中国企业进口中间品质量升级［J］．国际商务（对外经济贸易大学学报），2022（04）：36－51．

［159］鲁甜．337调查管辖范围的最新发展及我国应对措施［J］．国际商务（对外经济贸易大学学报），2017（02）：121－132．

[160] 逯宇铎,宋倩倩,陈阵.汇率变动对中国企业全球价值链嵌入程度的影响——基于中国电子及通信设备制造业的实证研究[J].国际经贸探索,2017,33(06):69-84.

[161] 逯宇铎,于娇,刘海洋.出口行为对企业生存时间的强心剂效应研究——来自1999—2008年中国企业面板数据的实证分析[J].经济理论与经济管理,2013(08):60-71.

[162] 罗胜强,鲍晓华.企业会因为遭遇反倾销而增加出口吗?[J].国际贸易问题,2018(03):124-137.

[163] 吕越,罗伟,刘斌.异质性企业与全球价值链嵌入:基于效率和融资的视角[J].世界经济,2015,38(08):29-55.

[164] 吕越,罗伟,刘斌.融资约束与制造业的全球价值链跃升[J].金融研究,2016(06):81-96.

[165] 马小淇.危机冲击下服务业GVC参与程度对制造业出口韧性的影响[J].对外经贸,2021(05):36-39.

[166] 毛其淋,盛斌.贸易自由化、企业异质性与出口动态——来自中国微观企业数据的证据[J].管理世界,2013(03):48-65.

[167] 聂辉华,江艇,杨汝岱.中国工业企业数据库的使用现状和潜在问题[J].世界经济,2012,35(05):142-158.

[168] 潘倩.中美贸易摩擦背景下美国知识产权调查的触发机制及应对策略[J].价格月刊,2020(01):89-94.

[169] 彭红斌,石磊.美国对华入美产品的"337调查":特点、原因与对策分析[J].求实,2012(06):48-51.

[170] 齐荻."沪深港通"机制与企业创新研究——基于多期DID的实验证据[J].当代财经,2020(02):76-88.

[171] 齐俊妍,孙倩.中国遭遇反倾销与对外反倾销贸易效应比较分析[J].财贸经济,2014(07):95-106.

[172] 邵军.中国出口贸易联系持续期及影响因素分析——出口贸易稳定发展的新视角[J].管理世界,2011(06):24-33.

[173] 施炳展.中国企业出口产品质量异质性:测度与事实[J].经

济学（季刊），2014，13（01）：263-284.

[174] 施炳展，曾祥菲. 中国企业进口产品质量测算与事实 [J]. 世界经济，2015，38（03）：57-77.

[175] 施炳展，邵文波. 中国企业出口产品质量测算及其决定因素——培育出口竞争新优势的微观视角 [J]. 管理世界，2014（09）：90-106.

[176] 苏喆，秦顺华. 中国企业应对美国337条款的知识产权新战略——以江苏圣奥化学科技有限公司胜诉美国富莱克斯公司为例 [J]. 国际贸易问题，2011（06）：159-166.

[177] 苏振东，刘芳. 中国对外反倾销的经济救济效果评估 [J]. 世界经济研究，2010（01）：45-50.

[178] 孙浦阳，侯欣裕，盛斌. 服务业开放、管理效率与企业出口 [J]. 经济研究，2018，53（07）：136-51.

[179] 孙浦阳，张龑. 外商投资开放政策、出口加工区与企业出口生存——基于产业关联视角的探究 [J]. 经济学（季刊），2019，18（02）：701-720.

[180] 唐晓云. 美国的知识产权国际保护与中美"337争端" [J]. 世界经济与政治论坛，2006（02）：117-122.

[181] 唐宜红，张鹏杨. FDI、全球价值链嵌入与出口国内附加值 [J]. 统计研究，2017，34（04）：36-49.

[182] 田巍，余淼杰. 企业出口强度与进口中间品贸易自由化：来自中国企业的实证研究 [J]. 管理世界，2013（01）：28-44.

[183] 王敏，卞艺杰，田泽，邓建高. 知识产权贸易壁垒特征与中国的防范对策——以337调查为例 [J]. 江苏社会科学，2016（01）：122-128.

[184] 王世平，赵春燕. 城市韧性与城市出口——基于中国地级市面板数据的实证分析 [J]. 山西财经大学学报，2016，38（06）：1-14.

[185] 王贤彬，董一军，黄亮雄. 国际经济调整与中国地区经济增长——来自2001—2013年地级市样本的证据 [J]. 经济科学，2019（02）：14-26.

[186] 王孝松，翟光宇，林发勤. 反倾销对中国出口的抑制效应探究

[J]．世界经济，2015，38（05）：36-58．

［187］王孝松，吕越，赵春明．贸易壁垒与全球价值链嵌入——以中国遭遇反倾销为例［J］．中国社会科学，2017（01）：108-124．

［188］王孝松，施炳展，谢申祥，赵春明．贸易壁垒如何影响了中国的出口边际？——以反倾销为例的经验研究［J］．经济研究，2014，49（11）：58-71．

［189］王雅琦，张文魁，洪圣杰．出口产品质量与中间品供给［J］．管理世界，2018，34（08）：30-40．

［190］王燕飞．浅议知识产权垄断行为的认定原则［J］．法制与社会，2011（15）：106-107．

［191］王永进，匡霞，邵文波．信息化、企业柔性与产能利用率［J］．世界经济，2017，40（01）：67-90．

［192］王玉燕，林汉川，吕臣．全球价值链嵌入的技术进步效应——来自中国工业面板数据的经验研究［J］．中国工业经济，2014（09）：65-77．

［193］王直，魏尚进，祝坤福．总贸易核算法：官方贸易统计与全球价值链的度量［J］．中国社会科学，2015（09）：108-127．

［194］魏浩，李晓庆．知识产权保护与中国企业进口产品质量［J］．世界经济，2019，42（06）：143-168．

［195］吴小康，于津平．产品关联密度与企业新产品出口稳定性［J］．世界经济，2018，41（07）：122-147．

［196］吴郁秋，刘海云．知识产权保护差异与贸易摩擦诱发机制——基于利益集团视角的分析［J］．国际贸易问题，2009（05）：105-112．

［197］向永辉．"一带一路"钢铁出口竞争与贸易潜力估计——基于中美贸易冲突背景的弹性分析方法［J］．国际贸易问题，2019（12）：106-120．

［198］向征，顾晓燕．美国对华337调查的发展趋势及中国战略性新兴产业的对策研究［J］．科技管理研究，2012，32（24）：144-149．

［199］向征，顾晓燕．我国机电行业屡遭美国"337调查"的原因及

其应对之策［J］．对外经贸实务，2012（09）：44-47．

［200］肖志勇，陈永梅．从捷康胜诉"三氯蔗糖案"解读美国对华337调查［J］．软科学，2010，24（05）：60-63．

［201］谢建国，杨婷婷．美国对华反倾销的产业涟漪效应——基于135部门的投入产出分解［J］．经济评论，2014（03）：87-99．

［202］徐元．国际贸易中的知识产权滥用及其表现形式论析［J］．当代经济管理，2011，33（03）：77-81．

［203］徐元．知识产权贸易壁垒的实质及国际政治经济学分析［J］．太平洋学报，2012，20（02）：61-73．

［204］徐元．当前我国出口遭遇专利壁垒的挑战与对策［J］．国际贸易，2014（05）：30-35．

［205］许家云，毛其淋，胡鞍钢．中间品进口与企业出口产品质量升级：基于中国证据的研究［J］．世界经济，2017，40（03）：52-75．

［206］许家云，张俊美．知识产权战略与中国制造业企业出口产品质量——一项准自然实验［J］．国际贸易问题，2020（11）：1-14．

［207］许寅，和敬涵，王颖，李佳旭，李长城．韧性背景下的配网故障恢复研究综述及展望［J］．电工技术学报，2019，34（16）：3416-3429．

［208］薛同锐．美国"337调查"之特点及中国应对之策［J］．亚太经济，2013（06）：112-116．

［209］阳佳余．融资约束与企业出口行为：基于工业企业数据的经验研究［J］．经济学（季刊），2012，11（04）：1503-1524．

［210］杨飞，孙文远，程瑶．技术赶超是否引发中美贸易摩擦［J］．中国工业经济，2018（10）：99-117．

［211］杨荣珍，石晓婧．美国对华337调查与企业出口行为——基于我国制造业企业数据的实证分析［J］．国际经贸探索，2020，36（03）：79-94．

［212］杨珍增，刘晶．知识产权保护对全球价值链地位的影响［J］．世界经济研究，2018（04）：123-134．

[213] 姚建春,雷兴长. 美国知识产权保护制度的特点分析 [J]. 社科纵横, 2007 (10): 32-34.

[214] 于娇,逯宇铎,刘海洋. 出口行为与企业生存概率:一个经验研究 [J]. 世界经济, 2015, 38 (04): 25-49.

[215] 余乐芬. 美国"337调查"历史及中国遭遇知识产权壁垒原因分析 [J]. 宏观经济研究, 2011 (07): 35-40.

[216] 余淼杰,李乐融. 贸易自由化与进口中间品质量升级——来自中国海关产品层面的证据 [J]. 经济学(季刊), 2016, 15 (03): 1011-1028.

[217] 余淼杰,梁中华. 贸易自由化与中国劳动收入份额——基于制造业贸易企业数据的实证分析 [J]. 管理世界, 2014 (07): 22-31.

[218] 余振,周冰惠,谢旭斌,王梓楠. 参与全球价值链重构与中美贸易摩擦 [J]. 中国工业经济, 2018 (07): 24-42.

[219] 袁红林,王诗烨. 中国企业应对美国337调查的对策研究 [J]. 国际贸易, 2018 (08): 17-21.

[220] 张伯伟. 制造业出口竞争优势与资本密集度之间关系的实证分析 [J]. 世界经济, 2000 (07): 38-43.

[221] 张帆. 美国"337调查"的历史演进及浙江企业的应对措施 [D], 杭州:浙江工商大学, 2010.

[222] 张换兆,许建生,彭春燕. 美国对华337调查研究与应对策略 [J]. 中国科技论坛, 2014 (09): 139-142.

[223] 张杰,陈志远,刘元春. 中国出口国内附加值的测算与变化机制 [J]. 经济研究, 2013, 48 (10): 124-137.

[224] 赵春明,文磊. 出口持续、外贸竞争与中国企业生产率优势 [J]. 改革, 2016 (07): 115-128.

[225] 赵瑞丽,孙楚仁,陈勇兵. 最低工资与企业出口持续时间 [J]. 世界经济, 2016, 39 (07): 97-120.

[226] 郑秉秀. 国际贸易中的知识产权壁垒 [J]. 国际贸易问题, 2002 (05): 26-30.

[227] 郑亚莉, 王毅, 郭晶. 进口中间品质量对企业生产率的影响: 不同层面的实证 [J]. 国际贸易问题, 2017 (06): 50-60.

[228] 周德君, 代中强. "337调查"侵权判定影响因素的实证研究——来自美国 ITC 的证据 [J]. 厦门理工学院学报, 2018, 26 (06): 58-63.

[229] 周定根, 杨晶晶, 赖明勇. 贸易政策不确定性、关税约束承诺与出口稳定性 [J]. 世界经济, 2019, 42 (01): 51-75.

[230] 朱国华, 陈元芳. 美国关税法 337 条款与 TRIPs 协议的相悖性探析 [J]. 暨南学报 (哲学社会科学版), 2010, 32 (02): 82-89.

[231] 朱鹏飞. 美国 337 条款的合法性及我国的对策——以 WTO 一般例外条款为视角 [J]. 南京社会科学, 2013 (01): 81-86.

[232] 朱雪忠, 徐晨倩. 大国竞争下的美国涉华 337 调查与中国应对之策 [J]. 科学学研究, 2021, 39 (05): 805-813.

[233] 朱钟棣, 鲍晓华. 反倾销措施对产业的关联影响——反倾销税价格效应的投入产出分析 [J]. 经济研究, 2004 (01): 83-92.

[234] 诸竹君, 黄先海, 余骁. 进口中间品质量、自主创新与企业出口国内增加值率 [J]. 中国工业经济, 2018 (08): 116-134.

[235] 庄子银, 李宏武. 贸易、知识产权与出口企业创新: 基于美国 337 调查的实证分析 [J]. 世界经济研究, 2018 (04): 75-87.

[236] 宗会明, 张嘉敏, 刘绘敏. COVID-19 疫情冲击下的中国对外贸易韧性格局及影响因素 [J]. 地理研究, 2021, 40 (12): 3349-3363.